Elisabeth Lukas

Die magische Frage „wozu?"

Elisabeth Lukas

Die magische Frage „wozu?"

Logotherapeutische Antworten auf existentielle Fragen

Mit Beiträgen von
Rita Malcomess und Franz Sedlak

Herder
Freiburg · Basel · Wien

Alle Rechte vorbehalten – Printed in Germany
© Verlag Herder Freiburg im Breisgau 1991
Satz: Barbara Herrmann, Freiburg
Belichtung: Johannes Schimann, Pfaffenhofen
Druck und Bindung: Freiburger Graphische Betriebe 1991
ISBN 3-451-22337-6

Meinen Großeltern

INHALT

Vorwort von Bijan Adl-Amini 9

TEIL A

Die Verneinung des Lebens und ihre Überwindung
Argumente wider den Pessimismus, vorgetragen auf den Salzburger Hochschulwochen 1989

Sinn trotz Leid? 1. Argumentation 18
Sinn trotz Schuld? 2. Argumentation 32
Sinn trotz Tod? 3. Argumentation 47

TEIL B

Das Leib-Seele-Problem in der Logotherapie
Gedanken zur Person

Wie tief ist die Tiefe des Menschen? 63
Jedes Kind eine eigene Persönlichkeit 82
Person sein – Person bleiben in der Familie 99

TEIL C

Sinn-voll heilen
Viktor E. Frankls Logotherapie – Seelenheilkunde auf neuen Wegen

Überleben – wozu? Antworten auf Schicksalsfragen . . . 119
Selbsthilfe und Krisenintervention bei seelischen
Störungen 136

Sinnzentrierte Beratungsgespräche in einer
dermatologischen Fachklinik
Ein Erfahrungsbericht von Rita Malcomess 157

TEIL D

Auf der Suche nach dem „letzten Sinn"
Briefwechsel zwischen zwei „Logotherapeuten",
Elisabeth Lukas und Franz Sedlak 181

Anhang

Bibliographie deutschsprachiger Literatur
zur Logotherapie und Anschriften von
Logotherapie-Instituten in Deutschland 249

Vorwort

Gibt es ein Gesetz, das unser Leben bestimmt, und zwar überall auf der Welt, also ein allgemeines Gesetz? Die Menschheit hat sich darüber von je her Gedanken gemacht und diese in Form von Mythen und Märchen, religiösen Überlieferungen, wissenschaftlichen Theorien oder auch esoterischen Vorstellungen tradiert.

Eine der derzeit weltweit anerkannten wissenschaftlichen Theorien dieser Art stammt von dem Genfer Philosophen und Psychologen Jean Piaget. Seiner Theorie nach verläuft unser Leben als eine Art Treppengang. Jede Stufe stellt eine Gleichgewichtsstufe dar, die nach bestimmten Prozessen erreicht wird, um alsbald wieder gestört zu werden, d. h. ins Ungleichgewicht zu geraten.

Bemerkenswert an dieser Theorie ist die Erkenntnis, daß wir erst nach einer Gleichgewichtsstörung auf die nächst höhere Gleichgewichtsstufe gelangen. Dort erwartet uns dasselbe Prinzip auf höherem Niveau. Wiederum wird nämlich das erreichte Gleichgewicht gestört, und wiederum ist diese Störung die Voraussetzung, um auf die nächste und noch höhere Gleichgewichtsstufe aufzusteigen.

Diesen Treppengang, der uns von einem Gleichgewichtszustand zum nächst höheren führt, nennt Piaget Entwicklung. Sie gilt für den Körper, für die Psyche und für den Geist gleichermaßen, ja, mehr noch: für jede Zelle, für jedes Organ, für jede Form des Lebens schlechthin. Eben darum haben wir es hier offenbar mit einem allgemeingültigen Lebensgesetz zu tun.

Zurückfallen übrigens können wir nicht. Jede Entwicklungsstufe, die wir hinter uns lassen, will gleichsam wie von selbst übertroffen werden. Um sich das an einem Beispiel zu verdeutlichen, sollte man einmal ins Wasser springen und so tun, als könnte man nicht schwimmen. Wer schwimmen gelernt hat, dem gelingt es niemals, auf die niedrigere Stufe des Nichtschwimmers zurückzufallen. Allgemein gesagt: Wir können nicht so tun, als wüßten oder könnten wir etwas nicht, das wir können und wissen. Es ist also unmöglich, unter eine bereits erreichte Entwicklungsstufe zurückzufallen. Das Leben trägt gewissermaßen den Auftrag, sich immer höher zu entwickeln.

Demnach wären Entwicklungsprozesse im Leben undenkbar, wenn es nicht Gleichgewichtsstörungen gäbe, die zwar zunächst wie eine Bremse wirken, sich aber letztlich als Motor der Entwicklung herausstellen. Der Schlüssel für das Verständnis von Entwicklungsprozessen liegt somit in den Störungen.

Eine solche Störung, der niemand in seinem Leben entrinnen kann, heißt: Krise. Wir empfinden Krisen als Brüche, auch Einbrüche in unser Leben, wir verlieren die Orientierung und das (bisher erreichte) Gleichgewicht. Wir vermissen die Normalität und wünschen uns den alten Gleichgewichtszustand zurück, aber das geht nicht. Denn die Krise will uns zur nächst höheren Stufe des Gleichgewichts führen. Da hilft kein Zurück.

In jeder Krise steckt eine Chance. Das chinesische Wort für Krise lautet Wei-ji (Wei = Gefahr; Ji = Chance). Wenn es uns gelingt, die Sinnbotschaft der Krise zu begreifen, dann reifen wir auch seelisch und geistig an jeder Krise. Aus der Gleichgewichtsstörung geht dann ein höheres Gleichgewicht hervor.

Die von Viktor E. Frankl begründete Logotherapie (sinnzentrierte Heilung) macht uns für die verborgenen Sinnbotschaften unseres Lebens sensibel. Frankl ist weit davon entfernt, allgemeine Krisenrezepte auszustellen. Seine Absicht liegt vielmehr darin, die Menschen dazu zu befähigen, selber nach dem Sinn ihres individuellen Lebens zu suchen. Wer seiner Krise Sinn abgewinnen kann, verzweifelt nicht an ihr. Wer den Sinn seiner Krise versteht, übersteht die Krise auch. Mehr noch: Er wird die Krise als eine Entwicklungschance oder eine Schicksalsprüfung betrachten. Stehen wir nicht nach einer bestandenen Prüfung auf einer höheren Stufe?

Von der Logotherapie können wir lernen, die (zer)störende Wirkung der Krisen für unsere mentale Entwicklung zu nutzen. Die Logotherapie lehrt, auf die vorwärts- und hinaufbewegende

Kraft der Krise zu schauen und zu vertrauen. Diese Sicht und dieses Vertrauen sind nicht nur notwendig, sondern absolut unumgänglich, weil das Leben immer vorwärts gelebt und rückwärts verstanden werden will. Das ist der Grund, weshalb wir rückblickend den Sinn der Krise besser erkennen können als mitten in der akuten Krisensituation.

Wer in einer Krise steckt, fragt meist „Warum gerade ich?". Diese Frage führt in eine Sackgasse. Elisabeth Lukas bietet hingegen einen logotherapeutischen Ausweg aus der Krise mit der Frage „Wozu". Sie trifft damit den Kern der Sache, indem sie den verborgenen Sinn anspricht: Was soll ich in und aus dieser Krise lernen? Auf welche Entwicklungsstufe will mich das Schicksal heben? Welchen Sinn kann ich, darf ich oder soll ich in dieser Krise erfüllen? Wer sich auf die Frage „Wozu" einläßt, hat bereits den ersten Schritt zur Krisenbewältigung vollzogen.

Bijan Adl-Amini
Professor am „Institut für Pädagogik"
der Christian-Albrechts-Universität
zu Kiel

TEIL A

DIE VERNEINUNG DES LEBENS UND IHRE ÜBERWINDUNG

Argumente wider den Pessimismus,
vorgetragen auf den
Salzburger Hochschulwochen 1989

> Wende dein Gesicht zur Sonne,
> und die Schatten
> fallen hinter dich.
>
> *Äthiopisches Sprichwort*

Das Thema wurde gewählt, weil die Verneinung des Lebens oder zumindest die Infragestellung des Lebens heute sehr verbreitet ist und sich in vielfältiger Form ausdrückt: in Apathie und Resignation, in Depression und Suchtkrankheit, in Kriminalität und Selbstmord. Seelische Störung und Verstörung ist zwar nicht immer die Folge einer grundsätzlichen Lebensverneinung, aber fast immer gilt, daß sich seelisch gestörte Menschen niemals so sehr in ihr Verstörtsein hineinfallen ließen, sich ihm ausliefern würden, wenn sie das Leben grundsätzlich bejahen würden. Was nicht viel wert ist, kann eben riskiert und vergeudet werden, und auch ein Menschenleben, das als wenig wert erachtet wird, wird leichtfertig beschädigt. Es gibt dann keinen ersichtlichen Grund zu seiner Erhaltung, keinen Grund, sich für die Bewahrung oder Wiedergewinnung der körperlich-seelischen Gesundheit bzw. für ein tapferes Ertragen von Krankheit und Behinderung einzusetzen. Das Nein zum Leben, das der langsamen oder schnellen Selbstvernichtung Tür und Tor öffnet, wächst auf dem Boden eines fehlenden Jas zum Leben.

Überlegen wir uns: auf welchem Boden wächst dann das Ja zum Leben? Oder noch allgemeiner formuliert: worin gründet überhaupt die Bejahungswürdigkeit des Lebens? Was können wir zweifelnden und verzweifelten Menschen entgegenhalten, wenn sie sich der sogenannten „Eh-Mentalität" verschreiben, die da lautet: „Es bringt *eh* alles nichts", „Es ist *eh* alles wurscht", „Das Leben ist *eh* nur ein einziges Jammertal" usw.? Bei der Beantwortung dieser Frage können wir nicht einfach auf die angenehmen und lustvollen Seiten des Lebens verweisen, die auch existieren. Denn wäre das Leben bloß bejahungswürdig, sobald und solange es angenehm und lustvoll ist, müßte jeder von uns seinem Leben auf der Stelle eine Absage erteilen.

Überwiegen doch die unangenehmen und leidvollen Momente in nahezu jeder Lebensgeschichte.

Wenn es aber die Lust nicht ist, was ist es sonst? Beobachtungen an Hunderten von gesunden wie kranken, von wohlsituierten wie notleidenden Menschen haben uns gelehrt, daß das Leben ausnahmslos dann bejaht werden kann, wenn es als *sinnvoll* empfunden wird. Und dies in der Tat unabhängig davon, ob es Schmerz oder Glück für einen bereithält. *Das sinnvolle Leben ist das bejahungswürdige* Leben, während das scheinbar sinnlose Leben unweigerlich der Zerstörung unter einer ihrer vielen Masken anheimgegeben wird.

Auf dieser empirisch in zahlreichen Studien nachgewiesenen Beobachtung aufbauend bemüht sich die „dritte Wiener Schule der Psychotherapie", die Logotherapie von Viktor E. Frankl, psychologisch-philosophische Aspekte ins Bewußtsein zu heben, die für eine bedingungslose Sinnhaftigkeit des Lebens sprechen und solcherart geeignet sind, die Verneinung des Lebens überwindbar zu machen. Es sind Aspekte, die für eine Sinnhaftigkeit des Lebens plädieren auch noch angesichts der „tragischen Trias" Leid, Schuld und Tod, die keinem menschlichen Dasein erspart bleibt. Jeder Mensch erleidet irgendwas, jeder Mensch wird irgendwie schuldig, und jeder Mensch stirbt irgendwann. Die Kernfrage, an der sich somit die bedingungslose Sinnhaftigkeit des Lebens bewähren muß, ist eine dreifache: Wie läßt sich dem Leiden, das ja stets mit einer erlittenen Sinnwidrigkeit im Zusammenhang steht, ein Sinn abringen? Wie läßt sich der Schuld, die ja stets einer begangenen Sinnwidrigkeit gleichkommt, ein Sinn abgewinnen? Und wie läßt sich die Tatsache, daß alles Leben vergänglich ist, in einer Weise verstehen, der zufolge der Tod dem Leben seinen Sinn nicht zu rauben vermag?

Den Gedanken, die die Logotherapie in ihrer Auseinandersetzung mit der genannten Problematik anbietet, möchte ich in meinen drei Argumentationen nachgehen. Wir werden uns mit der Frage „Sinn trotz Leid?", mit der Frage „Sinn trotz Schuld?" und mit der Frage „Sinn trotz Tod?" beschäftigen.

Sollte sich bei unserer gemeinsamen Betrachtung zeigen, daß weder Leid, noch Schuld, und nicht einmal die Vergänglichkeit des Lebens wirklich Anlaß geben, das Leben zu verneinen, werden wir einen wesentlichen Schritt von der „Eh-Mentalität" und ihrer abgedroschenen Phrase „Es hat *eh* alles keinen Sinn" weg zu einer „Trotzdem-Mentalität" hin getan haben, zum „Trotzdem Ja zum Leben sagen". Der eine oder andere wird aber vielleicht noch mehr entdecken. Er wird entdecken, daß nicht nur *trotz*, sondern *gerade in der Versöhnung mit* Leid, Schuld und Tod die höchsten Sinnmöglichkeiten, die menschlicher Existenz offenstehen, zu ihrer Ausschöpfung gelangen.

Sinn trotz Leid?

1. Argumentation

Von Viktor E. Frankl, der das Leid wie kaum ein anderer kennengelernt hat, stammt der Satz: „Das Leiden macht den Menschen hellsichtig und die Welt durchsichtig". Verweilen wir ein wenig bei diesem Satz. Er enthält eine Aussage über zwei mögliche positive Leidfolgen: über die durch ein Leid hervorgebrachte Hellsichtigkeit des Menschen, und über die durch ein Leid zustandegekommene Durchsichtigkeit der Welt. In beiden Fällen wird die Sicht des Menschen erweitert, erneuert, vielleicht korrigiert, jedenfalls aber intensiviert. Der leidende Mensch sieht mehr. Er sieht es nicht mit den Augen in seinem Gesicht, sondern mit den Augen seines Geistes; er nimmt geistig mehr wahr.

Nun gibt es zweierlei Formen des Leides. Es gibt das Leid, das wir durch unsere Mitmenschen erfahren, die uns angreifen, demütigen, kränken, hänseln, übervorteilen, ablehnen. Es ist das Leiden an der nicht empfangenen Liebe, an der Lieblosigkeit, am Haß. Wer wüßte nicht um diesen unsagbaren Schmerz, wer hätte ihn nicht schon als Kind gefühlt? Wer wäre nicht in seinem Erwachsenenleben immer wieder damit konfrontiert worden? Wir werden nicht nur aufgenommen von unseren Freunden, wir werden auch zurückgestoßen von unseren Feinden.

Parallel dazu gibt es ein Leid anderer Art. Dieses Leid geht nicht von unseren Mitmenschen aus, es wird vom namenlosen Schicksal über uns verhängt. Ein schwerer Verlust bricht über uns herein: der Verlust an Gesundheit, an Kraft, an Sicherheit, an Einkommen, an Angehörigen gar. Es ist das Leiden am Kranksein, am Schwachsein, am Hilflossein, die Einsamkeit der vom Unglück heimgesuchten Kreatur. Wer hätte niemals darniedergelegen unter den Hammerschlägen des Schicksals?

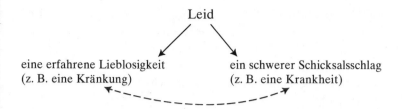

Obwohl beide Leidformen von unterschiedlicher Herkunft sind, gibt es auch Überschneidungen zwischen ihnen, was in der Skizze mit dem strichlierten Doppelpfeil angedeutet ist. Jeder Amateurpsychologe kennt den Slogan, wonach „krank wird, wer sich kränkt". Daß die wahren Zusammenhänge komplizierter sind, und daß mitunter auch fröhliche und gerngemochte Menschen ernsthaft erkranken, gerät durch solche Slogans leicht in Vergessenheit. Aber wie an jeder Halbwahrheit, so ist auch an dieser etwas dran. Eine erfahrene Lieblosigkeit kann sich psychisch derart deprimierend auswirken, daß die Widerstandskraft des Organismus sinkt, und dadurch seine Krankheitsanfälligkeit steigt. Zum Beispiel ist wissenschaftlich nachgewiesen, daß eine depressive Stimmungslage, die längere Zeit andauert, in nahezu jeder Altersklasse zwischen 40 und 55 Jahren das Risiko, später an Krebs zu erkranken, ungefähr verdoppelt.[1] Eine depressive Stimmungslage kann aber durchaus zurückgehen auf das nachhaltige Erlebnis einer erfahrenen Kränkung.

Überschneidungen der beiden Leidformen gibt es auch in umgekehrter Richtung. Nämlich, daß jemand, den ein schwerer Schicksalsschlag getroffen hat, im Anschluß daran von seiner Mitwelt gemieden oder fallen gelassen wird. Der dazu passende Slogan besagt, daß Freunde in der Not bekanntlich rar sind. Wir merken: Nicht nur Krankheit kann das Resultat einer Kränkung, sondern auch Kränkung kann das Resultat einer Krankheit sein; keines von beidem jedoch geschieht zwangsläufig.

Ich möchte nun die zwei beschriebenen Leidformen mit dem Frankl-Zitat über die zwei möglichen positiven Leidfolgen in

---

[1] Gerald Pohler, „Die Psychologie im Dienste der Krebsforschung und Krebsbehandlung" in „Psychologie in Österreich", Nr. 2-3, 6. Jg. (1986).

Verbindung bringen. Denn ich behaupte, daß sich die Hellsichtigkeit eines Menschen verstärkt dann einzustellen vermag, wenn dieser Mensch eine Lieblosigkeit erfahren hat, und daß sich analog dazu die Durchsichtigkeit der Welt verstärkt für denjenigen vollziehen mag, den ein schwerer Schicksalsschlag getroffen hat.

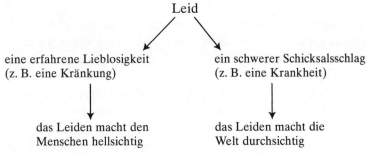

Welchen Beweis habe ich für meine Behauptung? Der erste Teil meiner Behauptung geht auf eine persönliche Erfahrung zurück. Vor einigen Jahren habe ich etwas Merkwürdiges erlebt. Eine mir bekannte und mir wichtige Person brachte mir plötzlich eine Feindschaft und Gehässigkeit entgegen, die unbegreiflich schien. Versuche des Wieder-zueinander-Findens scheiterten, was mir sehr weh tat. Ich gebe zu, daß sich zunächst keine Hellsichtigkeit im Franklschen Sinne bei mir einstellte; eher war alles vor meinem inneren Auge verdunkelt. Ich verstrickte mich sogar eine Zeit lang in die gefährliche „Warum-Frage", die nirgendwo hinführt.

Nicht umsonst warnt Viktor E. Frankl davor, das Leben zu befragen. Etwa zu fragen: „Warum ist meine Tochter behindert?", „Warum ist mein Mann ein Trinker?", „Warum hat mich meine Frau betrogen?", „Warum bin ich krank geworden?", „Warum haßt mich dieser und jener?" Das Forschen nach einem Warum ist immer erfolgreich, aber selten hilfreich. Erfolgreich ist es, weil wir unendlich weitschichtig spekulieren können, und dabei ständig neuen hypothetischen Ursachen auf die Spur kommen. Ursachen im Erbgut, Ursachen in der Erziehung, Ursachen im sozialen System, Ursachen in der Sternkonstellation, Ursachen im früheren Leben – bei der Fahndung nach dem Warum sind der Phantasie keine Grenzen gesetzt.

Selten hilfreich ist diese Fahndung jedoch, weil sie uns auf die falsche Fährte lockt. Viktor E. Frankl hat den Mut gehabt, dies entgegen der herkömmlichen psychologischen Denkweise, die hauptsächlich auf Ursachenforschung angelegt ist, auszusprechen. In seinem Buch „Ärztliche Seelsorge" schreibt er: „Das Leben selbst ist es, das dem Menschen Fragen stellt. Er (der Mensch) hat nicht zu fragen, er ist vielmehr der vom Leben her Befragte, der dem Leben zu antworten – das Leben zu ver-antworten hat. Die Antworten aber, die der Mensch gibt, können nur konkrete Antworten auf konkrete ‚Lebensfragen' sein." Das heißt, es ist gerade umgekehrt: Nicht das Fragen ist unsere Sache, sondern das Antworten; nicht das Warum ist relevant für uns, sondern das Deshalb. Das Leben fragt den einen: „Deine Tochter ist behindert. Was tust du jetzt?" und den anderen: „Dein Mann ist ein Trinker. Was machst du daraus?" Das Leben fragt den dritten: „Deine Frau hat dich betrogen. Wie gehst du damit um?" und den vierten: „Du bist krank geworden. Wie stellst du dich dazu ein?" Die Antwort ist unser. Die Antwort ist frei. Das Warum in letzter Schärfe zu durchschauen, ist uns nicht gegeben, aber das Deshalb in letzter Freiheit zu wählen, ist uns gewährt. Während der eine antworten wird: „Meine Tochter ist behindert, *deshalb* will ich von ihr nichts wissen", wird der andere antworten: „Meine Tochter ist behindert, *deshalb* soll sie meine besondere Zuwendung erhalten." Und während der eine antworten wird: „Ich bin krank geworden, *deshalb* freut mich das ganze Leben nicht mehr", wird der andere antworten: „Ich bin krank geworden, *deshalb* nütze ich jede Minute meines Lebens sorgfältig aus." Die Fragen, die das Leben uns stellt, können wir uns nicht aussuchen, aber die Antworten, die wir darauf geben, sind Zeugnis unserer ureigensten geistigen Haltung, gleichsam „Fingerabdrücke" unseres Ichs.

Damit möchte ich zu jener persönlichen Erfahrung zurückkehren, von der ich zu berichten begonnen habe. Das Leben fragte mich damals: „Da ist jemand, der dich haßt. Wie reagierst du darauf?" Wie gesagt, dauerte es etwas, bis ich die „Warum-

Frage" loslassen konnte und mich als Befragte begriff. Doch in dem Augenblick, in dem dies geschah, kam ein Reifeprozeß bei mir in Gang, den ich nicht mehr missen möchte. Ich fing an, über das Phänomen der „Feindesliebe" nachzudenken, das mir bis dahin erstaunlich fremd geblieben war. Das Phänomen der „Nächstenliebe" war mir unvergleichlich vertrauter. Wie wohl jedem anderen auch, so hatte mir von jeher der Sinn der „Nächstenliebe" eingeleuchtet, aber den Sinn der „Feindesliebe" galt es noch zu entdecken. Und siehe da, in jenen schweren Stunden fand ich ihn. Ich hielt ihn fest in einem Gedichtchen, das in meinem Buch „Sinn-Bilder" abgedruckt ist, und das zugleich meine Antwort enthält auf die Frage, die das Leben mir gestellt hatte:

> Ich danke dir, mein Freund.
> Du hast mich angegriffen
> und dabei die Kraft zur
> Verzeihung in mir geweckt.
>
> Du wolltest mich erniedrigen
> und hast dabei bewirkt,
> daß ich mich aufraffte
> zu meiner vollen Größe.
>
> Du wolltest mir weh tun
> und hast mich dabei gelehrt,
> den Schmerz zu ertragen
> mit Würde und Tapferkeit.
>
> Ich danke dir, mein Freund.
> Du wolltest mich zerstören,
> und hast mir dabei gezeigt
> das Unzerstörbare in mir.

Dieser Reifeschub, den ich persönlich erfahren durfte, machte mich sensibler für die Tragik zwischenmenschlicher Konflikte, Kränkungen und Frustrationen. Ich glaube, ich kann meinen Patienten jetzt besser als früher vermitteln, wie man mit Kränkungen umgehen muß, damit aus ihnen kein „perpetuum mobile" wird, keine endlose Vermehrung des Leides in der Welt. Das

Tragische an jeder Lieblosigkeit ist nämlich genau dies: daß sie Gewalt genug hat, ein „perpetuum mobile" in Gang zu setzen. Man stelle sich als Personifikation der Lieblosigkeit einen großen, harten Ball vor. Jeden, den er trifft, schlägt er wund. Irgendwo wird nun das Ballspiel gestartet: einer wirft diesen Ball auf einen anderen. Der andere wirft ihn zurück, doch kaum daß er ihn losgeworden ist, kommt der Ball wieder angeflogen, erzeugt Wunde für Wunde, hüben wie drüben.

Mehr noch: das Ballspiel hat seine eigene Dynamik. Weil jeder den Ball so schnell wie möglich loswerden will, wird meist nicht sauber gezielt, wird der Ball nicht immer dorthin zurückgeworfen, wo er hergekommen ist. Vielleicht steht ein unbeteiligter Dritter zufällig näher, und ruckzuck wird ihm der Ball entgegengeschleudert. Die Wut wird an einem Unschuldigen ausgelassen, der Ärger auf einen Außenstehenden übertragen. Dieser Außenstehende weiß mit dem Ball auch nichts anderes anzufangen, als ihn schleunigst weiterzureichen, und die Wunden vermehren sich. In der Psychologie und Psychotherapie kennt man solche Kettenreaktionen bestens. Ein Mann erleidet eine berufliche Niederlage. Er besucht seine Schwester und beschimpft sie. Die Schwester ist Lehrerin und nimmt ihre Mißstimmung mit in die Schule. Die Schulkinder reagieren gereizt und nervös und benehmen sich nach der Schule daheim unausstehlich. Die gestreßten Eltern der Schulkinder geraten sich gegenseitig in die Haare und jeder trägt die Folgen des Ehekrachs in seinen eigenen Wirkungsbereich hinein. Das Ballspiel geht weiter; aus einem Ballschlag werden zehn, aus zehn Ballschlägen werden hundert. Auf politischer Ebene genügt ein Mord, um Kriege zu entfachen, die Millionen töten.

Allein, es gibt ein Mittel, das „perpetuum mobile" der Lieblosigkeit zum Stillstand zu bringen. Jemand muß den Ball fangen und halten. Jemand muß das empfangene Leid aus-halten. Aushalten, ohne es an die Mitwelt zurückzugeben oder weiterzureichen. Und es ist tatsächlich möglich, Leid aufzufangen, und dennoch heil zu bleiben – ohne neurotische Verdrängung und ohne Magengeschwüre oder sonstige gesundheitliche Schäden. Allerdings muß es transformiert werden in eine menschliche

Leistung, für die ich kein besseres Wort weiß, als den biblischen Ausdruck „Feindesliebe".

Die richtig verstandene Feindesliebe befähigt uns nämlich, die Wunde dessen zu sehen, der uns den Ball zuwirft. Nicht bloß die eigene, die uns der Ball geschlagen hat. Nein, die fremde, das Wundsein des anderen. Jetzt sind wir bei der Hellsichtigkeit angelangt, die ich speziell mit einer erfahrenen Lieblosigkeit zu verknüpfen wage. Wie oft heißt es pauschal: Wer keine Liebe empfangen hat, kann auch keine Liebe geben. Doch fragen wir: wo ist dies festgelegt? Im Rahmen menschlicher Existenz gibt es kein solches Gesetz. Wir haben gehört: Die Antwort ist unser! Die Antwort ist frei! Das zu Empfangende können wir nicht wählen, aber das zu Gebende ist unsere Entscheidung. Ja, es gilt sogar, daß eigentlich *nur* ein Mensch, der Lieblosigkeit in irgendeiner Form erfahren hat, abschätzen kann, was das bedeutet, und wie immens wichtig es ist, diese Lieblosigkeit nicht zu perpetuieren.

Deshalb möchte ich den Aspekt der Hellsichtigkeit abrundend sagen: Das Leid, das uns von anderen Menschen zugefügt wird, kann uns verletzen, aber nur solange es in unserer Seele dunkel ist. Sobald es darin hell wird, wenn die Hellsichtigkeit einzieht, erkennen wir, wie sehr die, die uns verletzen, selber Verletzte sind. Mit dieser Erkenntnis wandeln sich schlagartig Gefühle wie Ärger, Wut oder Trauer, die wir empfinden mögen, in Gefühle der Anteilnahme und des Mitleids mit jenen Verletzten, die uns als Feinde gegenüberstehen, und befähigen uns, darauf zu verzichten, ihnen den Ball zurückzureichen, was ihren Wunden die Chance gibt, abzuheilen.

Was gleichzeitig uns eine Chance gibt, im Verwundetwerden heil zu bleiben. Denn es ist klar, daß dort, wo Ärger, Wut oder Trauer weichen, auch ihre psychosomatischen Folgereaktionen ausbleiben. An einer mitleidvollen Anteilnahme ist noch niemand erkrankt. So zeigt sich: der Ball, der gehalten wird, und zwar nicht etwa aus Feigheit, sondern ganz bewußt zum „Mitweltschutz", das heißt, zum Schutz Beteiligter und Unbeteiligter, an die man ihn weiterreichen könnte, dieser Ball verliert seine Verwundungskraft. Wer andere schützt, ist geschützt.

Mit alledem will ich nicht sagen, daß man Angriffe stets kommentarlos schlucken müßte. Man soll sich mit seinen Angreifern auseinandersetzen, mit ihnen sprechen, mit ihnen verhandeln, mit ihnen gemeinsam Mißverständnisse auszuräumen versuchen. Mir geht es einzig darum, daß sich ein Leid nicht aus der Welt schaffen läßt, indem man das Leid in der Welt vermehrt. Mir geht es um die *Reduzierung der Leidvermehrung*. Die Zeitungen haben im Jahr 1989 viel über die Mordserie in Wien berichtet. (Mehrere Krankenschwestern hatten „lästige Patienten" in einem Wiener Pflege- und Altenheim qualvoll getötet.) Und immer wieder stand zu lesen, daß Krankenschwestern in ihrer Arbeit völlig überfordert sind, was sie eben dann verleitet, sich auf schreckliche Weise zu entlasten. Die Zeitungen haben im Jahr 1989 auch viel über die Krawalle in Berlin berichtet. Und wieder stand zu lesen, daß Jugendliche von manchen sozial-politischen Mißständen derart enttäuscht sind, daß sie sich in einem Rausch des Hasses von ihren angestauten Frustrationen befreien. Wo aber, so frage ich, in welchen Medien werden die Hunderten von Krankenschwestern geehrt, die trotz täglicher Arbeitsüberlastung noch niemals einen Patienten zu Schaden haben kommen lassen? Auf welches Podest werden die Jugendlichen gestellt, die bei aller Meinungsdifferenz noch nie-

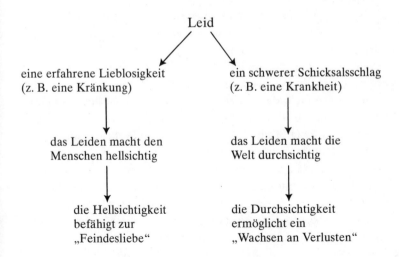

mals Polizisten mit Steinen beworfen und Schaufenster demoliert haben? Solche Menschen sollten viel mehr geachtet und beachtet werden, denn was sie tun, ist nicht selbstverständlich, es ist praktizierte Feindesliebe in ihrer besten Bedeutung, es ist die Transformation eines Leides in eine menschliche Leistung, wie Viktor E. Frankl es ausdrücken würde. Es ist das Halten eines Balles, der, weil er – mit Haltung – gehalten wird, niemanden mehr verletzt.

Wenden wir uns jetzt der zweiten Leidform zu, dem Leiden auf Grund eines schweren Schicksalsschlages, und der Behauptung, daß dieses Leiden die Welt gleichsam „durchsichtig" machen kann. Was, wie noch zu beweisen sein wird, ein „Wachsen an Verlusten" ermöglicht. Ein schwerer Schicksalsschlag hat stets den Stellenwert einer existentiellen Bedrohung. Was bedroht ist, ist das eigene Leben und Weiterleben. Auch wenn der Schicksalsschlag nicht in Krankheit, sondern im Verlust eines nahen Verwandten oder im Verlust des Berufes oder im Verlust der Heimat besteht, entkommt man der existentiellen Bedrohung nicht, die dann in der Frage gipfelt, wie man ohne diesen nahen Verwandten, ohne seinen Beruf oder außerhalb der Heimat weiterleben kann. Ein Schicksalsschlag ist eine, wenn auch noch so zarte Berührung mit dem eigenen Tod, man hat die Bewegung der „Sense" gespürt.

Noch deutlicher spürbar wird sie, wenn man ernsthaft erkrankt. Gestern noch war man voller Pläne, aber heute gab's einen Unfall, einen Zusammenbruch oder einfach einen Arztbesuch in aller Stille, und plötzlich sind die Pläne von gestern hinweggemäht. Was wichtig war, ist abrupt unwichtig geworden, was gestern noch der Aufregung wert schien, ist heute uninteressant. Schon beginnt die Welt, durchsichtiger zu werden, es sei denn, man schließt die Augen und will die Wahrheit nicht wahr haben. Für denjenigen jedoch, der sich der Wahrheit stellt, kommt noch einiges an Wahrheit hinzu. Er wird daran erinnert, daß das Leben nur eine Leihgabe ist, auch wenn er jahrelang so getan hat, als wäre das Leben sein unantastbarer Besitz. Er wird daran erinnert, daß das Leben kostbar ist, auch wenn er jahrelang anderen Kostbarkeiten nachgerannt sein mag. Hat er zuvor das Leben eher verneint, beginnt er sich zu fragen, ob er da nicht etwas voreilig gewesen ist, und ob er, wenn es darauf ankommt, nicht doch nach dem Leben ruft. Hat er zuvor das Leben eher bejaht, beginnt er sich zu fragen, ob er es auch als Siecher, als Amputierter, als Bettlägriger noch bejahen will. Wir sehen, Werte müssen neu geordnet und neu definiert werden, das Schicksal zwingt zum Nachdenken.

Eine weitere Wahrheit gesellt sich hinzu: man ist allein. Mit seinen Gedanken allein, mit seinen Ängsten und Schmerzen erst recht allein. Freilich, die Familie und die Freunde scharen sich um einen und bemühen sich, einen aufzurichten und die existentielle Bedrohung zu bagatellisieren. Aber für denjenigen, der sich der Wahrheit stellt, ist die Welt bereits zu durchsichtig geworden für einen Selbstbetrug. Er weiß in der tiefsten Tiefe seines Herzens, wie es um ihn steht. Vielleicht hat er durchaus die Hoffnung, seine Krankheit zu überleben oder mit seiner Krankheit noch etliche Jahre zu leben, doch auch die ruhende Sense wird nie mehr ganz aus seinem Blickfeld verschwinden. Angesichts all dieser Veränderungen zerreißt die Oberfläche des täglichen Trotts, in den der Betreffende bisher eingespannt war, und es taucht etwas mehr oder weniger Neues auf: das Wesentliche.

Was ist wesentlich? In den Volkserzählungen von Leo Tolstoi gibt es die Geschichte von Pachom, dem Bauern, der beim Volksstamm der Baschkiren Land kaufen möchte. Er bekommt ein sagenhaft gutes Angebot: er darf für 1000 Rubel soviel Land behalten, wie er an einem Tag umschreiten kann. Pachom eilt von dannen und hastet ohne Ruh und Rast dahin, um möglichst viele Wiesen und Äcker zu umrunden, die ihm dann zufallen sollen. Bald machen ihm Hitze und Müdigkeit zu schaffen, doch er jagt unbeirrt weiter. Schließlich muß er zurück, weil sich der Tag dem Ende zuneigt. Viel zu weit ist er gelaufen, weswegen er sich auf dem Rückweg sputen muß. Endlich erreicht er mit allerletzter Kraft seinen Ausgangspunkt und – bricht tot zusammen. Leo Tolstoi hat die Geschichte mit der Frage betitelt: „Braucht der Mensch viel Erde?", und er läßt sie enden mit dem Schlußsatz, daß der Knecht des Pachom seinem Herrn ein

Grab gräbt, ein Grab in der Erde, genauso groß, nämlich ein paar Fuß lang, wie Pachom es braucht.

Die Geschichte verdeutlicht, daß der kerngesunde Pachom, dem das Leben ein gutes Angebot macht, nicht weiß um das Wesentliche. Braucht der Mensch viel Erde? Braucht er viele Güter? Braucht er Ruhm und Ansehen? Braucht er Eigenheime und teure Ferienreisen? Braucht er Kinder, die Einserschüler sind? Wie glücklich und zufrieden hätte Pachom leben können, hätte er sich in Bescheidenheit ein kleines Stück Land gewählt und es liebevoll bebaut. Wesentlich ist, sich mit Kleinem begnügen zu können, das Kleine gedeihen zu lassen, sich an Kleinem zu erfreuen.

Nehmen wir an, Pachom, der Bauer aus Tolstois Geschichte, wäre am Ende seiner wahnwitzigen Tagesreise mit einem schweren Herzanfall davongekommen. Hätte nicht die Folge sein können, daß ihm das Wesentliche aufgegangen wäre? Vielleicht wäre er erwacht und hätte begriffen, daß ein riesiges Landgut, noch dazu mit geschwächtem Herzen, nicht zu bewirtschaften ist, hätte die Hälfte des erworbenen Landes zurückgegeben und auf der anderen Hälfte in Ruhe seine Tage verbracht. Die Welt wäre für ihn durchsichtiger geworden, sie hätte ihm, durch den erlittenen Schmerz hindurch, besser offenbart, wieviel Erde der Mensch braucht. Oder anders ausgedrückt: Pachom wäre am Verlust seiner Gesundheit und am Verlust der Hälfte seines Landes gewachsen, zu einem bescheideneren, reiferen und weiseren Menschen herangewachsen.

Ähnliches wird immer wieder in der Nachsorge von Krebspatienten und unheilbar Kranken beobachtet. Sie gewinnen an etwas, das ich nennen möchte: Souveränität. Sie gewinnen an Souveränität über die eigene Existenz. Die mißmutigen Alltagsgefechte, das Hetzen und Jagen nach Unwesentlichem hört auf. In dem Maße, in dem die Welt an Durchsichtigkeit zunimmt, tritt auch die Relativität aller kleinlichen Sehnsüchte und Ängste, die unser Leben gewöhnlich so holprig und unausgewogen machen, mit Deutlichkeit hervor. Was ärgern wir uns über eine Autopanne, was schimpfen wir über einen defekten Fernseher, was bekümmern uns die Sorgen um eine Gehaltserhöhung, was nörgeln wir an unseren Nachbarn herum, was zittern wir um ein bißchen Anerkennung seitens der Kollegen, was jammern wir über einen verregneten Sonntag. Die Erfahrung eines schweren Schicksalsschlages rückt dies alles an seinen unwichtigen Platz und holt das Wichtige aus der Versenkung. Die Gnade des Lebendigseins. Die Schau der Schönheit der Natur. Die empfangene und gespendete Liebe. Das Gute, das noch seiner Erfüllung harrt. Pachom hört auf, sich für ein paar Quadratmeter Land abzustrampeln, was ihm die Kehle zuschnürt. Er kniet sich ins Gras und atmet den Duft des Bodens, was sein Herz öffnet. Plötzlich wird auch unwichtig, *wielange* Pachom noch den Duft des Bodens atmen kann. Wichtig ist nur, *daß* er ihn geatmet hat. Ähnlich verliert für den unheilbar Kranken die Zeitspanne, die er noch vor sich hat, an Relevanz. Wesentlich ist nur, womit sie gefüllt wird.

Natürlich kann dies alles ein langer Prozeß sein. Elisabeth Kübler-Ross hat ihn in fünf Stufen beschrieben, die beim Durchlaufen einer existentiell bedrohlichen Situation erklommen werden müssen. Erst kommt die Stufe des Sich-Aufbäumens gegen das Leid. Ihr folgt die Stufe des Nicht-wahr-haben-Wollens der Wahrheit. Sie mündet in die Stufe des Kopf-hängen-Lassens in Verzweiflung. Aus ihr wiederum geht die Stufe des Sich-Auseinandersetzens mit den Tatsachen hervor, was schließlich zur höchsten Stufe überleiten kann: zur Stufe des Akzeptierens und Annehmens des Unabänderlichen. Dieser gesamte Prozeß ist ein Wachstumsprozeß, bei dem es gilt, Äußerlichkeiten zu verlieren, um Innerlichkeit zu gewinnen. Auf Stufe 1, beim Sich-Aufbäumen gegen das Leid, gilt es, Waffen herzugeben, um Frieden schließen zu können. Auf Stufe 2, beim Nicht-wahr-haben-Wollen der Wahrheit, gilt es, Täuschungen aufzugeben, um echt werden zu können. Auf Stufe 3, beim Kopf-hängen-Lassen in Verzweiflung, gilt es, Urangst loszulassen, um Urvertrauen einzulassen. Auf Stufe 4, beim Sich-Auseinandersetzen mit den Tatsachen, gilt es, das Selbst zurückzustellen, um der Welt auf den Grund zu gehen. Und auf Stufe 5, beim Akzeptieren und Annehmen des Unabänderlichen, gilt es schließlich, den eigenen Willen zu synchronisieren mit einem ewigen Willen. Stufe 5 ist, falls sie erreicht wird, geradezu eine Stufe der Heiligkeit, wenn wir Carl Amery glauben wollen, demzufolge Heiligkeit „die absolute Souveränität über die eigene Existenz in ständigem Einklang mit den erkennbaren Forderungen eines ewigen Willens" ist.[2]

Der griechische Dichter Nikos Kazantzakis hat auf seinem Grabstein einen Spruch einmeißeln lassen, der diese aus Verlusten erwachsende, stufenweise zu erobernde Souveränität ebenfalls auszudrücken versucht:

> Ich wünsche nichts,
> ich fürchte nichts,
> ich bin frei.

Genaugenommen müßte der Spruch ein wenig modifiziert lauten:

> Ich wünsche nichts für mich,
> ich fürchte nicht um mich,
> ich bin frei für das Wesentliche.

Ein leidender Mensch, der sich aus seinem Unglück heraus zu solchen Worten aufschwingen kann, hat seinem Leiden mehr Sinn abgerungen, als ein alles Glück der Welt besitzender Mensch in seinem Genuß jemals finden kann.

Zusammenfassung:

Die Verneinung des Lebens hängt damit zusammen, daß das Leben nicht als sinnvoll betrachtet und bewertet wird. Dies ist häufig in einem Leidenszustand der Fall. Denn das Leid ist nichts anderes als eine erfahrene Sinnwidrigkeit. Wenn wir angegriffen werden, gedemütigt, gequält, verspottet, betrogen und gehaßt, so können wir darin beim besten Willen keinen Sinn erkennen. Wenn das Schicksal zuschlägt und uns einen lieben Menschen raubt oder uns selber mitten im Leben durch eine

---

[2] Aus „Tri-Bühne", Zeitung der Schüler, Eltern und Lehrer des Kleinen privaten Lehrinstituts Derksen, München 1984.

Krankheit niederwirft, können wir dies auch nicht als sinnvoll verstehen. Aber die Antwort ist unser, die Antwort ist frei. Wer sagt, daß nicht eine sinnvolle Antwort auf ein scheinbar sinnwidriges Schicksal gegeben werden kann? Wer sagt, daß nicht der verborgene Sinn des Leidens gerade darin liegt, eine sinnvolle Antwort zu provozieren, aus uns herauszulocken, eine Antwort, so großartig und heroisch, wie wir sie ohne diese „Provokation" durch das Leid nie gegeben hätten? Wo Rachegefühle in uns sprießen müßten, kann Feindesliebe entstehen, wo ein Armwerden durch Verluste stattfinden müßte, kann sich Reichtum durch inneres Wachsen ausbreiten. „Nicht im Daß, im Wie des Leidens liegt der Sinn des Leidens", schreibt Viktor E. Frankl in seinen Schriften.

Wer dem zustimmen kann, ist vor der pathogenen Trostlosigkeit der Lebensverneinung auch dann noch gefeit, wenn das Leben schwer zu ertragen ist. Nicht der zu ertragenden Schwere wird sein Ja gehören, aber dem Leben wird sein Ja gehören – trotz aller Schwere.

Sinn trotz Schuld?

2. Argumentation

Ich möchte meine 2. Argumentation mit einem Text aus dem 5. Jahrhundert beginnen. Im Buch „Trost der Philosophie" von Boethius, einem römischen Philosophen, der ca. 480 nach Christi geboren wurde, steht zu lesen:

„Schicksal findet im Bereich des Stofflichen statt; es ist der Bereich der mechanischen, wir können auch sagen der naturwissenschaftlich faßbaren Ursachen. Im Bereich des Geistigen und Sittlichen herrscht nicht Schicksal, sondern Sinn, nicht Zwang der mechanischen Ursache, sondern Freiheit, die der Einsicht folgt. Freilich kann sich der Mensch, sofern er in das Stoffliche hineinreicht, nie ganz den mechanischen Ursachen und dem Schicksal entziehen. Seine Freiheit ist in jedem Falle beschränkt. Das Mehr oder Weniger ist das Entscheidende. Und so käme es auch hier wieder darauf an, worin der Mensch in der Hauptsache sein Leben lebt."[3]

Diese ganz und gar logotherapeutisch anmutende Aussage hat seit 1500 Jahren nichts an Aktualität eingebüßt: das Mehr oder Weniger menschlichen Handelns ist und bleibt das Entscheidende – was uns im Zeitalter globaler Gefahren täglich bewußter wird. Demnach fängt das eigentlich Interessante, dem unsere volle Konzentration und Aufmerksamkeit gelten sollte, überhaupt erst jenseits des schicksalhaften Bereichs an, jenseits des Stofflichen und der naturwissenschaftlich faßbaren Ursachen, wie Boethius es ausdrückt. Nicht die Erforschung von Tatsachen allein ist schon wegweisend, sondern die Erforschung von Möglichkeiten, die sich aus und angesichts bestehender Tatsachen ergeben, die uns in dem kleinen Spielraum an beschränkter Freiheit jenseits des Schicksalhaften offen stehen, *sie* weist

---
[3] Boethius, „Trost der Philosophie", Philipp Reclam Jun., Stuttgart 1971, Seite 32.

auf das zu Gehende unter dem Gangbaren hin; einzig die Erforschung von Möglichkeiten fördert das Sinnmögliche zu Tage. Wer auf Tatsachen schaut und negative Tatsachen vorfindet, seien sie außerhalb oder innerhalb seinerselbst gelegen, wird sich immer verleitet fühlen zur Verneinung eines Lebens, innerhalb dem solche negative Tatsachen ihre Zulassung finden. Wer jedoch über die reinen Tatsachen, über die Realität hinaus in die Potentialität hineinschaut, der wird zu seinem Staunen erkennen, daß sich auf jede negative Tatsache eine positive Antwort geben läßt, daß sich auf jede Sinnwidrigkeit sinnvoll reagieren läßt, ja, daß nichts in der Welt so schlecht oder so falsch sein kann, daß nicht irgendetwas Gutes daraus hervorgehen könnte.

Bei der Besprechung der „Feindesliebe" haben wir folgendes Modell entwickelt:

Person A		Person B	
schicksal-hafter Bereich	persönlicher Freiraum	schicksal-hafter Bereich	persönlicher Freiraum
	X——— „Wahl wider den Sinn"	———→X←— erfahrenes Leid	Wahl einer sinnvollen Antwort darauf

Eine Person A kränkt oder verletzt eine Person B, das heißt, sie wählt unter ihren Handlungsmöglichkeiten eine sinnwidrige aus, sie trifft eine „Wahl wider den Sinn". Vielleicht tut sie es in Reaktion auf eine selber erfahrene Kränkung oder Verletzung im schicksalhaften Bereich, doch dies soll uns jetzt nicht beschäftigen. Wir wenden uns der Person B zu. Für die Person B wird die „Wahl wider den Sinn", die die Person A getroffen hat, zum schicksalhaft erfahrenen Leid. Die Person B trägt den Schmerz über eine negative Tatsache in der Welt, aber sie ist frei, darauf eine sinnvolle Antwort zu geben, etwa derart, daß sie ihre Gesprächsbereitschaft und Versöhnlichkeit der Person

A gegenüber erhält. Was deren Haß in heilsame Beschämung und Feindschaft in Freundschaft verwandeln kann.

Betrachten wir jetzt wieder die Person A. Sie fügt mit ihrer „Wahl wider den Sinn" nicht nur der Person B einen Schmerz zu. Sie fügt auch *sich* Schmerz zu. Wieso das? Nun, alles, was von uns ausgeht, formt unser Sein. Wenn eine Frau an ihrem Mann herumnörgelt, ist *sie* eine nörglerische Frau. Wenn ein Mann seiner Frau Gewalt antut, ist *er* ein gewalttätiger Mann. Wenn eine Mutter lieb ist zu ihren Kindern, ist *sie* eine liebevolle Mutter. Wenn ein Mann seinen Eltern dankt, ist *er* ein dankbarer Sohn. Alle unsere Handlungen sind Akte der Selbstgestaltung, wir modellieren unser eigenes Selbst ins Sein. Es gilt daher nicht nur, daß wir stets entscheiden, wie wir auf Erfahrenes reagieren, es gilt auch, daß wir mit unseren Reaktionen stets etwas Neues über uns selbst entscheiden. Stets ist es gleichsam „unser Kleid", das wir uns anziehen, wenn wir anderen gegenüber handeln. Was bedeutet, daß alles Gute, das von uns ausgeht, nicht nur demjenigen wohltut, der es empfängt, sondern zugleich unserer eigenen Personenbeschreibung etwas Gutes zu-fügt, unser So-sein im Guten beeinflußt. Indem wir Gutes wirken, ver-wirklichen wir uns selbst im Guten. Und umgekehrt.

Dadurch kommt die Paradoxie zustande, daß nicht die Impulse, die aus der Umwelt auf uns einströmen, uns prägen – auf sie können wir ja unterschiedlich reagieren –, sondern daß die von uns in die Umwelt ausströmenden Impulse uns prägen. Ein Leid, das wir empfangen, muß uns nicht böse machen, wie wir gehört haben, aber ein Leid, das wir erzeugen, macht uns böse. Es macht uns schuldig. Womit wir bei der Frage angelangt sind, ob Sinn trotz Schuld denkbar ist? Und so wollen wir denn unser Modell von vorhin noch ein wenig weiterentwickeln.

Die Person A, die die Person B gekränkt oder verletzt hat, hat sich dabei selber, um im Gleichnis zu sprechen, ein „häßliches Kleid" angezogen. Sie hat nicht bloß eine Leiderfahrung in den schicksalhaften Bereich der Person B hineingebracht – siehe in der Zeichnung rechts oben –, sie hat auch eine begangene Schuld in ihren eigenen schicksalhaften Bereich hinein „geladen" – siehe in der Zeichnung links unten.

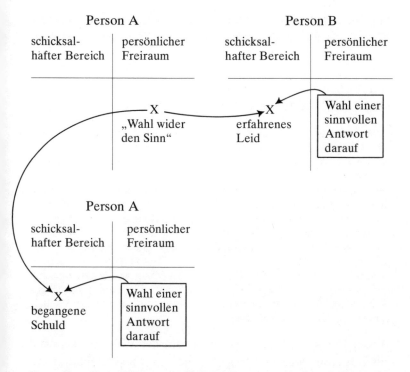

Dasselbe gilt selbstverständlich auch, wenn es sich nicht um eine andere Person, sondern um Dinge, Pflanzen, Tiere, Werke und Aufgaben handelt, denen man in irgendeiner Form nicht gerecht geworden ist oder die man geschädigt hat. Schuld ist die Wahl der weniger sinnvollen Möglichkeit unter den jeweiligen Möglichkeiten des persönlichen Freiraums, die einem offen gestanden sind. Schuld ist das Mehr oder Weniger, auf das es angekommen wäre, wenn man es verwirklicht hätte. Schuld ist ein Sinn-Versäumnis, das – einmal historisch geworden – ins Schicksalhafte geronnen ist. Da liegt es nun, nicht mehr im persönlichen Freiraum eines Menschen, zu dessen Schicksal geworden. Aber jenseits des schicksalhaften Bereichs keimt neue Freiheit. Sprossen neue Wahlmöglichkeiten. Auch gegenüber begangener Schuld gibt es wieder die Möglichkeit, eine sinnvolle Antwort zu wählen, sinnvoll darauf zu reagieren. Wie aus Leid Leistung werden kann, kann aus Schuld Wandlung werden. Wie der

Leidende hellsichtig werden kann, so hellsichtig, daß er die Wunden seiner Peiniger gar erkennt und kraft dieser Erkenntnis sein Leben verändert, so kann für den Schuldigen die Schuld Angel- und Drehpunkt seiner Selbstveränderung werden, seiner moralischen Wiedergeburt, wie Viktor E. Frankl es nennt. Im Buch „Ärztliche Seelsorge" schreibt er dazu:

„Betrachten wir die Affekte der Trauer und der Reue: vom utilitaristischen Standpunkt müssen beide sinnlos erscheinen. Denn etwas unwiederbringlich Verlorenes zu betrauern muß ebenso unnütz und sinnwidrig erscheinen wie etwas untilgbar Verschuldetes zu bereuen. Aber in der inneren Geschichte des Menschen haben Trauer und Reue ihren Sinn. Die Trauer um einen Menschen, den wir geliebt und verloren haben, läßt ihn irgendwie weiterleben, und die Reue des Schuldigen läßt diesen von Schuld befreit irgendwie auferstehen. Der Gegenstand unserer Liebe bzw. unserer Trauer, der objektiv, in der empirischen Zeit, verlorenging, wird subjektiv, in der inneren Zeit, aufbewahrt: die Trauer vergegenwärtigt ihn. Die Reue jedoch vermag, wie Scheler gezeigt hat, eine Schuld zu tilgen: zwar wird die Schuld nicht von ihrem Träger genommen, aber dieser Träger selber – durch seine moralische Wiedergeburt – gleichsam aufgehoben."[4]

Womit Frankl bestätigt, daß nichts auf der Welt, nicht einmal ein Trauerfall oder eine tragische menschliche Verfehlung, Anlaß zu Hoffnungslosigkeit und Verzweiflung bietet, weil bei aller Tragik die Hoffnung bestehen bleibt, daß etwas Sinnvolles daraus erwächst. Sogar aus etwas so Entsetzlichem wie z. B. dem Abwurf der Atombomben auf Japan Ende des 2. Weltkrieges kann noch Sinnvolles erwachsen, wenn sich die Menschheit vom Gewesenen erschüttert dazu durchringen würde, Atomwaffen endgültig abzuschaffen. Sollte dies geschehen, wäre damit die Tat des Abwurfs keinesfalls gerechtfertigt – was sinnwidrig ist, ist es ein-für allemal –, doch die Menschheit hätte ein Sinn-Versäumnis nachgeholt, sie wäre eine bessere geworden. Vielleicht bildet sich diese nie versiegende Hoffnung, daß noch Gutes werden kann, diese bedingungslos geschenkte Möglichkeit, daß auf die sinnwidrigste Bedingung noch sinnvoll geantwortet werden

---

[4] Viktor E. Frankl, „Ärztliche Seelsorge", Verlag Deuticke, Wien, 10. Auflage 1982, Seite 116.

kann, bei spirituell empfindsamen Menschen in der Überzeugung ab, daß der Schöpfer seine Geschöpfe nicht fallen läßt, daß sie sich mitsamt ihren Schwächen von ihm angenommen wissen dürfen.

Bevor wir uns nun überlegen, auf welch verschiedene Art die Reue als „Tilgungskraft der Schuld" im Alltagsleben konkretisiert werden kann, seien noch ein paar Anmerkungen zum Schuldbegriff vorgeschoben.

1. Das Vorhandensein von Schuld ist nicht identisch mit dem Vorhandensein von Schuldgefühlen. Es gibt seelische Krankheiten wie endogene Depressionen oder Zwangsneurosen, die irrationale Schuldgefühle mit sich bringen und den Patienten die Unterscheidung zwischen Schuld und Schuldlosigkeit erschweren. Wenn wir folglich hier Überlegungen zur Bewältigung der Schuldproblematik anstellen, dann ist immer die Bewältigung einer echten, existentiellen Schuld gemeint, und nicht etwa der therapeutische Umgang mit krankhaften Schuldgefühlen, der ärztlich-psychologische Spezialkenntnisse erfordert.
2. Es gibt psychophysische Ursachen, die die Schuldfähigkeit eines Menschen einschränken oder gar ausschalten. Dazu zählen kindliche Unreife, extreme Panikzustände, psychotische Schübe, Einwirkungen von Drogen, Hirnschäden und Altersdemenz. Daher kann ein- und dieselbe Tat bzw. Untat, etwa ein Mord, von einem schuldunfähigen oder von einem schuldfähigen Menschen begangen werden. Im ersten Fall trifft dieser Mensch keine Entscheidung. Noch genauer gesagt: er kann aus einem der vorhin aufgezählten Gründen keine Entscheidung treffen und handelt daher blindlings getrieben wie ein Tier, dessen Verhalten ja auch jenseits von gut und böse steht. Im zweiten Fall trifft dieser Mensch nicht keine, sondern eine falsche Entscheidung, er entscheidet sich wider den Sinn.
3. Es ist allerdings zu warnen vor jeder vorschnellen Schuldfähigkeitsabsprache, die stets einer geistigen Entmündigung gleichkommt. Wer z. B. einem Mörder einreden wollte, daß

aus ihm nichts anderes werden konnte als ein Mörder, bloß weil er aus einem „Broken-home-Milieu" stammt oder seine Eltern kriminell waren, der würde ihm keinen guten Dienst erweisen. Es wäre des Mörders schlimmste Verurteilung, nämlich die Verurteilung zu einem seelen- und willenlosen Reaktionsautomaten, der er sicher nicht ist. Nicht einmal bei psychotisch Kranken ist es medizinisch und ethisch haltbar, ihnen jedweden Entscheidungsspielraum abzusprechen. Wurde doch in psychiatrischen Kliniken wiederholt beobachtet, daß die Kranken im Zuge ihrer unkontrollierten Wutanfälle Tische und Stühle zertrümmern, aber kaum je den Fernsehapparat, was darauf hinweist, daß oft noch ein Minimum an Kontrollierbarkeit vorhanden sein muß.

Wenn wir also von den irrationalen Schuldgefühlen absehen, die mit echter Schuld nichts zu tun haben, und wenn wir von den Ausnahmezuständen absehen, in denen ein Mensch geistig blockiert und das heißt schuldunfähig ist, dann bleibt das weite Feld menschlicher Verfehlungen und falscher Entscheidungen übrig, die einer Sinnantwort harren. Eine solche Sinnantwort kann nur auf der Schiene der Wiedergutmachung laufen, wobei wir in der Logotherapie drei Wege der Wiedergutmachung unterscheiden. Und zwar die Wiedergutmachung an demselben Objekt, an dem man schuldig geworden ist, die Wiedergutmachung an einem anderen Objekt als dem, an dem man schuldig geworden ist, und die Wiedergutmachung durch innere Wandlung, die das irregeleitete Selbst wieder „gut" macht.[5]

Sehen wir uns diese drei Wege im einzelnen an und beginnen wir bei der Wiedergutmachung an demselben Objekt, an dem man schuldig geworden ist. Sie hat die absolute Priorität. Der Schaden, der verursacht worden ist, soll ausgeglichen werden. Dies ist u. a. ein wichtiger pädagogischer Aspekt in der Kindererziehung. Wie geht man mit Diebstählen oder mutwilligen Sachbeschädigungen von Kindern um? Durch Schimpfen, Stra-

---

[5] Vgl. dazu Elisabeth Lukas, „Psychologische Seelsorge", Verlag Herder, Freiburg, 2. Auflage 1988, Seite 190 ff.

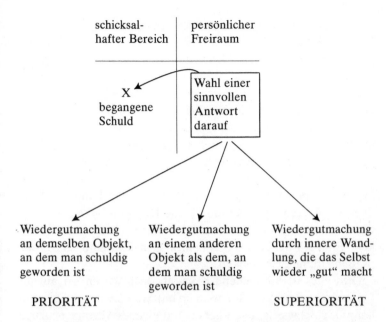

fen, Toben oder durch Augen-Zudrücken und Ignorieren wird nichts besser. Sinnvoller ist es, mit den Kindern sachlich darüber zu sprechen und die Wiedergutmachung vorzuexerzieren oder gemeinsam mit den Kindern durchzuführen. Danach sollte man die wiedergutgemachte Angelegenheit aber auch wirklich gut sein lassen und nicht bei gegebenem Anlaß wieder aufwärmen.

Ein Beispiel: Ein Kind hat das Blumenbeet in Nachbars Garten zertrampelt. Die Mutter geht mit dem Kind zum Nachbarn, bei dem es seine Entschuldigung vorbringen kann – verbunden mit dem Angebot, von seinem Taschengeld ein Säckchen Blumenzwiebeln zu kaufen und diese im zerstörten Beet einzupflanzen. Wenn der Nachbar vernünftig ist, wird er das Angebot des Kindes bereitwillig annehmen und dadurch dem Kind die Chance geben, einen neuen und positiven Bezug zu Erde und Pflanzen zu gewinnen. Das Fehlverhalten des Kindes hätte dann über die Wiedergutmachung rückwirkend noch eine zusätzliche Sinndimension erhalten.

Ähnliches gilt für den gesamten zwischenmenschlichen Bereich, für Ehe, Familie und Kollegenschaft, wobei sich die Frage stellt, was man aus erteilten – nicht erfahrenen, sondern erteilten! – Kränkungen und Schädigungen an Reparatur und Neubeginn herausschlägt. Oft wird aus Verlegenheit und Scham gar nicht reagiert, man tut, als wäre nichts gewesen oder man schiebt dem Opfer sogar eine gewisse Mitschuld zu, was eigentlich nur das eigene schlechte Gewissen übertünchen soll. Doch läßt sich das Gewissen nicht so einfach betrügen, weswegen es auch im Interesse der eigenen Psychohygiene wichtig ist, den Mut aufzubringen, seine Fehler ohne Ausrede einzugestehen und sich bei demjenigen, den man gekränkt oder geschädigt hat, zu entschuldigen bzw. ihm eine Wiedergutmachung des Schadens anzubieten. Dies verlangt keine Unterwürfigkeit oder Demonstration von Zerknirschtheit, sondern schlichtweg Ehrlichkeit. Eine Ehrlichkeit, die entwaffnet, man könnte sagen, eine friedenstiftende Ehrlichkeit.

Dies alles ist hinreichend bekannt, doch wissen wir aus der Psychologie, daß speziell Personen mit Minderwertigkeitsgefühlen große Schwierigkeiten haben, ein eigenes Versagen zuzugeben. Sie stehen daher oft mit ihren Schuldgefühlen hilflos da, was ihre Minderwertigkeitsgefühle noch verstärkt und sie in einem „Teufelskreis" verstrickt. Leute mit Minderwertigkeitsgefühlen müssen folglich zweierlei lernen: das Würdigen ihrer Leistungen *und* das Eingestehen ihrer Fehler. Nur über diesen doppelten Lerngewinn wird es ihnen leichter, ihre Minderwertigkeitsgefühle allmählich abzulegen und Zutrauen zu ihren eigenen Kräften zu fassen – zu den heilen Kräften in ihnen, kraft derer sie eben Leistungen zu erbringen vermögen, und zu den heilenden Kräften in ihnen, kraft derer sie eben Fehl-leistungen wieder auszugleichen vermögen. Auch in dieser Hinsicht würde die durch Bekenntnis und Wiedergutmachung ausgeglichene Fehlleistung, wenn sie zum Abbau von Minderwertigkeitsgefühlen führt, rückwirkend noch eine Sinndimension erhalten.

Zusammenfassend läßt sich also nachweisen, daß die Wiedergutmachung an demselben Objekt, an dem man schuldig geworden ist, das Beschädigte und den Beschädiger wieder in Ordnung bringt, ja manchmal sogar den Beschädiger darüber hinaus noch belohnt. Kommen wir damit zur Wiedergutmachung an einem anderen Objekt als dem, an dem man schuldig geworden ist, eine Wiedergutmachung, die dann anzustreben ist, wenn es etwas gibt, das nicht mehr in Ordnung gebracht werden kann. Jemand hat im Zuge eines Streites einem anderen ein Auge ausgeschlagen. Ein Kind wurde seinen Eltern wegen Kindsmißhandlung weggenommen und kam ins Heim. Ein Unternehmer hat das Vermögen seiner Geschäftspartner aufs Spiel gesetzt und verloren. Weder das Auge, noch die unbeschwerte Kindheit, noch das Vermögen können mehr zurückgegeben werden, der Schaden bleibt unbehebbar.

Aber ist auch die Schuld untilgbar? Wenn es unser Glaube ist, daß die Reue Schuld tilgt, wie könnte dann eine sinnvolle Reue in den aufgezählten Fällen aussehen? Gewiß nicht in Form von Selbstanklage und Selbstbestrafung. Beides würde den Schaden in der Welt nur noch vergrößern. Aber auch nicht in Form eines stillen Beklagens des Geschehenen, das wäre denn doch zu einfach. Echte Reue ist tätig. Echte Reue ist ein intentionaler Akt, und das, was da mit reuigem Herzen intendiert, das heißt, zutiefst gewollt wird, das ist ein gutes Werk um seiner selbst willen. Der Schuldige, einst Initiator eines schlechten Werkes, wird zum Reuigen, dem Initiator eines guten Werkes. Die Waagschalen kommen wieder in ihre Balance. Der körperverletzende Schläger, die mißhandelnden Eltern, der veruntreuende Unternehmer, sie alle haben vielfache Gelegenheiten, neue, schuldtilgende und sinn-orientierte Initiativen zu setzen. Der einstige Schläger kann beispielsweise eine Blindenvereinigung tatkräftig unterstützen, was ihren Mitgliedern zugute käme. Die Eltern können sich dem Kinderschutzbund zur Verfügung stellen, um mit der Argumentationskraft Selbst-Betroffener andere Eltern von einer ähnlichen Familienkarriere abzuhalten. Der Unternehmer kann seine betriebswirtschaftlichen Kenntnisse dafür verwenden, junge, talentierte Aufsteiger zu beraten und vor Risiken zu warnen.

Diese Gedanken sind wertvoll bei jeder Art von Rehabilitation und Bewährungshilfe. Darf die abgeschlossene und abgeurteilte Verfehlung zur Ursache eines verpfuschten Lebens werden? Genau das Gegenteil hat zu geschehen: die Verfehlung sollte zur Grundlage eines neuen Lebens werden. „Ist das eine tragende Grundlage?" wird oft gefragt. „Warum nicht?" frage ich zurück. Es ist eine Grund-lage, auf der mehr „Grund" zum Gutsein „liegt", als auf jeder anderen. Und wer einen Grund zum Gutsein entdeckt, hat sich fast schon dafür entschieden. In diesem Zusammenhang wird verständlich, daß ich im Strafvollzug weniger das Modell „Therapie statt Strafe" favorisiere – zumal Kriminalität ein metaklinisches Problem darstellt, das als solches untherapierbar ist – als das Modell „Engagement statt Strafe". Freilich stößt es an Schwierigkeiten und Grenzen, Engagement sozusagen über einen Menschen zu verhängen, es ihm mit Nachdruck aufzuerlegen, und doch besteht die Chance, daß er während des zu erbringenden Engagements das Auspendeln der Waagschalen spürt und von seiner wiedergutgemachten Schuld befreit aufersteht. Erste Versuche, Autofahrer, die in betrunkenem Zustand einen Unfall gebaut haben, zu einer befristeten aber durchaus aktiven Mithilfe in Unfallkrankenhäusern zu verdonnern, legen mit ihren überraschend positiven Ergebnissen nahe, daß das Modell „Engagement statt Strafe" das erfolgversprechendste der Zukunft ist.

Daneben gibt es einen weiteren großen Bereich, der ähnlicher Schuldbearbeitung harrt. Es ist der Bereich der Psychosomatik, innerhalb dem nicht selten ein Faktor mithineinverwoben ist, den Frankl „negative Gewissensangst" nennt[6]. Eine negative Gewissensangst bezieht sich nun nicht auf Fehltaten oder Untaten, die man begangen hat, sondern auf richtige und wichtige Taten, die man versäumt hat, auf verpaßte Gelegenheiten sinnvollen Wirkens, die vorübergegangen sind und nie mehr wiederkehren. Es ist dabei nichts wirklich Böses in die Welt hineingeschafft worden, doch es hätte Chancen zum Guten gegeben, die der Welt vorenthalten worden sind. Jedes „existentielle Vakuum", wie Frankl es nennt, jede Lebensphase, in der sich innere Leere, Langeweile und Überdruß breitmachen, geht mit Sinnversäumnissen einher, ja, jedes Versinken in Scheinwelten,

---

[6] Viktor E. Frankl, „Psychotherapie für den Laien", Verlag Herder, Freiburg, 12. Auflage 1986, Seite 59.

wie wir es heutzutage massenweise beobachten, hat etwas mit Schuldigwerden im Abbild „negativer Gewissensangst" zu tun. Beschäftigen sich doch ganze Bevölkerungsschichten bereits mehr Stunden täglich mit Phantasiegeschichten vom Bildschirm, als mit realen Entwicklungen der Gesellschaft, in der sie leben.

Welche Verbindung besteht aber zwischen den Versäumnissen und Unterlassungen einerseits und psychosomatischen Krankheiten andererseits? Die Verbindung ist leicht herstellbar. Wer Vertanem traurig-passiv nachhängt, fügt dem Vertanen neuerlich Vertanes hinzu: die Möglichkeiten der Gegenwart werden nicht ausgeschöpft. Wer Möglichkeiten der Gegenwart nicht ausschöpft, verliert Ausschöpfungskräfte. Alle nicht gebrauchten Glieder werden schwach, und auch geistige Resourcen dezimieren sich ungebraucht. Wer Kräfte verliert, hat wiederum keinen Widerstand gegen Krankheit und Siechtum, aus Einzelanfällen wird chronisches Leiden. In hohen Prozentsätzen finden wir bei psychosomatisch chronisch Kranken ein diffuses Schuldgefühl, nicht mehr aus ihrem Leben gemacht zu haben, und in Reaktion darauf eine Lähmung der Bereitschaft, aus dem Rest ihres Lebens noch etwas zu machen.

Wo ist der Ausweg? Er lautet: Wiedergutmachung an einem anderen Objekt als dem, an dem man schuldig geworden ist. Wieder gilt es, diesmal auf der Grundlage einer „negativen Gewissensangst", Eigeninitiative und Engagement aufzubauen, weil gerade auf dieser Grund-lage sehr dringende und drängende Gründe liegen, endlich die sinnträchtigen Möglichkeiten der Stunde in die Tat umzusetzen und sie damit vor ihrer Flüchtigkeit zu bewahren; sie davor zu bewahren, daß sie zu jenen anderen ungenützt vergangenen Möglichkeiten flüchten, die zerronnen sind zu nichts. Auch hier steht die Impression einer Waage im Hintergrund, und es scheint mindestens so schwer zu sein, eine leere Waagschale aufzuwiegen wie eine, die sich unter der Last einer Untat beugt. So schwer, aber auch so gnadenvoll, wenn es gelingt – alles Gute, das ein Mensch irgendwann einmal irgendwo für irgendetwas oder irgendjemanden eingebracht hat, gibt ihm selber Halt und seinem Leben Inhalt. Und wenn der Volksmund meint: „Ein gutes Gewissen ist ein sanftes Ruhekissen", so können wir aus psychologischer Sicht ergänzen: „Auf diesem Ruhekissen hat sich schon manch psychosomatisch Kranker gesundgeschlafen."

Doch nicht immer ist ein solches „Ruhekissen" mehr erwerbbar. Wenden wir uns jetzt dem Fall zu, daß weder eine Wiedergutmachung an demselben Objekt, an dem man schuldig geworden ist, noch eine Wiedergutmachung an einem anderen Objekt als dem, an dem man schuldig geworden ist, mehr möglich ist. Damit wenden wir uns konkret der Sterbebegleitung zu. Das letzte Wegstück eines Menschen ist sehr oft gekennzeichnet durch Behinderungen aller Art, durch Schmerzen, Hilflosigkeit, Ohnmacht und Einsamkeit, was den Radius für Eigeninitiativen und Engagement schrumpfen läßt. Dieses letzte Wegstück kann Minuten oder Monate dauern, Zeit ist nicht mehr wesentlich. Der menschliche Geist lockert seine Zeit- und Raum-Verhaftung, doch was ihn aufhält, sind unerledigte Angelegenheiten, ist die unvollendete Seinsgestalt, ist die Kluft zwischen dem Selbst, wie es „gemeint" war, und dem Selbst, wie es geworden ist. Nur eine innere Wandlung kann die Kluft noch schließen.

Aber eine innere Wandlung kann noch mehr. Sie kann begangene Schuld tilgen, weil auch sie etwas wieder gut macht: das Selbst des schuldig gewordenen Menschen wird wieder gut. Indem ihm leid tut, was er falsch gemacht hat, indem er an dem Falschgemachten leidet, schmiedet er sich gleichsam um zu einem Menschen, der dasselbe nicht mehr falsch machen würde, stünde er nochmals in derselben Situation. Er wird ein anderer, er geht aus der durchlittenen Reue als ein anderer hervor als der, der er war; das späte, aber immerhin noch stattfindende Ja zu einer sinnvollen Entscheidung, die einmal nicht getroffen worden ist, ist selber und seinerseits eine sinnvolle Entscheidung und durchflutet das Gewesene rückwirkend mit Sinn.

So ist es wichtig, das reuige In-sich-Gehen in der letzten Lebensphase bei einem Menschen zuzulassen, ernstzunehmen, und gedanklich mit Optimismus und Befriedigung zu verknüpfen, denn es handelt sich um das Erklimmen einer höheren Entwicklungsstufe, um den Aufstieg zu einer vollkommeneren

Seinsgestalt, der in einer letzten Anstrengung gewagt wird. Ein Mensch, der sein Selbst wieder gut gemacht hat, kann in Frieden Abschied nehmen, weswegen dieser Art von Wiedergutmachung unter den aufgezählten Formen die Superiorität zukommt.

Dazu ein Fallbeispiel aus meiner Praxis. Ein Mann hatte zwei Kinder: einen Sohn und eine Tochter. Die Tochter hatte er stets abgelehnt, was auf eine lange Vorgeschichte zurückging. Seine Frau und er hatten nämlich zur Zeit der Zeugung und Geburt der Tochter heftige Ehezerwürfnisse, und obwohl die Ehe hielt, war sich der Mann nie ganz sicher, ob die Tochter auch wirklich von ihm war. Den Sohn hingegen hatte der Mann immer sehr gefördert und geliebt.

Im Laufe der Jahre geriet der Sohn auf Abwege, was dem Vater vor lauter Gram zwei Herzinfarkte bescherte. Nach dem zweiten lag er schwerkrank darnieder. Während der Sohn nichts von sich hören ließ, pflegte die Tochter den Vater hingebungsvoll. Dadurch gesellte sich bei diesem zum Gram über den Sohn ein Schuldgefühl gegenüber der Tochter. Ausgerechnet diejenige, die er abgelehnt hatte, war nun seine Hilfe und Stütze – er begann sich zu schämen.

An dieser Stelle setzte meine Beratung ein, die darin bestand, dem Mann zu verdeutlichen, wie gut es doch war, daß jenes Erlebnis der Beschämung noch vor seinem Tode eingetreten war. Wäre er beim ersten Herzinfarkt gestorben, wäre es bei der Ablehnung der Tochter geblieben, und er wäre für immer ein Mensch geblieben, der seiner Tochter Unrecht getan hat. Der seine Tochter für etwas hat büßen lassen, an dem sie unschuldig und unbeteiligt gewesen ist. So aber, von seinem Schuldgefühl und seiner Beschämung innerlich wachgerüttelt, könnte er noch ein Mensch werden, der seine beiden Kinder liebt. Und sollte er seine Tochter bloß in den letzten fünf Tagen seines Lebens geliebt haben, würde er dennoch als ein anderer sterben, als ein trotz allem liebender Vater.

Eine lange und intensive Aussprache zwischen dem Mann und der Tochter, die noch vor seinem Tod stattfand, bewies, daß meine Argumente auf ein offenes Ohr und ein offenes Herz gestoßen waren. Der Mann starb mit sich selbst versöhnt, und die Tochter, die ihm schon lange verziehen hatte, behielt ihn in guter Erinnerung. Was nicht zuletzt die Richtigkeit einer logotherapeutischen Kernthese bestätigt, welche besagt:

> Ändern kann man immer nur sich selber –
> sich selber aber immer.

Und „immer" heißt „buchstäblich noch auf dem Totenbett". So will ich die Frage, ob Sinn trotz Schuld bzw. ob Sinnfindung trotz Schuldigwerdung möglich ist, abschließend beantworten mit einem Spruch, den ich einer Grußkarte entnommen habe. Er lautet:

> Was du bist, ist Gottes Geschenk für dich.
> Was du aus dir machst, ist dein Geschenk für Gott.

Dem braucht nur noch hinzugefügt zu werden: Auch was du aus deiner Schuld machst, ist dein Geschenk für Gott ...

Sinn trotz Tod?

3. Argumentation

Wir sind davon ausgegangen, daß das Nein zum Leben nur dann zu überwinden ist, wenn das Leben als bedingungslos sinnvoll verstanden werden kann. Als sinnvoll trotz Leid, trotz Schuld und trotz seiner Vergänglichkeit. In letzter Instanz ist Versöhnung nur möglich, wenn sie auch noch eine Versöhnung mit dem Tod ist. Und so fragen wir uns denn jetzt, wie der Mensch die Tatsache seiner Vergänglichkeit zu verarbeiten und zu bewältigen vermag. Die Frage, die wir hier stellen, ist nicht die Frage nach der Vergangenheitsbewältigung, also nach der Bewältigung desjenigen, was in der eigenen Lebensvergangenheit geschehen ist, sondern die Frage nach der Vergänglichkeitsbewältigung, also nach der Bewältigung des Wissens um die Begrenztheit des Lebens, einem Wissen, mit dem wir durchs Leben gehen. Der Mensch ist das einzige Lebewesen, das wir kennen, das um seine Endlichkeit weiß. Das weiß, daß es einmal Abschied nehmen muß von dieser Welt. Und nicht nur dies. Der Mensch weiß sogar, daß das Leben eigentlich ein ständiges Abschiednehmen ist, weil uns jeder gelebte Augenblick hinwegstirbt und nie mehr wiederkommt. Das Leben zerrinnt im Zeitfluß.

Die Frage nach der Vergänglichkeitsbewältigung ist mithin die Frage, ob das Leben nicht deswegen sinnlos ist, weil sowieso alles zugrunde geht, inklusive unserem eigenen Dasein? Viktor E. Frankl, der nicht nur ein weltberühmter Psychiater, sondern auch ein großer Philosoph ist, hat zu dieser Frage eine Fülle von Antworten entwickelt, von denen ich einige wichtige vorstellen möchte in der Hoffnung, daß sie nachdenklich machen und aufhorchen lassen.

Da ist zunächst einmal ein Gedanke: was geschähe, wenn unser Leben zeitlich unbegrenzt wäre? Wenn es keinen Tod gäbe? Nun, dann könnte man jede Handlung ins Unendliche aufschieben. Nichts müßte man heute tun, alles könnte ja auch morgen oder übermorgen getan werden. Niemand hätte zum Beispiel zu den Salzburger Hochschulwochen zu kommen brauchen, denn jeder könnte eine solche Veranstaltung auch in 500 oder in 1000 Jahren besuchen. Kurzum, es bestünde keinerlei Notwendigkeit, etwas hier und heute zu erledigen, und das heißt, man würde überhaupt nichts tun. Einzig die Begrenztheit des Lebens zwingt uns, was immer wir erledigen wollen, zu erledigen, weil wir nie wissen, ob noch Zeit dazu ist; ohne diese Begrenztheit wären wir völlig antriebslos und blockiert. So stellt sich heraus, daß der Tod der Antrieb zum Leben ist, der Motor, der uns veranlaßt, Taten zu setzen.

Es gab einmal einen Science-fiction-Roman, der darauf aufgebaut war, daß ein Serum gegen das Altern gefunden worden wäre, und daß auch alle Krankheiten ausgerottet wären. Die Menschen könnten nur noch durch einen Unfall sterben. Die Folge, die der Autor voraussah, war, daß sich niemand mehr aus dem Hause wagte, und daß sich die meisten Menschen nicht einmal mehr aus ihrem Bette rührten vor lauter Angst, sie könnten durch irgendeinen dummen Zufall zu Tode kommen. Je mehr „Unsterblichkeit" sie hatten, desto weniger lebten sie! Das Fazit der Geschichte war, daß ein unsterbliches Leben kein Leben mehr wäre.

Viktor E. Frankl schreibt dazu: „Der Tod macht das Leben nicht nur nicht sinnlos, er macht es sogar erst sinnvoll. Denn die Lebensverantwortung eines Menschen ist nur zu verstehen in Hinblick auf Zeitlichkeit und Einmaligkeit."[7] Das bedeutet, nur in einem begrenzten Leben sind wir verantwortlich für das, was wir in und aus diesem Leben gemacht haben – in einem unbegrenzten (oder wiederholbaren) Leben wäre nicht nur jedes Tun aufschiebbar, es wäre auch jede Verantwortung abschiebbar auf spätere Zeiten.

---

[7] Viktor E. Frankl, „Ärztliche Seelsorge", Verlag Franz Deuticke, Wien, 10. Auflage 1982, Seite 83.

Diesem Gedanken wollen wir gleich einen weiteren anfügen. Wie können wir verantwortlich sein für etwas, das vergeht? Das sind wir eben nicht; wir sind verantwortlich für etwas, das *bleibt*. Und was bleibt? Alles, was geschehen ist, bleibt. Alles, was ein Mensch getan hat, was er erlebt hat, was er erlitten hat, bleibt. Es bleibt in der Vergangenheit, aus der nichts herausnehmbar ist, in der nichts mehr veränderbar oder aufhebbar ist. Ich sagte anfangs: das Leben verrinnt im Zeitfluß, es fließt von der Zukunft über die Gegenwart in die Vergangenheit. Aber es verrinnt nicht einfach nur, es gerinnt zur Geschichte, zur Wahrheit, zur Wirklichkeit. Denn die Wirklichkeit, dasjenige, *was wirklich ist*, ist allemal Geschehenes, Geschaffenes, Durchlebtes. Was *noch nicht wirklich ist*, das sind die Möglichkeiten in der Zukunft. Sie sind verlierbar und auslöschbar.

Nehmen wir als Beispiel eine junge Lehrerin. Sie hat die Möglichkeit, im Schuldienst noch viele Kinder zu unterrichten, sie gleichsam beim Prozeß der Menschwerdung ein Stück zu begleiten. Das ist eine Möglichkeit, die sie verwirklichen kann. Aber wer weiß, was die Zukunft bringt! Vielleicht gründet die Lehrerin eine eigene Familie und hört mit ihrem Beruf auf. Vielleicht erkrankt sie auch und kann ihren Beruf nicht mehr ausüben. Die Möglichkeiten, die in ihrer – und in unser aller – Zukunft liegen, sind verlierbar und ungewiß, sie sind, so merkwürdig dies ist, das wahrhaft Vergängliche, und im Moment unseres Todes haben wir keine einzige Möglichkeit mehr.

Schauen wir jetzt auf eine alte Lehrerin. Sie hat nicht mehr die in der Zukunft liegende Möglichkeit, noch viele Kinder zu unterrichten, wie die junge Lehrerin, aber sie hat die in der Vergangenheit liegende Wirklichkeit, viele Kinder unterrichtet und begleitet zu haben. Wer wollte ihr diese Wirklichkeit, das von ihr Ver-wirklichte wegnehmen? Wie könnte sie es je verlieren, wer könnte es aus der Geschichte auslöschen? Wenn sie 20 oder 30 oder 40 Jahre lang im Dienst am jungen Menschen gestanden ist, wer hätte die Macht, ihr auch nur 1 Jahr davon zu rauben? Was in die Wirklichkeit, und das heißt: in die Vergangenheit hineingekommen ist, ist dort sicher, ist dort geborgen, ist unvergänglich geworden; es hat sich buchstäblich verewigt.

Betrachten wir folgende Skizze:

Vergangenheit	Gegenwart	Zukunft

Reich des Wirklichen ← Prozeß der Ver-Wirklichung ← Reich des Möglichen

Der Zeitfluß fließt eindeutig von der Zukunft über die Gegenwart in die Vergangenheit. Wir leben genaugenommen nicht in die Zukunft hinein, wir leben in die Vergangenheit hinein. Wer etwa in der Zukunft plant, ein Haus zu bauen, der will dieses Haus zur Wirklichkeit bringen, der will seine Pläne wahr werden lassen, und das heißt, er strebt eine Gegenwart an, in der sein Haus steht, und das wiederum heißt, er strebt eine Vergangenheit an, in der sein Hausbau stattgefunden hat. Wir planen Zukünftiges, um Vergangenes zu erzeugen.

Die Zukunft ist das „Reich des Möglichen", das Sein-Könnende. Vieles kann sein, aber nur manches wird verwirklicht. Manches bleibt unverwirklicht, es wird zu nichts. Um im Beispiel zu verweilen: manches Haus wird trotz bester Pläne nicht gebaut. Das Mögliche ist, wie wir sagten, brüchig und instabil.

Die Vergangenheit hingegen ist das „Reich des Wirklichen", das Seiende. In ihr ist nichts unwiederbringlich verloren, sondern alles unverlierbar geborgen, wie es Viktor E. Frankl ausdrückt: das Verwirklichte ist stets Ein-für-allemal-Verwirklichtes. Ein Haus, das gebaut worden ist, *ist* gebaut worden. Und selbst wenn es mit der Zeit wieder zerfällt, so ändert dies nichts an der Tatsache, daß es einmal gebaut worden ist.

Die Gegenwart stellt nun die Scheide zwischen beiden Bereichen dar, den Schauplatz, an dem sich Mögliches verwirklicht. Noch gestern war für jeden Teilnehmer der Salzburger Hochschulwochen der Besuch dieser Veranstaltung eine Möglichkeit. Eine Möglichkeit, die er immer noch hätte ablehnen können, dann wäre sie zu nichts geworden. Heute jedoch, während er hier sitzt, verwirklicht sich diese Möglichkeit, und morgen schon ist sie nicht mehr ablehnbar, ist nicht mehr annullierbar, weil sie zur Wirklichkeit gekommen ist. Von morgen an kann er den heutigen Tag nie mehr anders verbringen als bei dieser Veranstaltung – bis in alle Ewigkeit ist sein Leben am heutigen Tage mit dieser Veranstaltung verknüpft.

Was also bleibt, wenn das Leben im Zeitfluß verrinnt? Es bleibt die Auswahl, die wir unter unseren jeweiligen Möglichkeiten getroffen haben, es bleibt das von uns Verwirklichte und Gewirkte. Dazu ein Zitat von Viktor E. Frankl:

„Unser Leben verpufft in seine Wirksamkeit – und insofern gleicht es etwa dem Radium, dessen Materialität ebenfalls im Laufe seiner „Lebenszeit" zunehmend in Strahlungsenergie sich umsetzt, um nie wieder zur Stofflichkeit zurückzukehren. Was wir ‚ausstrahlen' in die Welt, die ‚Wellen', die von unserem Sein ausgehen – das ist es, was von uns bleiben wird, wenn unser Sein selbst längst dahingegangen ist."[8]

Etwas Ähnliches drückt ein Gedicht vom Jörg Zink aus, das mir persönlich sehr gut gefällt:

> Ein Hirt saß bei seiner Herde
> am Ufer des großen Flusses,
> der am Rande der Welt fließt.
> Wenn er Zeit hatte
> und über den Fluß schaute,
> spielte er auf seiner Flöte.
>
> Eines Abends kam der Tod über den Fluß
> und sagte: Ich komme,
> um dich nach drüben mitzunehmen.
> Hast du Angst?
> Warum Angst? fragte der Hirt.
> Ich habe immer über den Fluß geschaut.
> Ich weiß, wie es drüben ist.
> Und als der Tod ihm die Hand auf die Schulter legte,

---

[8] Viktor E. Frankl, „Die Sinnfrage in der Psychotherapie", Verlag Piper, München, 3. Auflage 1988, Seite 98.

> stand er auf und fuhr mit ihm über den Fluß,
> als wäre nichts.
> Das andere Ufer war ihm nicht fremd,
> und die Töne seiner Flöte,
> die der Wind hinübergetragen hatte,
> waren noch da.[9]

Ich möchte vom Thema „Was am Ende bleibt" überleiten zum Thema „Was am Ende zählt". Denn der bedingungslose Sinn eines Menschenlebens wird nicht nur begründet durch die Töne, die über das Leben hinaus „noch da sind", sondern wesentlich durch die Melodie, zu der sie sich gefügt haben, durch das unsterbliche Lied einer einzigartigen Person. Um jedoch verständlich zu machen, was von dem Bleibenden – von dem in der Vergangenheit Bleibenden – zählt, muß die Skizze von vorhin erweitert werden. Noch ein dritter Bereich muß eingeführt werden, und das ist das „Reich der Werte".

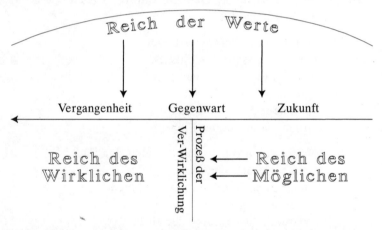

Das „Reich der Werte" repräsentiert den überzeitlichen Maßstab, an dem sich die Verwirklichungswürdigkeit von Zukünftigem bemißt. Wir können nämlich nicht davon ausgehen, daß alle Möglichkeiten, die einem Menschen zu einem bestimmten

---

[9] Jörg Zink, „Unter weitem Himmel", Kreuz-Verlag.

Zeitpunkt offenstehen, gleich wert und würdig sind, verwirklicht zu werden. Man denke nur an die Möglichkeit eines Staatsmannes, Krieg zu erklären. Man denke an die uns allen gegebene Möglichkeit, zu hassen, zu quälen, zu verleumden usw. Nicht jede Möglichkeit, die existiert, ist wert, ergriffen und in die Wirklichkeit übergeführt zu werden.

Der anzulegende Maßstab ist allerdings nicht auf Zukünftiges beschränkt. Er ist überzeitlich, und das bedeutet, daß auch das bereits zur Wirklichkeit Gewordene der Vergangenheit von unterschiedlicher Qualität ist. Ist und bleibt. Man erinnere sich bloß der Greuel des letzten Weltkrieges. Wieviele nicht verwirklichungswürdige Möglichkeiten sind damals ergriffen worden, und sie bleiben bis in alle Ewigkeit unwürdige Taten der Geschichte. Beim einzelnen Menschenleben ist es nicht anders – seine Güte steht und fällt mit der Werthaftigkeit dessen, was darin zur Geschichte geronnen ist, oder anders ausgedrückt: *Was am Ende zählt, ist das Sinnvolle unter dem Verwirklichten*, ist das Gute unter dem Gewählten, ist das Schöne unter dem Erlebten, ist das Tapfere unter dem Erlittenen, ist das einer Ewigkeit Würdige, das in die Ewigkeit hineingerettet worden ist.

Machen wir an dieser Stelle eine Zäsur und wenden wir uns der sogenannten „existentiellen Bilanzziehung" zu. In gewissen Abständen schaut jeder von uns auf sein bisheriges Leben zurück und zieht Bilanz. Das ist auch richtig so, um das Gelungene nicht aus dem Blick zu verlieren, und das noch zu Gelingende in den Blick zu bekommen. Wie triste aber sieht oft eine solche Bilanzziehung aus! Da steht dann bei vielen Menschen auf der linken Seite, auf der „Haben-Seite", alles erfahrene Leid, und auf der rechten Seite, auf der „Soll-Seite", das nicht erfahrene Glück, das das Leben ihnen schuldig geblieben ist.

existentielle Bilanz

HABEN-SEITE	SOLL-SEITE
alles erfahrene Leid	alles nicht erfahrene Glück

Eine solche Lebensbilanz verleitet schnell zu Bitterkeit und Traurigkeit, zum Hader mit dem Schicksal und zu seelischer Verhärtung in ständigem Groll. Und doch ist es die falsche Bilanz, wie nach dem bisher Gesagten leicht einzusehen ist. Denn nicht auf das Haben kommt es an, sondern auf das Sein, und auch nicht auf das Gehabte, sondern auf das zum Sein Gewordene.
Der fundamentale Unterschied zwischen dem Haben und dem Sein möge an folgendem Beispiel deutlich werden:

Wenn jemand fragt: „Was hab' ich davon, wenn ich meine Chefin betrüge?", so könnte die Antwort lauten: „Mehr Geld". Wenn der Betreffende aber fragen würde: „Was bin ich dann, wenn ich meine Chefin betrüge?" würde die Antwort lauten: „Ein Betrüger". Wobei gilt: das Mehr-Geld-Haben würde der Betreffende mit seinem Tode verlieren, aber das Betrüger-Sein würde seinen Tod überdauern. Wenn er ein Betrüger *war*, wird er auch in Millionen Jahren, wenn niemand mehr von ihm weiß, ein Betrüger gewesen sein – das So-Sein überdauert jedes Da-Sein.

Deshalb darf in der existentiellen Bilanz des Lebens nicht das *Haben*, sondern es muß das *Sein* zum Soll in Bezug gesetzt werden. Und auch das Soll darf nicht bloß den eigenen Anspruch ans Leben beinhalten, sondern muß im Zusammenhang gesehen werden mit dem eigenen Auftrag, das Bestmögliche aus diesem Leben zu machen. Die richtige Bilanz sieht daher folgendermaßen aus:

existentielle Bilanz

SEIN-SEITE	SOLL-SEITE
alles bisher Verwirklichte	alles noch (sinnvollerweise) zu Verwirklichende

Auf der linken Seite, auf der „Sein-Seite", steht denn nicht das passiv Erfahrene, sondern das aktiv Gewirkte, die Fülle dessen, was durch eigenes Zutun in die Wirklichkeit hineingeschaffen worden ist, wo es vor jedem weiteren Zugriff geschützt ist. Nicht das Verlorene und Abgeschlagene, nicht die leeren Stoppelfelder der Vergänglichkeit – um einen Vergleich von Viktor E. Frankl zu gebrauchen –, sondern die vollen Scheunen, gefüllt mit der Ernte eines Menschenlebens, stehen auf der linken Seite; alles, was ins Sein gekommen ist, was zur unumstößlichen Wahrheit geflossen ist. Und es gibt nur eine Wahrheit. Das Gute, das verwirklicht worden ist, bleibt gut, die Hilfsbereitschaft und Nächstenliebe, die praktiziert worden sind, bleiben Hilfsbereitschaft und Nächstenliebe, der Friede, der geschlossen worden ist, bleibt Friede, in den Scheunen der Vergangenheit bleibt alles, was es ist und war.

Freilich, auch das negativ Gewirkte ist daraus nicht entfernbar. Die Fehler, die man begangen hat, die Kämpfe, die man gefochten hat, sind auch darin. Doch ist es unser Glaube und unsere Hoffnung, daß es eine Erlösung gibt, und das heißt ja nichts anderes, als daß *am Ende das Gute zählt und nichts als das Gute* – oder anders ausgedrückt: Unter dem auf der „Sein-Seite" bisher Verwirklichten in unserer existentiellen Lebensbilanz zählt, *was Sinn hat und Sinn gehabt hat* – alles andere möge der Vergebung anheimfallen.

Wenn wir somit darauf hoffen, daß unter dem Bleibenden das Sinnvolle zählt und das Sinnwidrige vergeben wird, dann sollten wir allerdings selber damit anfangen, unseren Mitmenschen das Erfreuliche, das sie uns geschenkt haben, anzurechnen, und das Leidvolle, das sie uns angetan haben, zu verzeihen. Denn, wie ich manchmal meinen Patienten zu sagen pflege, man kann nicht ungnädig sein und gleichzeitig auf Gnade hoffen! Das wäre doch ein zu großer Widerspruch, weshalb es sich empfiehlt, alles erfahrene Leid, das sich auf der „Haben-Seite" eines Menschenlebens angesammelt haben mag (siehe unsere erste Bilanz-Zeichnung!), in einem Akt der Versöhnung und Verzeihung anzunehmen, ohne Groll und Bitterkeit, dafür aber die vertrauensvolle Gewißheit im Herzen einzutauschen, daß auch das zugefügte, nämlich von einem selber der Mit- und Umwelt zugefügte Leid, das auf die „Sein-Seite" der Wirklichkeit gekommen ist, von „jemandem" angenommen werden wird, der Versöhnung und Verzeihung für uns bereithält.

Bisher haben wir uns mit der linken Seite der existentiellen Bilanz beschäftigt; werfen wir jetzt ein Auge auf die rechte Seite, auf die „Soll-Seite". Ich sagte, hierher soll nicht geschrieben werden, was das Leben uns vermeintlicherweise schuldig geblieben ist, sondern was *wir* möglicherweise dem Leben noch schulden, was wir noch zu geben haben bzw. was seiner Verwirklichung harrt, was noch potentielle Ernte ist, die es einzufahren gilt. Die Töne der Flöte, auf die das andere Ufer wartet, daß sie gespielt werden ...

Wir dürfen davon ausgehen, daß es für jeden Menschen jederzeit eine sinnvolle Aufgabe gibt, die auf ihn wartet, eine sinnvolle Möglichkeit, die er noch verwirklichen kann. Selbst wenn diese Aufgabe nicht in einem Tun besteht, sondern vielleicht lediglich in der Haltung, mit der er ein Nicht-mehr-tun-Können trägt, so ist sie etwas Verwirklichbares, das wert ist, verwirklicht zu werden. Viktor E. Frankl schildert in seinem Buch „Theorie und Therapie der Neurosen" dazu folgenden Fall:

„Eine Krankenschwester meiner Klinik wird operiert, und der Tumor erweist sich als inoperabel. In ihrer Verzweiflung läßt mich die Krankenschwester zu sich bitten. Im Gespräch ergibt sich, daß sie nicht einmal so sehr wegen ihrer Krankheit verzweifelt ist, als vielmehr wegen ihrer Arbeitsunfähigkeit: sie liebt ihren Beruf über alles, kann ihn aber jetzt nicht mehr ausüben. Was hätte ich dieser Verzweiflung gegenüber sagen sollen? Die Situation dieser Krankenschwester war ja wirklich aussichtslos. (Eine Woche später starb sie.) Dennoch habe ich versucht, ihr klarzumachen: Daß sie acht oder weiß Gott wieviele Stunden im Tag arbeitet, ist noch keine Kunst – das kann ihr bald jemand nachmachen; aber so arbeitswillig sein wie sie und dabei so arbeitsunfähig – und trotzdem nicht verzweifeln –, das wäre eine Leistung, sagte ich ihr, die ihr nicht so bald jemand nachmachen kann. Und, so fragte ich sie weiter, begehen Sie nicht eigentlich ein Unrecht an all den Tausenden von Kranken, denen Sie als Krankenschwester doch Ihr Leben geweiht haben: begehen Sie kein Unrecht an ihnen, wenn Sie jetzt so tun, als ob das Leben eines Kranken oder Siechen, also eines arbeitsunfähigen Menschen, sinnlos wäre? Sobald Sie in Ihrer Situation verzweifeln, sagte ich ihr, tun Sie ja so, als ob der Sinn eines Menschenlebens damit stünde und fiele, daß der Mensch so und so viele Stunden arbeiten kann; damit aber sprechen Sie allen Kranken und Siechen jedes Lebensrecht und alle Daseinsberechtigung ab. In Wirklichkeit haben Sie gerade jetzt eine einmalige Chance: Während Sie bisher all den Menschen gegenüber, die Ihnen anvertraut waren, nichts anderes leisten konnten als dienstlichen Beistand, haben Sie nunmehr die Chance, mehr zu sein: menschliches Vorbild."

Hier zeigt Viktor E. Frankl im Patientengespräch auf, daß es immer noch eine sinnvolle Möglichkeit gibt, die verwirklicht werden kann, sogar noch auf dem Sterbebett, und wenn nicht in Form einer Handlung, die man setzen kann, dann in Form einer Haltung, die man einnehmen kann. Allerdings wird sich so manche sinnvolle Möglichkeit nur dann entdecken lassen, wenn man nicht einseitig festgelegt ist. Wenn man nicht glaubt, nur auf *eine* Art und Weise allein Sinn im Leben erfüllen zu können, oder meint, nur eine einzige Aufgabe im Leben zu haben. Diesbezüglich schreibt Viktor E. Frankl im Anschluß an das vorhin zitierte Patientengespräch:

„Diese wenigen Worte der Andeutung müssen genügen, um zu zeigen, daß sich selbst noch in solchen Fällen durchaus verständlicher, ja scheinbar berechtigter Verzweiflung die Depression aus den Angeln heben läßt: Man muß nur wissen, daß letztlich alle Verzweiflung eines ist: Vergötzung – Verabsolutierung eines einzigen Wertes (im obigen Falle: Vergötzung des Wertes der Arbeitsfähigkeit)."

Es ist somit wichtig, sich innerlich flexibel zu erhalten für die stets neuen sinnvollen Möglichkeiten, die das Leben bietet, im Bewußtsein, daß es immer – in der Jugend wie im Alter, an gesunden wie an kranken Tagen – eine persönliche Aufgabe gibt, die einem zufällt und zukommt, daß es aber von Mal zu Mal eine andere Aufgabe sein kann. Dieses Wissen ist herausfordernd und beglückend zugleich. Herausfordernd, weil es nie erlaubt, sich in Passivität, Apathie und Resignation zu verkriechen und in Verzweiflung zu versinken, nicht einmal angesichts eines großen Leides. Aber beglückend, weil es jedem Menschen bedingungslos vermittelt: Du bist hier und jetzt zu etwas gerufen, du wirst gebraucht, dein Beitrag verändert die Welt, und sei er noch so winzig! Auf dich richtet sich eine Hoffnung der Welt, die sich, wenn du es willst, erfüllen könnte!

Kümmern wir uns nicht um Lohn und Anerkennung seitens unserer Mitmenschen. Ihr Dank ist zwar eine sehr angenehme „Draufgabe", aber das Wesentliche ist er nicht. Das Wesentliche ist diese uns ständig begleitende Hoffnung, die sich auf uns richtet, die Hoffnung, daß wir das Unsrige erbringen, die Welt, in der wir leben, ein wenig heller und heiler zu gestalten. Es kann ein Lächeln, ein nettes Wort sein, das, wenn wir es erbringen, eine Nachbarin aufrichtet; es kann ein Händedruck, ein stilles Zuhören sein, das, wenn wir es erbringen, eine Seele tröstet. Niemand ist nutzlos, niemand ist überflüssig, jeder ist für etwas gut, jeder wird für irgendwas gebraucht – wenn er sich nur dessen bewußt ist. In diesem Zusammenhang pflege ich meine Studenten zu lehren: Das Glück ist nicht, daß jemand sagen kann: „Mir geht es gut", das Glück ist, wenn jemand sagen kann: „Ich bin für etwas gut."

Wie sehr das Bewußtsein, noch einer Aufgabe zu dienen, sogar lebensverlängernde und krankheitsverhütende Wirkung hat[10], beweist eine Parallele aus dem Tierreich, wenn sie auch natürlich nicht nach menschlichen Gesichtspunkten gedeutet werden darf. Es ist jedoch bekannt, daß Tiere im Zirkus länger leben als dieselben Tiere im Zoo. Diese Erfahrungstatsache ist nicht anders zu erklären als damit, daß die Tiere im Zirkus gleichsam eine Aufgabe haben: sie müssen allerlei Kunststücke erlernen, um sich ihren Lebensunterhalt zu verdienen. Im Unterschied dazu finden die Tiere im Zoo keine derartige Aufgabe vor. Sie bekommen ihren Lebensunterhalt geschenkt, aber sie selber brauchen keinerlei Beitrag zu erbringen, und das stellt sie nicht zufrieden, im Gegenteil, es schwächt sie und macht sie krankheitsanfällig. So ist empirisch nachgewiesen, daß es nicht einmal im Tierreich genügt, bloß versorgt zu sein – um wieviel wichtiger ist es dann für ein geistiges Wesen wie den Menschen, über alles Versorgtsein hinaus etwas zu kennen, für das man sel-

---

[10] Viktor E. Frankl, „Psychotherapie für den Laien", Verlag Herder, Freiburg, 12. Auflage 1986, Seite 54-56.

ber sorgt, für das man Sorge trägt, auf daß es sich verwirklicht und seinen Sinn in der Welt erfüllt.

Diese Gedanken möchte ich in einem letzten Gleichnis zusammenfassen. Viktor E. Frankl vergleicht in seinen Schriften das menschliche Leben mit einem Film, der gedreht wird. Die bisherige Lebensvergangenheit ist der bereits belichtete Teil des Films, auf dem jede kleinste Szene festgehalten ist. Was bunt war, ist bunt, was dunkel war, ist dunkel; keine Szene wird mehr aus dem Film herausgeschnitten.

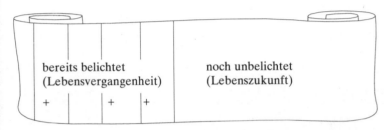

Die Zukunft, die noch vor einem liegt, ist unbelichtet. Nun sind wir nicht der alleinige „Regisseur" des Films, das unergründbare Schicksal stellt die Kulissen. Aber uns ist das Privileg zuteil geworden, Mitregisseur sein zu dürfen, weil wir innerhalb der gestellten Kulissen auf alles Antwort geben, was geschieht, auf alles reagieren auf eine Art unserer Wahl, so daß nie bloß etwas *uns* geschieht, sondern zugleich auch immer etwas *durch uns* geschieht. In jeder kleinen Szene, die gedreht wird und in den belichteten Teil des Films hinüberwandert, ist unsere Antwort mit dabei. Und wenn es eine gute Antwort war, eine aufrechte und versöhnliche Antwort, hinter der und zu der wir stehen können, dann ist mit ihr ein Plus in die Szene eingebrannt worden, das von keinem Minus eines noch so harten und schmerzlichen Schicksals aufgewogen werden kann.

Am Ende des Lebens ist der ganze Film belichtet, ist fertig geworden, ein Menschenleben ist zu seiner Ganzheit gekommen, ist *ganz* in die Wirklichkeit hineingekommen. Was jetzt zählt, das ist nicht die Länge des Films, keineswegs, sondern das sind eben jene kleinen Pluszeichen, die wir, Szene für Szene, in unser Leben eingebrannt haben. Sie besiegeln die Güte des Films – und der Film ist unzerstörbar. In ihm leben wir weiter, oder, wie Viktor E. Frankl es ausdrückt, *jede Tat ist ihr eigenes Denkmal.*

Und so gehen wir denn, wir noch Lebenden, hin im Bewußtsein der bedingungslosen Sinnhaftigkeit unseres Lebens und meißeln wir unsere eigenen Denkmäler ins Sein.

TEIL B

DAS LEIB-SEELE-PROBLEM IN DER LOGOTHERAPIE

Gedanken zur Person

Wie tief ist die Tiefe des Menschen?

Viktor E. Frankl hat darauf hingewiesen, daß das Gegenteil einer Tiefenpsychologie keine „Oberflächenpsychologie" zu sein braucht, sondern eine Höhenpsychologie sein kann.[1] Diesem Hinweis nachspürend möchte ich zu skizzieren versuchen, was unter der Tiefe des Menschen, unter seiner Oberfläche und unter seiner Höhe – im nicht physischen, sondern meta-physischen Sinne – zu verstehen ist. Nehmen wir als Oberfläche die sichtbare und beobachtbare Körperlichkeit des Menschen in ihrer gesunden oder kranken Ausprägung. Was sehen wir an einem Menschen? Man könnte sagen: ein bißchen Sein, ein bißchen Schein. Sein nämlich insofern, als sowohl das äußere, als auch das innere Erscheinungsbild eines Menschen Ausdruck seines personalen Seins ist. Aber nicht nur. Dasjenige, was sich da mehr oder weniger deutlich ausdrückt, ist auf die Qualität des Ausdrucksmittels angewiesen. Und das Ausdrucksmittel Organismus kann schwach, beschädigt, funktionsuntüchtig sein.

Was sehen wir folglich an einem Menschen? Einen Spiegel seiner „Seele", aber einen Spiegel mit Flecken, würde Viktor E. Frankl sagen. Ein Sein, das durch eine Leiblichkeit hindurchschimmert, hindurchscheint: den Schein des Seins, der – durch leibliche Unzulänglichkeit verzerrt – auch trügerischer Schein sein kann. Wir erblicken ein Ausdrucksmittel, das seinen Dienst tun oder ihn aufkündigen kann. So kommt es, daß wir im Falle einer Krankheit des Organismus zunächst nicht wissen, ob das personale Sein dieses Menschen gleichsam in die falsche Richtung läuft, was sich über das Ausdrucksmittel „Organismus" in Form von Krankheit ausdrückt, oder ob sich das personale Sein dieses Menschen genau richtig entfaltet, was sich über das Aus-

---

[1] Viktor E. Frankl, „Theorie und Therapie der Neurosen", UTB-Taschenbuch München 6. Auflage 1987, Seite 156.

druksmittel „Organismus" in strahlender Gesundheit kund tun müßte, was der in seiner Materialität anfällige und hinfällige Organismus aber auf Grund eines Materialdefekts nicht mehr hinbringt. Der Spiegel, den wir bei einem kranken Menschen erschauen, zeigt dann einfach Flecken, und es bedarf einer sorgfältigen Differentialdiagnose um festzustellen, ob das fleckenlose Glas des Spiegels Fleckiges widerspiegelt, oder ob etwa ein fleckiges Glas Fleckenloses widerspiegelt, wobei auch der Kombination von Flecken in beiden Bereichen keine Grenzen gesetzt sind.

Gewarnt sei somit vor jeder einseitigen Deutung, sei es der biologistischen, daß alle Krankheit zuletzt chemisch-physikalisch verursacht sei – Flecken also stets Flecken im Glas sein müßten –, sei es der psychologistischen, daß alle Krankheiten Notrufe der Seele sein müßten – Flecken also stets Spiegelungen im Glas sein müßten.

Fragen wir jetzt weiter. Angenommen die Differentialdiagnose ist nach eingehender Untersuchung gestellt worden, und sie lautet: am Spiegelglas, in der reinen Körperlichkeit, liegt das Problem eines Menschen nicht. Es liegt tiefer. Das durch seine Körperlichkeit, und im vorliegenden Falle durch seine gestörte Körperlichkeit Hindurchscheinende ist das eigentlich Gestörte. Oder in herkömmlichen psychotherapeutischen Termini: man muß die Oberfläche verlassen und tiefer graben, um den eigentlichen Störungsherd zu orten und wennmöglich zu beheben. Was ist mit dieser Tiefe, in die man hinabgraben müßte, gemeint? Und wie tief ist die Tiefe des Menschen? Wann kann man sicher sein, daß tief genug gegraben worden ist?

Nun, im allgemeinen wird dabei der Werdegang der Psyche analysiert. Man versucht, die lebensgeschichtlichen Erfahrungen, Eindrücke und Lernprozesse eines Menschen zu rekapitulieren, um seine gegenwärtigen Eigenarten und Verhaltensweisen besser zu verstehen. Dabei kommt zum Beispiel heraus, daß ein Mann aus einer sehr künstlerischen Familie stammt und schon als kleiner Bub unter Insuffizienzgefühlen gelitten hat, weil alle Mitglieder seiner Familie begabter waren als er. Vielleicht haben sich diese seine Insuffizienzgefühle mit der Zeit zu

Komplexen verdichtet, die ein übermäßiges körperliches Gespannt- und Verkrampftsein bewirken und in zeitweisen Attacken von Spannungskopfschmerzen manifest werden.

Haben wir jetzt tief genug gegraben? Da ist die sichtbare Spitze des Eisberges: das Kopfschmerzleiden. Da ist ein massiver eisiger Block darunter, unsichtbar aber gefährlicher als die Spitze: der seelische Komplex. Ein Komplex von lang zurückliegender Schmach, von bitter erfahrener oder teilweise auch eingebildeter eigener Unzulänglichkeit, kurz die eher negative Einschätzung des Selbst. Was fehlt jetzt noch? Haben wir nicht alles beisammen? Die seelische Verwundung, deren Flecken sich in körperlichem Wundsein spiegeln, ist aufgedeckt. Aber wer beantwortet die Frage, warum der Eisberg nicht als Ganzes in der Sonne einer warmen Lebensatmosphäre schmilzt? Warum er nicht längst geschmolzen ist?

Gibt es nicht ein *Urgewolltsein* eines jeden Menschen, das über das Gewolltsein in der Familie weit hinausgeht? Ist nicht jeder Mensch ausgestattet mit feinen geistigen Fühlern, dieses sein Urgewolltsein zu vernehmen und sich daran hochzuziehen zu einem Wesen, das den innigen Wunsch verspürt, sich dieses seines Urgewolltseins auch würdig zu erweisen, und das heißt, das Sinnvollste aus seinem Leben zu machen, das nur möglich ist? Wo ist ein solches Sich-aus-Schmach-und-Unzulänglichkeit-Hochziehen bei unserem Patienten geblieben? Konnte er nicht, wollte er nicht? Zu sagen, er konnte sich nicht hochziehen, wäre die einfachste Erklärung. Allein, sie hinterläßt Zweifel. Tausende und abertausende Menschen entstammen einem destruktiven Kindheitsmilieu, weit schlimmer, als es eine begabte Künstlerfamilie zu bieten haben mag, und wachsen dennoch empor, richten sich auf am Urgewolltsein ihrer Existenz, das die Eisklumpen einer negativen Selbsteinschätzung hinwegschmilzt. Aber dieser eine nicht. Will er nicht?

Jetzt nähern wir uns langsam einer Tiefe, die in Höhe umschlägt. Unser Spaten greift ins Leere, weil es nichts mehr zu graben gibt in jenem Niemandsland, in dem der Mensch sich selbst bestimmt und selbst erschließt. Wilhelm Keller schreibt dazu sehr treffend:

„Die Anfrage bei der inneren Selbsterschlossenheit des Daseins hat ergeben, daß in der Tat das Wollen ein grundlegendes Moment menschlicher Daseinsweise ist und in welchem Sinne es das ist: Es ist ein Strukturmoment, das – mindestens der Möglichkeit nach – in allem Verhalten gegenwärtig ist: und zwar dasjenige, in dem die besondere Seinsweise des menschlichen Lebens seinen zugespitztesten Ausdruck findet, so daß umgekehrt die Akte eigentlichen Wollens geradezu als die eigentlichste Aufgipfelung des Daseins gelten müssen.."[2]

Wer wollte mit Blick auf jene „Aufgipfelung des Daseins" noch vom Werdegang der Psyche sprechen? Im Akt des Wollens erkennen wir die Signatur des menschlichen Geistes, der Eisberg oder Sonne zum Kernstück des Lebens wählt, eines von beidem, das für ihn bestimmend sein wird, solange er sich von ihm bestimmen läßt. Es ist wie bei der kleinen Fabel von den „ungleichen Boten":

Der Adler hörte einst viel Rühmens von der Nachtigall und hätte gern Gewißheit gehabt, ob alles auf Wahrheit beruhe. Darum schickte er den Pfau und die Lerche aus; sie sollten das Federkleid der Nachtigall betrachten und ihren Gesang belauschen.
Als sie wiederkamen, sprach der Pfau: „Der Anblick ihres erbärmlichen Kittels hat mich so verdrossen, daß ich ihren Gesang gar nicht gehört habe." Die Lerche hingegen sprach: „Ihr Gesang hat mich so entzückt, daß ich vergaß, auf ihr Federkleid zu achten."

Der Pfau in der Fabel sieht also den Kittel, die Lerche hört den Gesang. Warum? Der Spaten ruht – es gibt kein Warum. Jeder wählt das Seine, und gäbe es ein bindendes Warum, gäbe es keine freie Wahl. Jeder entscheidet für sich, den erbärmlichen Kittel des Lebens zu betrachten oder dem entzückenden Gesang des Lebens zu lauschen; jeder hat Gründe genug zur Lebensbejahung und zur Lebensverneinung, jeder wählt letztendlich Halt oder Haltlosigkeit seiner Existenz. Die Tiefe des Menschen stößt an die unauslotbare Höhe seines Entscheidungsraumes, in dem alle lebensgeschichtlichen Erfahrungen, Eindrücke und Lernprozesse einschließlich aller Flecken und Wunden in Soma

---

[2] Wilhelm Keller, „Psychologie und Philosophie des Wollens", Ernst Reinhardt Verlag München 1954, Seite 62/63.

und Psyche erst ihren Stellenwert erhalten – den Stellenwert, den der Mensch ihnen gibt. Oder anders ausgedrückt: Die Körperlichkeit als Oberfläche und die durch sie mehr oder weniger hindurchschimmernde seelische Befindlichkeit als Tiefe werden gleichsam überspannt von der Geistigkeit als der Höhe des Menschen, in die die Pfeiler seiner Selbstbestimmung in Freiheit und Verantwortlichkeit hineinragen.

So ist der Eisberg, Spitze wie Unterwassermassiv, nicht begreifbar und begründbar aus sich allein heraus, sondern nur in Bezug zum unendlichen Luftraum über ihm, der entweder kalt ist, so kalt, daß der Eisberg in seinem Eisigsein verharrt, oder sich erwärmt, erwärmt an einer unendlich fernen und doch gegenwärtigen Sonne, die das Eisigsein des Eisberges zunehmend aufhebt. Analog dazu steht Krankheit, körperliche wie seelische, in Bezug zu einem dritten Element, nämlich zur grundsätzlichen Lebenseinstellung und Weltanschauung eines Menschen, die eine geistige ist und sich als solche am unendlich fernen und doch stets gegenwärtigen Logos orientiert oder nicht, was sie warm oder kalt macht, krankheitsbremsend oder krankheitsfördernd, leidannehmend oder leidabweisend – im Gleichnis der Fabel „kittelsehend oder gesanghörend", je nachdem.

Wenn wir folglich die Frage beantworten wollten, wie tief die Tiefe des Menschen ist, müßten wir antworten: Sehr tief – aber nicht so tief, wie die Höhe des Menschen hoch ist. Reicht die Tiefe doch immer nur bis an den Ursprung seines Gewordenseins hinab, während die Höhe sich ausstreckt im Werden und Wachsen demjenigen zu, der er sein kann und sein wird, wenn er es sein will.

Gebrauchen wir dazu noch eine weitere Analogie. Wir sagten, in der Tiefe des Menschen wohnt das Sein, das Gewordensein. Es speist alles, Werden und Wachsen des Menschen, das nur werden und wachsen kann auf dem Boden von dem, was ist. Aus der Wurzel sprießt der Stengel, aus dem Stengel die Knospe, aus der Knospe die Blüte. Immer noch speist die Wurzel die Blüte, und ist die Wurzel kräftig, pumpt sie viel Saft und Lebenskraft in die sich entfaltende Blüte. Doch mit dem ersten

Keimen des Stengels kommt etwas anderes ins Spiel – etwas, das über dem Boden ist. Etwas, das über dem Sein schwebt. Das, was nicht Gewordenes, sondern Zuwerdendes zum Gegenstand hat. Das Licht, das die Knospen hervorlocken wird. Die Sonne eben, der sich die Blüte zuneigen wird. Das Nicht-Blumenhafte, das ganz Neue und Fremde, zu dem der wachsende Keim in Beziehung treten muß, wenn er Blume werden soll. Das Soll selbst, das dem Sein immer schon vorausgeht, und ohne dem kein Werden stattfindet. Nur Totes hat kein Soll; Lebendiges hingegen hat ein Soll, dem es zulebt, eine Höhe, der es zustrebt. Und auch in der Höhe des Menschen wohnt ein Soll, das das Werden des Menschen in Gang setzt und ihm seine Richtung weist. So läßt sich sagen: das Sein in der Tiefe des Menschen speist sein Werden, aber das Werden geschieht nie ohne Bezug zu einem Soll in der Höhe des Menschen. Genauso wie die Wurzel der Blüte Saft zupumpt, aber Blühen nur stattfinden kann im Mittel der Sonne, der entgegengeblüht wird.

Was wir daher an der Oberfläche des Menschen, seiner Körperlichkeit, und in der Tiefe des Menschen, in seinem seelischen Gefüge vorfinden, ist von sehr ähnlicher Substanz. Es ist Eisbergspitze und Unterwassermassiv. Es ist die Knospe und ihre Wurzel. Es ist Einheit, aber es ist nicht Ganzheit, denn es fehlt noch die Höhe des Geistigen, der Bezug zum Licht, der Ausschlag gibt für Bewegung und Richtung eines Menschenlebens. Jener Bezug ist von anderer Substanz und doch kann er Eisberge erhalten oder abtauen, Knospen zum Blühen oder zum Verdorren bringen. Die geistige Dimension des Menschen ist im Leib-Seele-Organismus nirgends zu lokalisieren, und dennoch wäre der Leib-Seele-Organismus kein menschlicher, hätte er nicht Anteil an einer Dimension der Höhe.

Was aber erblicken wir konkret, wenn wir in die Höhe eines Menschen schauen? Wir könnten verleitet sein, seine Selbstverwirklichungsmöglichkeiten dort anzusiedeln, doch wäre dies ein krasser Irrtum. Freilich gibt es ein breites Spektrum all dessen, was jeweils noch aus einem Menschen werden kann. Doch was besagt dieses Spektrum schon? Es ist eine Aufzählung aller grundsätzlich menschlichen Möglichkeiten abzüglich derjenigen, die dem einen, den wir gerade betrachten, aus einem bestimmten Grunde verschlossen sind. Um eine solche Aufzählung zu demonstrieren: Zu meinen eigenen momentanen Selbstverwirklichungsmöglichkeiten gehört, daß aus mir noch eine Diebin, Einbrecherin und Kindesentführerin werden kann, oder auch eine anständige Frau der Gesellschaft. Ich kann mich als Nichtstuerin und Tagträumerin verwirklichen oder als fleißige Arbeiterin und Angestellte. Ich kann mich ferner als kleine Xanthippe oder kooperative Ehefrau verwirklichen, usw. Was ist an der Summe all dieser meiner Möglichkeiten interessant?

Interessant ist doch wohl einzig und allein, *welche* meiner Selbstverwirklichungsmöglichkeiten ich verwirkliche und wie *sinnvoll* sie sind, interessant ist ihr Bezug zum Sinn, ihr Bezug zum Soll – nicht der Luftraum über dem Eisberg ist interessant, sondern seine Wärme, noch ist der Luftraum über der Blume interessant, aber dafür seine Helligkeit. In der Wärme taut das Eis, im Finstern blüht nichts, ohne Sinnbezug verkümmert ein Menschenleben. Was die Höhe ausmacht, die Höhe des Menschen, das ist seine Erkenntnis von gut und böse und seine Freiheit, sich für das eine oder das andere zu entscheiden. Die höchste Aufgipfelung des Daseins, so haben wir gehört, findet statt im Wollen – aber wenn es wirklich Gipfel, Höhe sein soll, dann ist es ein *Wollen des Gesollten*, dann bewegt sich der Leib-Seele-Organismus, vom Geist bewegt, in Richtung auf einen Logos zu, dann verwirklichen wir diejenigen Möglichkeiten unsererselbst, die unsere besten sind, als wären sie uns zugedacht von Anfang an.

Alle diese teilweise metapherartig unterlegten Ausführungen laufen auf folgende Kurzformel hinaus: Die Psychoanalyse – stellvertretend für die Tiefenpsychologie – hat das „Müssen des Menschen von seiten des Es" ins Zentrum ihrer Aufmerksamkeit geschoben; die Individualpsychologie – nicht gerade stellvertretend für eine Oberflächenpsychologie, aber vielleicht für eine gewisse Psychologie der Mitte – hat das „Wollen des Menschen von seiten des Ich" zum Zentrum ihrer Aufmerksamkeit erkoren; und die Logotherapie – stellvertretend für die Höhenpsychologie – hat schließlich das „Sollen des Menschen von seiten des Logos" ins Zentrum ihrer Aufmerksamkeit gerückt.[3] Jede der drei Wiener Schulen der Psychotherapie hat den gleichen Menschen und doch Verschiedenes an ihm im Blick, weshalb jede etwa bei unserem Beispiel vom Patienten mit den psychosomatischen Spannungskopfschmerzen anders vorgehen würde. Die Psychoanalyse würde in der Tiefe nach verdrängten frühkindlichen Traumen suchen in der Annahme, daß hinter den körperlichen Symptomen seelische Ursachen stehen, die, wenn sie aufgedeckt sind, die Symptome gegenstandslos werden lassen. Die Individualpsychologie würde in der Mitte des aktuellen Lebensvollzuges nach Krankheitsgewinnen suchen in der Annahme, daß die Symptome einem kompensatorischen Zwecke dienen, der, wenn er aufgegeben werden kann, die Symptome überflüssig macht. Die Logotherapie wiederum würde in der Höhe Sinnmöglichkeiten des Patienten zu entdecken trachten in der Annahme, daß über die Affektdynamik der Neurose hinaus eine geistige Not des Patienten existiert, die, wenn sie sich in einem erfüllten Leben auflöst, neurotischen Symptomen keinen Platz mehr einräumt.

Demnach können wir zum Leib-Seele-Problem aus Sicht der Logotherapie feststellen: Das Leib-Seele-Problem betrifft das Geheimnis des praktisch unentwirrbaren psychophysischen Geflechts, in dem Körperlichkeit und Befindlichkeit zutiefst miteinander vernetzt sind. Was immer sich einem Menschen psychisch einprägt, wird seine körperliche Auswirkung haben, und was immer in ihm körperlich angelegt ist, wird seine Psyche mitformen. Dieses Leib-Seele-Problem harrt jedoch einer Erweiterung zum Leib-Seele-Geist-Problem, und wenn wir uns auf eine solche Komplettierung einlassen, entwirrt sich das Geflecht wieder ein wenig. Denn Geistiges flicht ein Band mit einer transhumanen Instanz, wie erläutert, nicht aber vergleichbar intensiv mit der psychophysischen Humanbasis, zu der es die Höhe bildet. Geistig kann sich der Mensch distanzieren von Leib und Seele, ja sogar in Opposition gehen zu dem, was psychophy-

---

[3] Viktor E. Frankl, „Ärztliche Seelsorge", Verlag Deuticke Wien, 10. Auflage 1982, Seite 15.

sisch mit ihm geschieht, geistig ist der Mensch frei, Leib und Seele im Rahmen des Möglichen zu verändern, zu entwickeln, zu fördern oder zu zerstören.

Ein eindrucksvolles Beispiel möge der Veranschaulichung dienen. Im Juli 1989 erhielt der Ire Christopher Nolan den Whitbread Book of the Year-Preis, eine der bedeutendsten britischen Literatur-Auszeichnungen. Christopher Nolan ist 22 Jahre alt, stumm und völlig gelähmt; der einzige Körperteil, den er bewegen kann, ist sein Kopf. Oberflächlich betrachtet finden wir in ihm einen extrem behinderten jungen Mann. Wollten wir tiefer forschen, fänden wir in den seelischen Schichten darunter zweifellos deutliche Ablagerungen von Beschränkung, Revolte und Schmerz. Beides ist genaugenommen nur mäßig geheimnisvoll, denn sowohl die körperlichen Ursachen, die in einem Geburtsfehler liegen, als auch die seelischen Ursachen, die in ebendiesen Extrembedingungen seines Lebens liegen, sind weitgehend bekannt. Fragen wir jetzt nach der freien geistigen Stellungnahme des jungen Mannes zu körperlicher Behinderung und seelischer Frustration. Durchforschen wir seine innere Höhe nach dem Licht, nach der Sonne, die auch ein behindertes Menschenleben durchglüht, wenn es sich ihr zuneigt im Wollen des Gesollten. Suchen wir die Spuren der „Trotzmacht des Geistes" (Frankl), die dem Forscher ein wahres Geheimnis offenbart und gleichzeitig verhüllt, weil es sich hierbei um eine Haltung handelt, die von keinerlei äußeren oder inneren Ursachen mehr ableitbar ist, sondern die Freiheit des Menschen schlechthin ist. Niemand hat dieses Geheimnis besser umrissen als Peter Wust, der schreibt:

„Dem augenlosen Fatum gegenüber hat die prometheische Trotzhaltung des Menschen, unbeschadet ihres im Letzten unfrommen Charakters, eine gewisse positive Bedeutung und innere Berechtigung. Denn vor der blinden Macht des Fatums wird ja gewissermaßen die Vernunftwürde des Menschen auf eine Existenzprobe gestellt. Als Vernunftwesen sieht sich hier der Mensch einer Weltpotenz gegenüber, die an Seinsmacht ihn zwar bei weitem überragt, an Seinswürde aber tief unter ihm steht. Es ist also der ihm einwohnende Logos, der sich im Interesse seiner Vernunftwürde gegenüber dem Fatum, als der Macht des prinzipiell Alogischen empört ... Eine ganz neue Sinntiefe aber gewinnen Trotz und Hingabe, wenn das menschliche Geistesauge durch die letzte Dunkelheit des Lebens hindurch dem Auge der Gottheit begegnet."

Was also entdecken wir bei Christopher Nolan, wenn wir nach Trotz und Hingabe bei ihm fahnden, nach Trotz gegenüber dem „augenlosen Fatum" in Peter Wusts Diktion, dem Schicksal, das ihn zum Stummsein und Gelähmtsein verurteilt hat, und nach Hingabe an den „ihm einwohnenden Logos" in Peter Wusts Diktion, den Sinn, der selbst einem solchen Schicksal noch in „letzter Dunkelheit" abgerungen werden kann? Nun, er tippt Gedichte und Texte mit Hilfe eines an seine Stirn gebundenen Stabes, den er lächelnd „das Horn des Einhorns" nennt. Es sind Gedichte und Texte, die ihn in die Reihe hervorragender Schriftsteller einordnen, aber auch Botschaften der Lebensbejahung enthalten, wie sie heute rar und kostbar geworden sind. So spricht er sich unter anderem in einer Autobiographie vehement für das Lebensrecht Schwerstbehinderter aus und weist nachdrücklich darauf hin, was ihm alles entgangen wäre, hätten die Ärzte ihn als Baby sterben lassen oder gar dabei nachgeholfen.

Was für ein Unterschied in der Höhendimension zu unserem Patienten aus der Künstlerfamilie, dessen realen oder eingebildeten seelischen Komplexe wir im Zusammenhang mit gelegentlichen Spannungskopfschmerzen diskutiert haben! Das Geistige ist nicht determiniert, nicht von Erziehungsfehlern und nicht von Körperschäden, nicht von der Umwelt und nicht vom Erbgut, es besitzt die Kraft zur Autodetermination, im Konstruktiven wie im Destruktiven. Das Leib-Seele-Geist-Problem aber entpuppt sich bei näherem Hinschauen als kein Problem zwischen Leib und Seele, die miteinander unvereinbar und doch vereinbar wären, sondern als ein Problem zwischen Abhängigkeit und Freiheit, die miteinander unvereinbar und doch vereinbar sind in der Wesensgestalt des Menschen, der „mit Haut und Haaren", mit Leib und Seele abhängig ist wie Christopher Nolan von seiner psychophysischen Behinderung oder besagter Patient von seinem Herkunftsmilieu und seinen psychosomatischen Reaktionen darauf ..., mit Leib und Seele, aber nicht mit dem Geist, der zu all diesen Abhängigkeiten frei Stellung beziehen kann bzw. sie ummodellieren kann zu Chance oder zu Krise, zu persönlichem Sieg oder zu persönlicher Niederlage.

Was wir folglich in der Höhe des Menschen finden, um unseren ursprünglichen Gedankenfaden wieder aufzunehmen, das sind nicht seine Selbstverwirklichungsmöglichkeiten, sondern seine *Selbstentscheidungsmöglichkeiten*, das ist die Freiheit des Menschen, unter seinen Selbstverwirklichungsmöglichkeiten manche zu wählen und manche ungewählt vergehen zu lassen, und das ist die Verantwortung des Menschen, sich für diejenigen unter ihnen zu entscheiden, die wert und würdig sind, gewählt zu werden. Wie in der Tiefe des Menschen das unbewußte Getrieben- und Geprägtsein angesiedelt ist, so wohnt in der Höhe des Menschen die bewußte Auseinandersetzung mit Sinn und Werten, weswegen Viktor E. Frankl, der Begründer der Höhenpsychologie, kategorisch erklärt: „Die wichtigste Waffe, die es im psychotherapeutischen Arsenal jemals gegeben haben mag, ist die Orientierung des Menschen nach Sinn und Werten."

Bleiben wir noch etwas beim psychotherapeutischen Ansatz. Nach Viktor E. Frankl ist die jeweils anzuwendende (weil potentiell wirksame) Therapiemethode eine Gleichung mit zwei Unbekannten: der einzigartigen Person des Patienten und der einzigartigen Person des Therapeuten, wobei die Beziehung beider zueinander das verbindende Element darstellt.

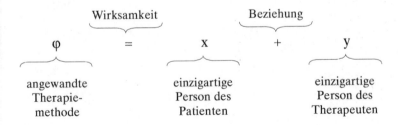

Zu dieser Gleichung gibt es zwei Untersuchungsergebnisse, die nicht aus dem logotherapeutischen Raum stammen, aber logotherapeutische Thesen erhärten und gleichzeitig das Leib-Seele-

Geist-Problem aus einer neuen Perspektive zeigen. Die erste Untersuchung, die wir den amerikanischen Psychologen A. E. Bergin und M. J. Lambert verdanken, beschäftigte sich mit der Frage, auf welchen der drei Faktoren aus der Gleichung es vorrangig ankomme, falls eine Therapie glücke und ein Patient geheilt daraus hervorgehe? Das überraschende Resultat der großangelegten Untersuchung war, daß es in erster Linie auf die Person des Patienten ankomme, nämlich darauf, wie gewillt dieser sei, seine Krankheit zu überwinden und das Leben aus eigener Kraft zu meistern. In zweiter Linie komme es auf die Person des Therapeuten an, nämlich darauf, wieviel Vertrauen, Überzeugungskraft und „Charisma" von diesem ausstrahle, um dem Patienten bei seinen Nöten mit Herz und Verstand beizustehen. Und erst in dritter Linie komme es auf die angewandte Therapiemethode an, auf die Schule, der sich der Therapeut verschrieben hat, oder auf sein technisches Rüstzeug, das er erlernt hat.

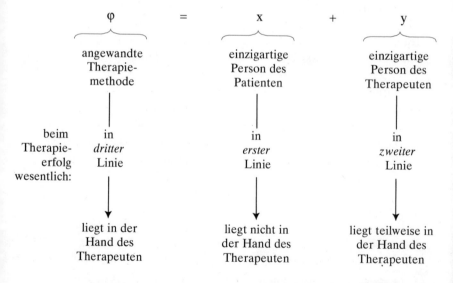

Es ist nicht ohne Pointe zu erfahren, daß dasjenige, worauf es beim Therapieerfolg am allermeisten ankommt, gar nicht in der Hand des Therapeuten liegt, wohingegen es auf dasjenige, was in seiner Hand liegt, am allerwenigsten ankommt. Doch erfahren wir auch, daß es etwas gibt, woran der Therapeut zu arbeiten gehalten ist, weil es zu einem Gutteil in seiner Hand liegt und überdies beim Therapieerfolg immerhin noch eine wesentliche Rolle spielt, und das ist seine Persönlichkeit. Alle Begründer von Psychotherapieschulen waren sich darüber im Klaren und haben sich bemüht, ihre Schüler und Nachfolger Selbsterfahrungsprozeduren, Lehranalysen oder Supervisionsverpflichtungen zu unterziehen in der Hoffnung, sie solcherart zu einer „Arbeit an sich selbst" anzuregen. In der Logotherapie sprechen wir in diesem Zusammenhang von der „gelebten Logotherapie", die zur Voraussetzung der gelehrten und angewandten Logotherapie wird. Um Logotherapie allerdings zu leben, bedarf es insbesondere dreier Persönlichkeitsqualitäten: einer starken Sinnvitalität, einer belastbaren Leidensfähigkeit und einer ausreichend entwickelten Liebesfähigkeit. Es sind geistige Kapazitäten, die sich nicht in der Tiefe des Menschen, sondern in seiner Höhe entfalten, wie leicht verständlich wird angesichts der Tatsache, daß alle drei über den Menschen hinausweisen auf etwas, das nicht wieder er selber ist, also gleichsam dem logotherapeutischen Terminus der „Selbsttranszendenz" (Frankl) Genüge tun. Was hat es im einzelnen mit ihnen auf sich?

Die *Sinnvitalität* bedeutet nicht mehr und nicht weniger, als daß ein Therapeut, der „als wichtigste Waffe in seinem psychotherapeutischen Arsenal die Orientierung des Menschen nach Sinn und Werten" zum Einsatz bringt (vgl. Frankl-Zitat), sich selber in überwiegendem Maße nach Sinn und Werten orientiert. So selbstverständlich sich das anhört, darf es doch nicht unerwähnt bleiben. Denn der „Sinn des Augenblicks", das „Werterfordernis der Stunde" kann dem Menschen unter Umständen etwas sehr Unangenehmes abverlangen oder etwas sehr Schweres auferlegen, was ihn in den uralten spezifisch menschlichen Zwiespalt stürzt, der mitunter klafft zwischen Lust und Sinn oder zwischen Bequemlichkeit und Sinn oder zwischen Gewinn und Sinn.

Aber nicht nur das. Noch eine andere Verlockung lauert wie ein Schatten am Rande des Sinnhorizonts: der Zweifel. Der

Zweifel, ob das Leben überhaupt einen Sinn hat, ob die Schöpfung Sinn hat, ob das tägliche Mühen Sinn hat? Wer kennt nicht jenen Zweifel, der angeflogen kommt und sich einnistet, ehe man sich vorsieht? Wenn alles ringsum triste ist, wenn sich die Enttäuschungen häufen und das Elend kein Ende nimmt, ist der Gedanke blitzschnell da, daß es mit der Werthaftigkeit der Welt nicht allzu großartig bestellt sein kann. Was bringt ein Therapeut ein wider die eigene Resignation? Fragen wir die Psychoanalytiker, die Spezialisten für eine Psychologie der menschlichen Tiefe: sie weisen prozentual eine der erschreckendsten Selbstmordraten unter sämtlichen Berufsgruppen auf – kein gutes Aushängeschild! Fragen wir die Logotherapeuten, die Spezialisten für eine Psychologie der menschlichen Höhe: bisher ist mir nicht ein Fall von Selbstmord unter ihnen bekannt geworden. Was bringen sie ein wider die eigene Resignation? Es ist nicht nur ihre Orientierung nach Sinn und Werten allein – bei dieser Orientierung mögen sie zugegebenermaßen des öfteren fehlen –, nein, es ist ihr *Glaube* daran, daß alles letztlich seinen Sinn hat, ob er sich uns offenbart oder nicht, es ist der geradezu kindliche weil bedingungslose Glaube daran, daß auch die Schatten am Rande des Sinnhorizonts noch überspannt werden vom Sinnhorizont, der unermeßlich ist. Wer diesen Glauben nicht hätte, könnte Logotherapie nicht leben.

Kommen wir damit zur zweiten geistigen Kapazität, die einer therapeutisch wirkenden Person zur Verfügung stehen sollte, zur *Leidensfähigkeit*. Wofür braucht sie eine solche?

Hier sind die wichtigsten Argumente:

1. Um fremdes Leid, das ihr in Patientengesprächen zugetragen wird, auch mittragen zu können,
2. um das Leid auszuhalten, etwas sagen zu müssen, das die Patienten vielleicht nicht gerne hören,
3. um das Leid auszuhalten, mitansehen zu müssen, wie Patienten die angebotene Hilfe verweigern und sich fehlentscheiden,
4. um das Leid auszuhalten, wenn Patienten aufgestaute Frustrationen und Aggressionen an ihr auslassen, und
5. um eigenes Leid tapfer zu überstehen und dadurch zu bezeugen, daß dies bei positiver Einstellung möglich ist.

Im übrigen haben aus ähnlichen Notwendigkeiten heraus die meisten Religionsgemeinschaften Kriterien entwickelt, um als ihre Vertreter und Vermittler vor allem verzichtfähige, und das heißt leidensfähige Menschen auszuwählen, man denke nur an das Zölibat der Priester, an die Gelübde der Ordensleute, an die Selbstbeschränkungen der indischen Bettelmönche oder an die asketischen Gepflogenheiten der Medizinmänner. Wer ständig mit Angst, Schwäche, Schuld, Verlorenheit und Verzweiflung konfrontiert ist, der muß zu seinem Selbstschutz und zum eigenen Heilbleiben nicht nur das Talent in sich finden, Leid lindern zu können, sondern auch die Kraft in sich wissen, unabänderliches Leid in Gelassenheit annehmen zu können. Ansonsten wird er entweder von der Fülle fremden Leides, das ihm zur Kenntnis gelangt ohne daß er es zu beheben vermöchte, erdrückt werden, oder an seinen Mißerfolgen und der scheinbaren Undankbarkeit jener Klienten, die sämtliche seiner Versuche, ihr Leid zu beheben, zunichte machen, innerlich zerbrechen.

Wenden wir uns nun der dritten geistigen Kapazität zu, die zur Persönlichkeit eines Therapeuten unerläßlich dazugehört, der *Liebesfähigkeit*. Natürlich ist damit nicht die Liebe zwischen den Geschlechtern gemeint, keine Liebe vom Naturell des Sexus oder Eros, sondern die Agape in ihrer zartesten und durchsichtigsten Form. Durchsichtig deshalb, weil wir in der Logotherapie die Liebe, die einen Menschen mit einem anderen verbindet, definieren als ein doppeltes Erschauen des anderen: Der Liebende erschaut ihn in seinem realen So-sein, wobei er bis zum Wesenskern des anderen vordringt, aber zur selben Zeit erschaut er ihn in seiner idealen Gestalt als den Menschen, der dieser andere bestmöglichst sein und werden könnte. Wieder einmal dehnt sich der Bogen zwischen Sein und Soll, den beiden Eckpfeilern, zwischen denen menschliche Existenz schwingt in einer geistigen Dynamik, die menschliche Höhe konstituiert. Ist es doch ein Charakteristikum der Liebe, daß sie aus jenem doppelten Erschauen heraus ein doppeltes vollbringt: das Verstehen und Akzeptieren des Geliebten in seinem historisch gewachsenen Sein und parallel dazu das intuitive Vorwegnehmen verborgener Potenzen und Valenzen des Geliebten, die er in seinem eigenen Interesse und von seinem eigenen Gewissen geleitet mobilisieren soll.

Hierzu liefert uns das zweite Untersuchungsergebnis, das ich angekündigt habe, eine wertvolle Ergänzung. Es stammt von Milton Erickson und seinem Kreis und wird in der Schule des „Neurolinguistischen Programmierens" gelehrt. Und zwar wurde beobachtet, daß Patienten in psychotherapeutischen Sitzungen die Körperhaltung und die durch sie ausgedrückte Stimmung des Therapeuten schnell übernehmen oder sich zumindest davon beeinflussen lassen. Deshalb wird im Rahmen des „Neurolinguistischen Programmierens" dem Therapeuten zweierlei empfohlen: zum einen soll er am Anfang einer Therapiesitzung seine Körperhaltung, Gestik und Mimik der des Patienten angleichen, was zur Folge hat, daß der Patient eine gewisse Solidarität des Therapeuten mit ihm erlebt und sich ernstgenommen und verstanden fühlt, zum anderen soll der Therapeut mit fortschreitender Sitzung eine immer optimistischere und aufrechtere Haltung einnehmen, was den Patienten sozusagen mitzieht und auch bei diesem allmählich ein Sich-Aufrichten an Leib und Seele auslöst.

Das ist, wie gesagt, eine durchaus empfehlenswerte Taktik im psychotherapeutischen Setting, ein technisches Detail im Methodenrepertoire des Fachmannes, welches sich bewährt hat. Die Franklsche Logotherapie allerdings kann dazu die noch ausständige anthropologische Einsicht liefern, warum das Detail überhaupt funktioniert. Es funktioniert, weil es künstlich nachstellt, was eine gut entwickelte Liebesfähigkeit des Therapeuten ganz automatisch und unreflektiert bewirkt. Denn wenn ein Therapeut seinem Patienten wirklich liebevoll zugetan ist im Sinne jener zarten Agape, wie ich sie geschildert habe, dann geht es ihm bei einem ersten Kennenlernen um das Erschauen des So-seins seines Gegenübers im Verstehen, im Sich-Einfühlen, im Begreifen des Faktischen, das vorliegt, und diese Art von geistiger Annäherung wird ihn unwillkürlich zu einer körperlichen Gleichschließung drängen. Über das erste Kennenlernen hinaus jedoch wird er beginnen, sein Gegenüber in einer ganz anderen Gestalt zu erahnen, in dessen heilem Menschsein, in dessen fakultativen Chancen, in dessen Resourcen, die noch schlummern mögen, aber – indem sie einmal erschaut werden – katalytisch zu erwecken sind, um Änderung und Erneuerung zu initiieren. Sobald dieser Prozeß in Gang kommt und der Therapeut in seiner liebevollen Zugewandtheit all die vielversprechenden und erfreulichen Möglichkeiten des Sein-sollens und Sein-könnens seines Patienten wahrnimmt, wird er sich aber ebenso unwillkürlich aufrichten und auch in der Körpersprache jene Ermutigung ausdrücken, die ihn bei seiner geistigen Vision gepackt hat.

Wir sehen, das technische Detail, das sich als Ergebnis langer Beobachtungsstudien herauskristallisiert hat, kann zwar dem Methodenrepertoire des Psychotherapeuten zugerechnet werden (1), doch in diesem Fall bleibt es steril, es bleibt geschicktes Rollenspiel, eingepaßt in ein suggestives Verfahren; oder es kann als Nebeneffekt des Eigentlichen aufgefaßt werden, wobei jenes Eigentliche, das nicht mehr Rollenspiel, sondern Echtheit ist, in der Person des Therapeuten und speziell in seiner Liebesfähigkeit gründet (2). Daß die Effektivität je eine andere sein mag, sei nicht weiter ausgeführt.

$$\varphi = x + y$$

(1) bewährte Taktik im NLP

(2) Liebesfähigkeit des Therapeuten

Was können wir nun all dem gedanklich abgewinnen zum Thema Leib-Seele-Geist? Beide Untersuchungen geben uns Kunde von der therapeutischen Beeinflußbarkeit des Leib-Seelischen, *vorausgesetzt*, daß das Geistige im Menschen einem solchen Einfluß zustimmt. Die Quintessenz der erstgenannten Untersuchung, in der festgestellt wurde, daß es in der Psychotherapie in erster Linie auf den Patienten, in zweiter Linie auf den Therapeuten und in dritter Linie auf die angewandte Methode ankommt, lautet verkürzt: „Die beste Therapie nützt nichts, wenn der Patient nicht gesund werden will." Die Quintessenz der zweitgenannten Untersuchung, in der die Rolle der Körperhaltung des Therapeuten im psychotherapeutischen Gespräch beleuchtet wurde, lautet verkürzt: „Die beste Therapiemethode nützt wenig, wenn der Therapeut nicht (aus einer inneren Liebe zum Nächsten heraus) ehrlich will, daß sein Patient gesund wird."

Was heißt das: „Wenn der Patient nicht will ...", „Wenn der Therapeut nicht will ..."? Wenn, mit Wilhelm Keller gesprochen, die „Aufgipfelung des Daseins" nicht hoch genug ist? Wenn die Höhe des Menschen nicht ausreicht? Ja, dann fehlt die Voraussetzung, auf daß Leben gelingt. Dann können wir in der Psychotherapie die großartigsten Techniken einsetzen, aber nicht nur in der Psychotherapie, dann können wir überall technische Stützen einbauen, in der Industrie, in der Wirtschaft, in der Freizeit, in den Familien, in den Krankenhäusern – nirgendwo wird lebenswertes und menschenwürdiges Leben stattfinden. Wohl wird es machbar sein, Leib und Seele zu manipulieren, und wir sind nicht weit davon entfernt, zu dieser Zuflucht zu greifen. Etwa den Leib zu manipulieren mit Biokost und Bodybuilding, und die Seele zu manipulieren mit Videospaß und Selbstverwirklichungsideologien. Doch allemal wird den letzten Ausschlag geben, in welchem Geiste diese Manipulationen geschehen und wieviel „Wille zu was?" dahintersteht. Ist es der „Wille zum Sinn" (Frankl), werden wir vielleicht Leib und Seele erretten können, ist er es nicht, würde die grandioseste Rettungsaktion wenig helfen.

So soll denn der Beitrag der Logotherapie zum alten Leib-Seele-Problem zusammenfassend der folgende sein:

1. Die Erkenntnis, daß dieses Problem überholt ist und daß Menschsein mit einem Mysterium noch umfangreicherer Art verwoben ist, nämlich mt einem Leib-Seele-Geist-Problem.
2. Die Erkenntnis, daß das Geistige im Menschen, obwohl es in seinem Vollzug auf Leib und Seele angewiesen ist, stets das letzte Wort besitzt, indem es seine Zustimmung erteilt oder vorenthält bei allem und jedem, wozu Leib und Seele gebraucht oder mißbraucht werden.
3. Die Erkenntnis, daß das Geistige wie auch sein Ausdrucksorgan, der Wille, unabdingbar in einem transsubjektiven, ja, transhumanen Be-

zug steht, der auf etwas über sich selbst hinausweist – was den Menschen ein Leben lang in einen Spannungsbogen zwischen Sein und Soll stellt.
4. Die Überzeugung, daß dem Menschen auf Grund dieses Bezuges nicht nur eine Tiefendimension eignet, sondern daß er Anteil hat an einer Dimension der Höhe, und daß, wenn es zur Frage kommt, ob sein Leben sinnvoll ist, diese Frage nicht in der Tiefe, sondern in der Höhe entschieden wird.

Jedes Kind eine eigene Persönlichkeit

Der Beitrag der Logotherapie zum alten Leib-Seele-Problem ist gleichzeitig ein revolutionärer Beitrag zur Pädagogik. Denn das Wunder der Menschwerdung, das auf unserem Planeten stattgefunden hat, wiederholt sich in jedem Kinde. Doch leider läuft unser Denken allzu oft in den Schablonen einer Produktionsgesellschaft ab, was uns verleitet, auch unsere Kinder als Produkte anzusehen, die wir in einem mühsamen Erziehungsprozeß gefertigt hätten, und die, falls sie Mängel aufweisen, eben das Ergebnis einer mangelhaften Fertigung darstellen würden. Nun ist in Wahrheit kein Mensch das Ergebnis seiner Erziehung. Diesbezüglich müssen die Eltern und Lehrer wieder vom „hohen Roß" herunterklettern, auf das sie eine einseitig orientierte Sozial- und Milieupsychologie gesetzt hat, doch sobald sie bei der nötigen realistischen Bescheidenheit angelangt sind, werden sie merken, daß ihnen gleichzeitig mit der Zier dieser Bescheidenheit auch eine Erleichterung zuteil geworden ist: an den Mängeln ihrer Kinder sind die Erziehungspersonen niemals direkt, sondern höchstens indirekt schuld.

Das mag sich für manche Eltern und Pädagogen wie eine ketzerische Behauptung anhören, so als wollte ich die Wichtigkeit einer guten Kinderstube herunterspielen, was aber nicht der Fall ist. Die Erziehung ist ein frühes Auswahlverfahren, und dasjenige, was sie auswählt, ist die vertraute Welt eines Kindes. Sie bestimmt gleichsam, was einem Menschen von Anfang an vertraut ist. Sie bestimmt, worin er sich zuhause fühlt, wo er sich auskennt, was seine Vorbilder und Erfahrungen ausmacht, kurz: das ihm Vertraute. Mit zunehmendem Erwachsenwerden bricht der Mensch auf ins Unvertraute. Er verläßt nicht nur sein Zuhause, er verläßt auch das ihm Bekannte, um Neues kennenzulernen, er gewinnt Distanz zu den Vorbildern und Erfahrungen seiner Kindheit und – er übernimmt selbst das Auswahlverfahren, was nunmehr für sein Leben bestimmend werden wird und was nicht.

Dieser Aufbruch ins Unvertraute kann bedeuten, daß ein junger Mensch sich von seinen Erziehungseinflüssen löst und so manchen elterlichen Werten und Lebensformen eine Absage erteilt. Für Kinder, die einem pädagogisch verunglückten Milieu entstammen, in welchem Unruhe, Streit, Trennung und chaotische Zustände an der Tagesordnung gewesen sind, ist es eine Chance, sich davon loszustrampeln und unvertraute Alternativen zu leben. Für manche junge Menschen ist es ein wahrer Segen, daß niemand gezwungen ist, seine Eltern zu kopieren. Für andere, die einem Milieu voller Geborgenheit und Wärme entstammen, kann der Aufbruch ins Unvertraute auch eine Gefahr sein: sie entschlüpfen der Behütung und probieren unvertraute Alternativen aus, die unter Umständen katastrophal enden.

Daneben gibt es eine kleine Gruppe von Heranwachsenden, die sozusagen niemals den vertrauten Boden verlassen, obwohl die Türe zur Welt offensteht. Bei ihrem persönlichen Auswahlverfahren stellen sie sich selbst eine Barriere vor die Tür: sie wagen den Schritt ins Unbekannte nicht. Ja, es gibt Menschen, die ein Leben lang mit den selbsterstellten Barrieren leben, und auch dies hat wiederum ein Janusgesicht. Ist das vertraute Milieu, in dem sie sich einigeln, ein friedliches, das in geordneten Bahnen verläuft, kann sie das Fehlen ihres Wagemutes vor kritischen Eskapaden schützen, ist es aber ein armseliges oder gar menschenunwürdiges, wird die Barriere vor der Tür zum tragischen Verschluß eines selbstgemauerten Gefängnisses.

Wie dem auch sei, in keinem Fall ist das aus der Erziehung Vertraute das einzig Verbindliche für einen Menschen, nicht einmal dann, wenn er sich freiwillig daran bindet – die Tür zur Welt steht ihm immer offen, die Barrieren vor der Tür können immer noch übersprungen werden. Was erlaubt uns eine solche Zuversicht, daß der Mensch mehr ist als ein Erziehungsprodukt?

Nun, was uns so zu denken erlaubt, ist ein Zweifaches. Zum einen versetzt uns die moderne Genforschung in Erstaunen. Was da keimhaft im Menschen angelegt ist, ist die Überraschung unseres Jahrhunderts. Im größten Genforschungslabor in Boston ist man gerade dabei, eine Art Lexikon der menschlichen Gene zusammenzustellen, in dem für jedes Gen die ermittelte körperliche oder seelische Eigenschaft, für die es „zuständig" ist, festgehalten wird. Dieses Gen-Lexikon wird erst im nächsten Jahrhundert vollendet werden, doch allein das Material, das sich bisher abzeichnet, ist nachdenkenswert genug. Zeigt sich doch mit unübersehbarer Deutlichkeit, daß nicht nur körperliche Konstitutionen, etwa in Bezug auf Aussehen, Größe, Gewicht, Gesundheit, Krankheitsanfälligkeit und Lebenslänge, sondern im selben Ausmaß seelische Dispositionen, etwa in Bezug auf Fröhlichkeit oder Traurigkeit des Naturells, soziale Anpassung und Lernfähigkeit, Stärken und Schwächen des Charakters sowie kognitive und emotionale Behinderungen oder Begabungen praktisch vom Augenblick der Zeugung, also von allem Anfang an in den Genmixturen niedergelegt sind als die unabänderliche Mitgift, die einen Menschen ins Leben begleitet. Fast könnte man sagen: was die Erziehung an Vertrautem *von außen* an ein Kind heranträgt, das schenkt das Erbgut ihm an Vertrautem *von innen* her; der Mensch spürt bewußt oder unbewußt das in ihm Angelegte als den Handlungsspielraum, zu dem es ihn drängt, dem er sich zugeneigt fühlt, der ihm irgendwie ur-bekannt ist als seinem Typus entsprechend.

Von daher läßt sich die Frage, worin die Zuversicht gründet, daß der Mensch mehr als ein Erziehungsprodukt sei, leicht damit beantworten, daß der Mensch schließlich auch ein Erbprodukt ist, was man zwar seit jeher gewußt hat, aber heute ganz anders nachweisen kann als früher. Doch ich versprach noch ein weiteres Argument, das uns jene Zuversicht erlaubt. Denn es stellt sich heraus, daß der Mensch sogar mehr ist als eine Kombination von Umwelt und Erbe, er besitzt nämlich ein zusätzliches *Selbstgestaltungspotential*, was ihn der Tatsache enthebt, überhaupt das „Produkt" von etwas zu sein. Da diese Erkenntnis jüngeren Datums ist, will ich sie ein wenig ausführlicher abhandeln und mich dabei wiederum auf den großen Entdecker des menschlichen Selbstgestaltungspotentials berufen, auf Viktor E. Frankl.

Viktor E. Frankl ist in der Pionier- und Blütezeit der berühmten Psychotherapiegründer unseres Jahrhunderts aufgewachsen und hatte Kontakt und Gelegenheit zum Gedankenaustausch mit nahezu jedem von ihnen. Dabei unterschied ihn bereits in den 20er- und 30er-Jahren eine Besonderheit von den übrigen: seine Forscherneugierde galt vorrangig dem gesunden Menschen und der Frage, was einen Menschen seelisch gesund erhält. Obwohl er als junger Psychiater den sogenannten „Selbstmörderinnenpavillon" des städtischen Wiener Nervenkrankenhauses leitete und dabei Erfahrungen an Tausenden von depressiven Patienten sammelte, ihren Kindheitserinnerungen lauschte, ihre Vorgeschichten protokollierte und ihre genetische Herkunft studierte, widerstand er der Versuchung, die gesamten Krankheitsverläufe davon abzuleiten, und verglich stattdessen seine Daten erst einmal mit Kontrollgruppen nichtdepressiver und psychisch stabiler Männer und Frauen. Und siehe da, auch in deren Kindheitserinnerungen und Vorgeschichten gab es Wunden und Narben, Unebenheiten und Erziehungsfehler der Eltern, und auch bei deren Ahnen kamen Depressionstendenzen vor. Dennoch waren sie gesund geblieben, zumindest unauffällig im klinischen Sinne.

Diese Befunde ließen nur einen Schluß zu: es existiert eine dritte Komponente, die darüber wacht, ob und in welchem Grade Umwelt- und Erbeinflüsse sich im Lebenslauf eines Menschen auszuwirken vermögen. „Tertium datur" schrieb Viktor E. Frankl seine Beobachtungen zusammenfassend nieder, es gibt ein Drittes, und das ist die geistige Person des Menschen, die sich selbst gestaltet aus dem, was sie an Mitgift in beiderlei Hinsicht vorfindet, das ist die geistige Person des Menschen, die Vertrautes verlassen kann, um ins Unvertraute aufzubrechen, ja, die sich selbst gewissermaßen verlassen kann, um ein anderer oder eine andere zu werden. Der Mensch mit gesunder Mitgift kann sich krank-leben – der Mensch mit krankhafter Mitgift kann sich vielleicht nicht immer gesund-leben, aber sogar ihm kann es gelingen, an seiner Krankheit vorbeizuleben und mitsamt seiner Krankheit ein Leben zu führen, das wert ist, gelebt zu werden.

Von woher bezieht der Mensch aber sein Selbstgestaltungspotential? Wir wissen es nicht, wir wissen nur, daß es ihm weder aus der Erbmasse seiner Eltern, noch aus seinem sozialen Umfeld zukommen kann, weil es eben genau jenes Potential ist, das Erbmasse und Umfeldeinwirkungen eigenständig verarbeitet, wie ein Kraftwerk die Wassermassen eines Flusses verarbeitet, ohne deswegen selber aus Wasser zu bestehen oder daraus hervorgegangen zu sein. Wir sehen, ein Rest an Wunder bleibt, oder anders ausgedrückt, das biblische Wort vom „Geist, der dem Menschen eingehaucht worden ist", ist bis heute von keiner treffenderen Erklärung abgelöst worden. Darauf anspielend schreibt Viktor E. Frankl in einem berühmtgewordenen Zitat:

„Alles in allem läßt sich somit füglich sagen: daß das Kind wohl ‚Fleisch vom Fleische' seiner Eltern ist, aber nicht Geist von ihrem Geiste. Immer ist es nur ein ‚leibliches' Kind – und zwar im wahrsten Sinne des Wortes: im physio-logischen Wortsinn; im metaphysischen Sinne hingegen ist eigentlich jedes Kind – Adoptivkind. Wir adoptieren es in die Welt, ins Sein hinein."[4]

Im folgenden sei wiedergegeben – was ich einmal den Teilnehmern einer Erzieherfortbildung – unter Bezugnahme auf diesen logotherapeutischen Standpunkt – ans Herz gelegt habe:

„Ich möchte daß Sie sich ausrechnen können, wie groß bzw. klein Ihr Anteil an der Menschwerdung der von Ihnen betreuten Kinder ist. Ja, ich möchte Sie zur Bescheidenheit motivieren, um Ihnen falsche Schuldkomplexe zu entwinden und Enttäuschungen zu ersparen. Sind Sie Vater oder Mutter, haben Sie Ihr Erbgut für Ihr Kind bereitgestellt, aber Vorsicht: darin mischt unter Umständen mehr von Ihren Vorfahren mit, als von Ihnen selbst! Sind Sie Vater oder Mutter, haben Sie ferner einen Gutteil der Erziehung Ihres Kindes geleistet, aber wiederum Vorsicht: die Zeittrends, die Schule, die Gleichaltrigen und die Medien erziehen kräftig mit! Sind Sie Vater oder Mutter, dann haben Sie, was das Selbstgestaltungspotential Ihres Kindes an-

---

[4] Viktor E. Frankl, „Der leidende Mensch", Verlag Huber, Bern, 2. Auflage 1984, Seite 118.

belangt, de facto nichts zu reden, was Ihnen spätestens in dessen Pubertät klar werden oder geworden sein wird. Möglicherweise ist das Verhältnis zwischen Ihnen und Ihrem Kinde dann tragfest genug, auf daß beide Seiten einander in Freundschaft respektieren. Vielleicht aber gibt es auch heftige Kämpfe in der Familie, wenn Ihr Kind beginnt, das Vertraute zurückzuweisen und sich ‚unvertraut' zu benehmen. Vielleicht kommen bei Ihnen als Vater oder Mutter dann Ängste hoch von der Art, daß all Ihre Bemühungen umsonst gewesen sein könnten, weil das Kind einen problematischen Weg einschlägt, der nicht ohne Grund Ihr Mißfallen erregt. Da kann man nur sagen: „Liebe Mutter, lieber Vater, Ihr Kind ist nicht Geist von Ihrem Geiste. Sie haben es in die Welt hinein ‚adoptiert', und wenn es jetzt erwachsen wird, gehört es der Welt und nicht Ihnen. Es wird die Welt in *seinem* Geiste bewohnen, benützen, verändern und bereichern, nicht in Ihrem Geiste. Sie haben Ihr Kind zwar mit vielem vertraut gemacht, aber erwarten Sie nicht, daß es beim Vertrauten stehenbleibt oder es auch nur wertschätzt. Es wird unaufhaltsam seinen Weg gehen; sie aber können ihm Ihre besten Wünsche hinterherschicken."

Sind Sie im Unterschied dazu kein leiblicher Elternteil, sondern Lehrerin oder Lehrer, Pflegemutter oder Pflegevater, Stiefmutter oder Stiefvater, Tagesmutter, Erzieherin oder Erzieher, sieht die Sache noch ganz anders aus. In diesem Falle hat das von Ihnen betreute Kind ein fremdes Erbgut, das ihm vertraut ist, Ihnen jedoch nicht. Es hat auch meist längere Zeit hindurch eine Erziehung genossen, die nicht die Ihre war, von sonstigen Umwelteinflüssen ganz zu schweigen. Und was sein Selbstgestaltungspotential betrifft, so haben Sie nicht mehr Mitspracherecht als leibliche Eltern, nämlich keines. Jetzt können Sie sich Ihren Anteil an der Menschwerdung solcher Kinder ausrechnen: Ihre einzige Chance zur pädagogischen Einflußnahme und Ihre einzige Bürde der Verantwortung betrifft Ihren gegenwärtigen Umgang mit dem Kinde, das Erziehungsmilieu, das Sie ihm hier und heute bieten. Aber auch da ist Vorsicht vor jeglicher Überschätzung am Platz, denn entweder ist das von Ihnen betreute Kind noch jung, sagen wir präpubertär, dann wird es von der doppelten Mitgift seiner Herkunft – die nicht die Ihre ist – stark geprägt sein, und bei schlechten Voraussetzungen trotz Ihres besten Einflusses geschädigt sein, oder es ist schon älter, sagen wir postpubertär, dann wird es seine Prägungen in Selbstgestaltung ent-prägen und sich neu-prägen können, aber dann wird es dasselbe mit Ihren Einflüssen tun, sie nämlich nicht unkritisch übernehmen, sondern sie auf seine Weise umformen. Da kann man nur sagen: „Liebe Pflegemutter, lieber Pflegevater, liebe Lehrerin, lieber Lehrer ..., Sie haben Kinder, die weder ‚Fleisch von Ihrem Fleische', noch Geist von Ihrem Geiste sind. Sie können ein solches Kind nicht einmal in die Welt hinein adoptieren, nur ein Stück weit gemeinsam mit ihm des Weges ziehen, und wenn es hoch kommt, wird dieser gemeinsame Wegabschnitt dem Kind ähnlich vertraut werden wie die Wege, die es vorher gegangen oder herumgeirrt ist. Doch selbst wenn Sie einen guten Weg ausgesucht haben, und selbst wenn sich das Kind dort wohlgefühlt hat, wird es eines Tages neue Wege einschlagen, jenseits der Spur des Vertrauten. Das ist keine Undankbarkeit gegenüber der zeitweisen Gefährtenschaft, die Sie einem solchen Kinde gewährt haben, und zeigt auch keine etwaige Fruchtlosigkeit Ihrer Bemühungen, sondern lediglich, daß das Kind – nunmehr der Kindheit entwachsen – sein eigenes Leben zu leben beginnt. Was Sie nicht daran hindern soll, ihm ebenfalls Ihre besten Wünsche hinterherzuschikken."

Wenn Sie den bisherigen Perspektiven gefolgt sind und gesehen haben, daß Ihr Anteil an der Menschwerdung Ihrer Kinder – seien es eigene oder fremde – relativ gering ist, werden Sie sich allmählich stirnrunzelnd fragen, ob denn Ihre tägliche Erziehungsarbeit überhaupt noch Sinn hat. In dieser Hinsicht kann ich Sie voll und ganz beruhigen: auf der Grundlage der Bescheidenheit läßt sich ein ausreichendes pädagogisches Selbstbewußtsein errichten. Wiederholt wurde betont, daß Erziehen Vertrautmachen heißt, Vertrautmachen mit Lebensstil und Lebensgewohnheiten, Vertrautmachen mit Selbst- und Weltinterpretationen, Vertrautmachen mit theoretischen Einsichten und praktischen Fertigkeiten, nicht zuletzt Vertrautmachen mit ethischen und pathischen Werten. Nun ist unbestritten, daß jeder Mensch jederzeit leicht zu Vertrautem zurückkehren kann, auch wenn er sich davon entfernt hat. Das Schwierige ist stets das Wagnis des Neuen, während das Zurückgreifen auf Vertrautes einfach ist. Das bedeutet: mit je mehr und je besseren Lebenswegen Sie Ihre Kinder vertraut gemacht haben, desto heilsamere Chancen haben diese ein Leben lang, zu guten Zufluchtspunkten zurückzufinden, an korrigierenden Wendepunkten sich zu orientieren, sollten sie eines Ausweges und einer Umkehr bedürfen. Freilich werden die Kinder als Erwachsene mit größter Wahrscheinlichkeit nicht bloß den vorgegebenen Routen folgen, sondern zu manchen Abenteuern aufbrechen, aber wenn es not tut, wenn sie in der Sackgasse stecken, werden sie von der Kenntnis einer Richtung profitieren, die ihnen einst von liebevollen Menschen gewiesen worden ist.

Wieviel schwerer haben es dagegen jene, denen just das Nichtvertrauenswürdige das Vertraute ist, die als Kinder und Jugendliche rutschiges Gelände kennengelernt haben, in dem die eine oder andere sumpfige Falle lauert. Sie gehen nicht mit dem Urvertrauen durchs Leben, jederzeit zu den Pfaden der Geborgenheit zurückkehren zu können, sondern mit der Urangst durchs Leben, daß das Neue, das Abenteuer gelingen muß, weil eine Umkehr sie wieder in den Sumpf zurückführen würde. Ihre Hoffnung ist ihr geistiges Selbstgestaltungspotential, mit dessen Hilfe sie sich eigene Pfade durchs Gestrüpp bahnen können, unbekannten und vielleicht gangbareren Gebieten zu, doch das kostet Anstrengung und die Auslieferung ans Unbekannte ohne Rückhalt im Bekannten.

Sie sehen, es ist kein Widerspruch, zu behaupten, daß die Erziehung den Menschen nicht produziere, ja, daß sogar jedes Kind eine eigene Persönlichkeit ist, die sich mit zunehmender Entwicklung selbst gestaltet; und andererseits die Wichtigkeit einer sorgfältigen und liebevollen Erziehung herauszustellen, die gerade darin besteht, diese Persönlichkeit mit soviel positiven Lebenselementen vertraut zu machen, wie nur möglich, um es dann ihr zu überlassen, ob und wann sie davon Gebrauch machen wird und wann nicht.

In diesem Zusammenhang möchte ich diejenigen trösten, die mit Kindern zu tun haben, welche in ihrer Vorgeschichte tatsächlich vielfach Sumpf und Gestrüpp kennengelernt haben, um im Gleichnis zu sprechen, die also einem mehr als fragwürdigen Milieu entstammen, zerbrochenen Familien, sozialen und wirtschaftlichen Mißständen und erziehungsunfähigen Eltern. Wenn solche Kinder in Ihre Obhut gelangen, geben Sie sich nicht der Illusion hin, die Scherben wieder reparieren zu können. *Sie* können das nicht, aber die Kinder werden eines Tages dazu in der Lage sein, dessen seien Sie gewiß. Und für diesen Tag, an dem die Kinder reif genug sein werden, um ihrer unglückseligen Mitgift zu trotzen und sich für ein selbstgewähltes Leben zu entscheiden, für diesen Tag statten Sie die Kinder aus mit ein paar guten, vertrauten Wegen auf der Landkarte ihrer Erfahrungen, mit ein paar Wegkreuzungen, die aus dem Sumpf heraushelfen, und ein paar Erinnerungen an Wärme und Herzlichkeit. Mehr ist Ihnen nicht abverlangt, mehr ist auch weder möglich noch nötig. Eine verpfuschte Kindheit kann niemand auslöschen, aber aus einer verpfuschten Kindheit heraus muß auch niemand in ein verpfuschtes Leben eintreten, denn der Geist, der uns eingehaucht worden ist, macht alles neu ..."

Um meinen Empfehlungen für Erzieher mehr Konkretion zu verleihen, seien vier Regeln offeriert, die sowohl für leibliche Eltern, als auch für Adoptiv-, Stief- und Pflegeeltern und für alle pädagogisch Tätigen gleichermaßen wichtig sind, weil sie sich nicht unmittelbar mit dem Erziehungsauftrag beschäftigen, sondern mit eben dieser Grundsteinlegung des „vertrauenswürdig Vertrauten", das manchen Kindern abgeht, und das ihnen nachgereicht werden sollte, solange sie noch Kinder sind und es einen Erwachsenen gibt, dem sie nicht gleichgültig sind.

Die vier Regeln lauten:

1. Ein „pathogenes Klima" vermeiden!
2. Barmherzigkeit über Ehrgeiz stellen!
3. Selber vorleben statt kommandieren!
4. Nichts erwarten und alles erhoffen!

Überlegen wir uns die Regeln im einzelnen. Was ist mit einem „pathogenen", d. h. seelisch krankmachenden Klima gemeint, von dem in der Regel Nr. 1 steht, man solle es zu vermeiden trachten? Ich will ein Beispiel dazu schildern. Eine 14jährige wird, nachdem sie bei verschiedenen Tanten und Onkeln gelebt hat und immer wieder weitergereicht worden war, in einem Kinderheim untergebracht. Dort benimmt sie sich störend und provokativ, gliedert sich in die Gruppe nicht ein und verweigert ihre kleinen Pflichten. Deshalb wird sie gemieden und die Heimerzieherinnen sind froh, wenn sie in der Schule ist bzw. sich am Nachmittag auf der Straße oder im Park aufhält. Kommt sie abends ins Heim zurück, geht ein Seufzen reihum: „Ach je, *die* ist wieder da!" Jeder fürchtet Ärger mit ihr, der auch prompt eintritt.

Bei einer solchen Konstellation gibt es eine vordergründige Logik und eine „Logik des Herzens", wie ich sie nennen möchte. Die vordergründige Logik besagt, daß das Mädchen selber daran schuld ist, daß keiner es mag. Es müßte sich nur freundlich und kooperativ verhalten, dann fände es auch eine positive Resonanz. Gegen diese Logik ist nichts einzuwenden, sie stimmt, aber sie trägt keine Früchte. Denn mittlerweile hat sich im Lebensraum des Mädchens ein pathogenes Klima gebildet, in dem Eigenschaften wie Freundlichkeit und Kooperationsbereitschaft nicht gedeihen oder nur unter Einsatz stärkster geistiger Trotzkräfte zu realisieren sind, über die eine 14jährige noch nicht verfügt.

Ein pathogenes Klima ist nämlich eines, in dem einem das eigene Ungeliebt- und Unerwünschtsein an vielen hundert Kleinigkeiten deutlich zu Bewußtsein kommt. Man stelle sich vor, ein Mann geht täglich an seinen Arbeitsplatz, wissend, daß sein Chef und all seine Kollegen die Tage bis zu seiner Pensionierung zählen und ihn nur noch gezwungenermaßen dulden. Oder man stelle sich eine kränkliche Frau vor, die bei der Familie ihrer Enkelin wohnt, wissend, daß sie dieser Familie eine Last ist, und daß jedes Familienmitglied insgeheim hofft, es möge mit ihr nicht mehr lange dauern. Das sind typische Fälle von Menschen, die in einem pathogenen Klima leben, was sie mit der Zeit seelisch deformiert. Denn man kann fast nicht gesund bleiben, wenn man sich in einem engen mitmenschlichen Kreise befindet, der aufatmet, sobald man weg ist, und stöhnt, sobald man wiederkehrt, der einem also die unausgesprochene doch unüberhörbare Botschaft vermittelt: „Es wäre besser, es gäbe dich nicht!"

Natürlich, die vordergründige Logik, wonach man im allgemeinen selber dazu beigetragen hat, ist nicht von der Hand zu weisen, weswegen mit Erwachsenen, die sich einem derartigen pathogenen Klima ausgesetzt fühlen, therapeutisch dahingehend gearbeitet wird, daß sie das Ihrige unternehmen, um sich in ihrem Kreise beliebter zu machen. Doch selbst Erwachsene kostet es eine unglaubliche Kraft, angesichts einer eisigen Front von Ablehnung plötzlich ein sonniges Gemüt hervorzukehren und sich „liebens-wert" zu benehmen, was eine gute Chance hat, langfristig das Eis der Front wieder abzutauen. Kommen wir nun auf unsere 14jährige zurück. Sie ist bereits seelisch angeschlagen ins Heim gekommen, hat dort bewirkt, daß ein pathogenes Klima um sie herum entstanden ist, und wird durch dieses Klima zusätzlich immer mehr geschädigt. Es ist die „Fallgrube" aller „schwarzen Schafe", in die sie hineinplumpsen, um vielleicht nie mehr herauszukriechen.

Hier setzt die „Logik des Herzens" ein, die besagt, daß der mitmenschliche Kreis einen Vorschuß leisten muß, indem er aus freien Stücken das Klima im Positiven verändert. Verändert, obwohl das „schwarze Schaf", in unserem Beispiel das Mädchen, nach wie vor ruppig und „ungenießbar" sein wird. Schlichtweg verändert, ohne Gegenleistung zu fordern. Indem jemand aus diesem Kreise anfängt, dem Mädchen zu signalisieren: „Es ist schön, daß du da bist. Es ist gut, daß es dich gibt. Ich freu' mich, dich zu sehen. Sei uns willkommen!"

Das ist es – so wenig und so unendlich viel. Es behebt die Störungen des Mädchens nicht, aber es verhindert, daß weitere Störungen dazukommen. Und es schafft Raum für eine ganz langsame seelische Erholung. Damit ist nicht gemeint, daß jedwedes rüppelhafte Verhalten des Mädchens begrüßt werden soll, sondern daß, selbst wenn Fehlverhalten gerügt werden muß, die

Person, die sich fehlverhält, nicht zurückgestoßen wird. Die Botschaft heißt ja nicht: „Deine Fehler sind uns willkommen!", die Botschaft heißt: „Du bist uns willkommen, mitsamt deinen Fehlern!" Wer die Bereitschaft aufbringt, den Kindern – und Erwachsenen – in seinem engeren familiären oder beruflichen Kreise hin und wieder einen solchen Vorschuß zu schenken, der hilft entscheidend mit, daß sich auch in einem belasteten Leben keine Verzweiflung ansammelt, die andernfalls leicht eskalieren könnte.

Wenden wir uns jetzt der Regel Nr. 2 zu, die lautet: Barmherzigkeit über Ehrgeiz stellen! Was fast wie eine identische Regel anmutet, denn Vorschüsse sind eigentlich nichts anderes als Akte der Barmherzigkeit. Doch bei Regel Nr. 2 ist ein weiterer Aspekt involviert: die „Erziehungskonkurrenz". Ausgerechnet gute Pädagogen, ob Eltern oder Professionelle, neigen dazu, allergisch auf ihrer Ansicht nach verderbliche Erziehungseinflüsse seitens sonstiger Bezugspersonen ihrer Schützlinge zu reagieren. Nach dem Motto: „Ich plage mich, daß aus dem Kinde etwas wird, und der andere macht meine Mühe wieder kaputt!" kämpfen sie verbissen gegen die fremden Einflüsse an oder resignieren, wenn sich dergleichen nicht ausschalten lassen.

Besonders kraß wogt dieser Kampf zwischen Schule und Elternschaft einerseits und zwischen leiblichen und nicht leiblichen Eltern andererseits. Wobei eine gewisse Tragik darin liegt, daß jene um das Wohl der Kinder kämpfenden Erziehungspersonen, eben weil sie vielfach gute Pädagogen sind, meist nicht unrecht haben mit ihren Befürchtungen. Und doch irren sie, wenn sie glauben, daß ihr Widerstand den Kindern nützt. Denn den Kindern, die die gegenseitigen Animositäten der Erwachsenen selbstverständlich mit offenen Augen und Ohren mitverfolgen, wird dabei unvermeidlich ein Nichtvertrauenswürdiges vertraut gemacht: Feindschaft, Rivalität, Besserwisserei, Verachtung und Aburteilung von Mensch zu Mensch.

Greifen wir als Beispiel die speziell schwierige Situation von Pflegeeltern heraus, die ein recht verwahrlostes Kind in ihre Familie aufgenommen haben, weil die leibliche Mutter nicht seßhaft ist und der leibliche Vater unbekannt ist. Die Pflegefamilie tut alles, um das Kind in ein normales Leben zu integrieren. Sie sorgt für saubere Kleidung, für regelmäßiges Essen, hilft bei den Schulaufgaben, geht mit dem Kind wandern, lehrt es Basteln und Spielen, und feiert Feste mit ihm. Unerwartet taucht die leibliche Mutter wieder auf, behauptet ein Zimmer gemietet zu haben, und will ihr Kind zu sich holen. Was für ein Dilemma! Kann man der Mutter das Kind zurückgeben, um es ein halbes Jahr später vielleicht erneut verschmutzt und heruntergekommen in einem Obdachlosenquartier aufzulesen? Darf man das Kind der eigenen Mutter vorenthalten und die Mutter einfach wegschicken? Die Behörden und Jugendämter bemühen sich redlich, zwischen den jeweils negativen Alternativen die am wenigsten negative zur Entscheidung zu bringen, doch ehrlich gesagt weiß jeder der Beteiligten, daß es keine wirklich humane Lösung gibt.

Angesichts dieser Sachlage, die sich uns ohne Patentrezepte präsentiert, ebnet die Regel Nr. 2 wenigstens den Weg zu einer humanen Handhabung des Unlösbaren. Sie rät dazu, Barmherzigkeit zu üben, und zwar nicht nur den Kindern gegenüber, wie in Regel Nr. 1 dargelegt, sondern auch all ihren übrigen Bezugspersonen gegenüber, und seien sie noch so „erziehungsungeschickt". Selbst wenn eine Mutter, ein Stiefvater, eine Oma oder ein Lehrer unerfreulichen Einfluß auf ein Kind gewinnt, was vorkommen kann, ist es immer noch besser, diese Bezugsperson einzubeziehen, anzuhören, zu verstehen versuchen und versöhnlich zu behandeln, als sie zu ignorieren oder mit wütenden Argumenten abzuwehren. Bezieht man sie ein, nimmt man nicht nur einem „Tabuisierten" die Attraktivität, und dem Kind die zweifelhafte Chance, den einen gegen den anderen auszuspielen, sondern man läßt das Kind überdies etwas ihm genetisch durchaus Vertrautes erleben: eine Großfamilienstruktur.

Nicht ohne Grund trauern wir ja den Großfamilien früherer Zeiten nach, die für ihren Nachwuchs ein hohes Maß an Geborgenheit bei gleichzeitiger Anregungsvielfalt und Dichte sozialer Anpassungsprozesse gewährleisteten. Nun, überall dort, wo heute mehrere Bezugspersonen am Werke sind, weil die Kinder aus getrennten, geschiedenen, wiederverheirateten Partnerschaften stammen, unterschiedliche Pflegeplätze, Heime, Internate gewöhnt sind, etc., überall dort bietet sich die Gelegenheit an, das Übel umzufunktionieren in eine großfamilienähnliche Struktur, bei der die Pflegemutter etwa an Stelle einer Großtante und das Stiefgeschwister an Stelle eines Cousins steht. Daß eine solche nicht gewachsene „Großfamilie" auch ihre Schwächen hat, erübrigt sich zu diskutieren, dennoch ist sie einem Kinde mehr Heimatboden, ermöglicht ihm mehr Wurzeln-Schlagen, als wenn ein oder zwei Bezugspersonen an ihm festklammern in dem ehrgeizigen Plan, eine Supererziehung zu vollbringen, die durch keinerlei Fremdeinflüsse getrübt sein soll. Was aber die sogenannten „verderblichen Einflüsse" betrifft, haben wir bereits ausführlich gehört, daß jedem Kind ein Selbstgestaltungspotential eignet, kraft dessen es mit zunehmendem Alter selbst bestimmt, welcher Einfluß in welcher Bedeutsamkeit für es maßgeblich sein wird.

So hat die Supererziehung manchen Kindes schon das Resultat gezeitigt, daß es sich, erwachsengeworden, aus einem Nachholbedürfnis heraus in ein wildes Leben gestürzt hat, wohingegen mir Kinder aus Alkoholikerfamilien bekannt sind, die als Erwachsene völlig abstinent leben, abgeschreckt von den desolaten häuslichen Szenen aus ihrer Jugendzeit. Ziehen wir daraus das Fazit: Die Kinder von heute, die zu einem erschreckend hohen Prozentsatz das Scheitern zwischenmenschlicher Beziehungen erfahren haben, sollten vor allem und über allem mit Liebe und Frieden vertraut gemacht werden, notfalls auch mit „Frieden mit dem pädagogischen Feind".

Hier schließt sich nahtlos die Regel Nr. 3 an, die lautet: Selber vorleben statt kommandieren! – denn Liebe und Frieden lassen sich ja gar nicht anders lehren, als sie selber zu leben. Aber ganz gleich, was wir lehren wollen, nichts ist von derselben Durchschlagskraft wie das lebendige Vorbild. Überhaupt kann man den Eltern und Erziehern nur raten, sich weniger um die zahlreichen Reize und Verlockungen zu sorgen, die auf ihre Kinder einstürmen, und sich mehr um die eigene Modellhaftigkeit zu sorgen, die des Kindes ursprünglichste Orientierungstafel ist, auf der eingraviert steht, wie Leben geht. Befragt man beispielsweise Eltern von drogenabhängigen Jugendlichen, ob sie selber rauchen, trinken oder Tabletten konsumieren, erhält man zu 98 % ein leises „Ja", sofort verbunden mit der Rechtfertigung, daß zwischen einer Zigarette, einer Kopfschmerztablette oder einem Gläschen Wein und einer Heroinspritze immerhin ein erheblicher Unterschied ist. Gewiß, es ist ein Unterschied, doch bloß ein gradueller, kein prinzipieller. Auf der Orientierungstafel, die sie ihren Kindern ins Leben mitgegeben haben, steht eingraviert: „Wenn man sich unbehaglich fühlt, greift man zu einem Mittelchen, und im Handumdrehen fühlt man sich besser. So geht Leben", eine nicht ungefährliche Gravur. Freilich, wir wissen längst, daß die Kinder sich in ihrem geistigen Potential über alle Orientierungstafeln hinwegzusetzen vermögen; aber ebensogut haben sie auch die Freiheit, das Eingravierte zu übernehmen, und für diesen Fall sollten wir ihnen eine Tafel hinterlassen, deren Inhalt wir verantworten können.

Was wir also von unseren Kindern wollen – holen wir es nicht mit Druck und Nörgelei aus ihnen heraus, sondern leben wir es! Wir wollen, daß sie kleine Frustrationen aushalten und nicht wegen jeder Enttäuschung losheulen? Gut, dann prüfen wir uns: wie tapfer tragen wir unseren Alltagskummer? Gehören wir zu den „Stehaufmännchen", die sich immer wieder aufrichten, oder schleichen wir selber mit sauertöpfischer Miene durchs Haus, wenn uns etwas mißlungen ist? Was wollen wir noch von unseren Kindern? Daß sie fleißig lernen und ihre Zimmer aufräumen? Prüfen wir uns wieder: wie steht es mit unserer Arbeitsmoral? Arbeiten wir mit Freude, sind wir erfüllt von dem, was wir tun? Beglückt uns eine schöne Umgebung und pflegen wir sie? Gibt es noch etwas, das wir von unseren Kindern wollen? Vielleicht, daß sie Freunde haben, daß sie mit anderen auskommen und nicht ewig streiten? Wieder ist der prüfende Blick in den Spiegel fällig. Haben wir einen netten Bekanntenkreis, pflegen wir eine gute Nachbarschaft, kommen wir mit den Arbeitskollegen zurecht? Wenn der Spiegel unserer Seele nicht alles zu unserer Zufriedenheit beantwortet, wird es Zeit, ein wenig von unserem eigenen Selbstgestaltungspotential zu aktivieren und nachzuhelfen, daß das Bild im Spiegel, das zugleich das Vor-bild unserer Kinder ist, noch mehr vom Gewollten widergibt, nämlich von dem, was wir eigentlich von unseren Kindern wollen.

Eltern und Lehrer, die ihren Kindern Qualitäten abverlangen, die sie selber nicht besitzen, haben keine Glaubwürdigkeit. Sie können zwar mit Drohungen einiges erreichen, aber die Gewalt kommt bekanntlich sehr schnell an ihre Grenzen. Das Abverlangen von Qualitäten, die man selber besitzt, ist im Vergleich dazu unproblematischer, dennoch sei auch diesbezüglich vor Illusionen gewarnt. Wirklich erfolgreich abverlangen kann man in Wahrheit *immer nur sich selber etwas,* alles andere wird, wenn nicht auf Einsicht, dann auf Widerstand stoßen. Stößt es auf Einsicht, geht es zunehmend in Selbstforderung über, was die Fremdforderung allmählich überflüssig macht, stößt es jedoch auf Widerstand, artet es leicht zur Machtprobe aus, und davon haben heutzutage viele Familien mehr als genug.

Man möchte den Eltern und Lehrern zurufen: „Lassen Sie sich um Himmels willen auf keine Machtproben mit den von Ihnen betreuten Kindern ein! Die Kinder sind findig, und sie haben die unverbrauchteren Nerven und die geringeren Hemmschwellen als Sie. Vor allem Jugendliche setzen auch aggressive und autoaggressive Methoden wie Ausreißen, Magersucht, Schulverweigerung, Klickenbildung usw. ein. Wenn Widerstand mit Widerstand erwidert wird, ist das Ende der gegenseitigen Erträglichkeit bald erreicht, und dann bleibt nur noch ein verbittertes Auseinanderrücken, bei den Kindern eine zerbrochene Orientierungstafel, und bei den Eltern oder Erziehungspersonen ein dumpfes Schuldbewußtsein, versagt zu haben. Keine Forderung, die Sie an Ihre Kinder haben mögen, ist ein solches Ende wert!"

Von der Richtigkeit einer Lebensweise überzeugen kann man, wie gesagt, nicht durch Kommandos, sondern einzig dadurch, daß man sie selber praktiziert und dabei ruhig und ausgeglichen demonstriert: „Ja, so geht Leben. So geht es gut." Wenn die jungen Menschen sich dann nicht daran orientieren, ist das ihre Sache; die Orientierungstafel jedenfalls wurde ihnen überreicht, und die ist heil. Dies soll unsere Gedanken überleiten zu unserer letzten Regel, die eine der sinnreichsten Forderungen enthält, die Erzieher an sich stellen sollten: Nichts erwarten und alles erhoffen!

Hier schließt sich der Bogen zu unserem Anfangsthema zurück, zu der gigantischen Erkenntnis, daß im Menschen alles drinnen ist, Engel und Teufel, Held und Angsthase, Nachahmer und Neuschöpfer, alles, wozu er sich gestaltet. Wir können nicht erwarten, daß sich unsere Kinder wohlgefällig entwickeln werden, vielleicht gar auf Grund unserer Bemühungen – woher nehmen wir eine solche Erwartung? *Jedes Kind ist eine eigene Persönlichkeit*, und alle unsere Bemühungen um es sind – um ein Gleichnis von Viktor E. Frankl zu benützen – nichts anderes als Baumaterial, das wir dieser Person zuliefern. Das Kind selbst aber wird der geistige Baumeister und Bauherr seines Lebensgebäudes sein, und ob es das von uns gelieferte oder anderes Baumaterial für seine Konstruktionen verwendet, liegt in seinem Ermessen. Unsere Aufgabe ist es lediglich, ihm die kurze Zeit lang, die *wir* es mit Lieferungen versorgen, ein Material beizusteuern, das, falls es in seine Konstruktionen eingearbeitet wird, sein Lebensgebäude hält und nicht zum Einsturz bringt.

Erwarten können wir also nichts, aber erhoffen dürfen wir alles, was wir unserem Kinde wünschen. Denn wenn das Kind aus unseren Bemühungen nur eines herausgespürt hat: daß es uns lieb und wert ist, wird es auch Vertrauen haben zu dem von uns gelieferten Baumaterial, und wird irgendwann einmal darauf zurückgreifen, um dort weiterzubauen, wo unsere Generation aufgehört hat.

Person sein – Person bleiben in der Familie

Wenn jedes Kind und jeder Mensch eine eigene Persönlichkeit ist, wie steht es dann mit der Person im Familienverband? Wird sie in ihrem Person-Sein nicht eingeengt durch die Wünsche und Bedürfnisse der anderen Familienmitglieder? Und wie steht es ferner mit dem Wirkungs- und Arbeitsbereich einer Person im Familienverband? Wird sie nicht „gespalten" zwischen den Ansprüchen des Arbeitsplatzes und denen der Familie? Dazu tun sich viele bedrängende und aktuelle Fragen auf, die ich in vier Abschnitten einer logotherapeutischen Antwort zuführen möchte. Vielleicht gibt es keine vollkommen zufriedenstellenden Antworten, doch zeichnen die vier Abschnitte einen Weg von der Freiheit zur Verantwortung nach, der gleichzeitig der Weg jeder gereiften Persönlichkeit ist. Denn Unfreiheit bedeutet eine Fesselung der Person, ob es sich um aufgezwungene oder selbstangelegte Fesseln handelt, und Freiheit ohne Verantwortung bedeutet eine Fehlentwicklung der Person, welche Unglück verbreitet, sei es fremdes oder eigenes. Die freie und verantwortungsvolle Persönlichkeit hingegen ist in der Lage, sowohl im Berufs- als auch im Privatleben das Sinnvollste unter den jeweiligen Gegebenheiten zu erspähen und zu seiner Verwirklichung zu bringen – und Sinnverwirklichung ist die solideste Grundlage eines beständigen Glücks, die es gibt.

Heutzutage sind das Berufs- und Privatleben meist voneinander getrennt, aber da der Mensch eine unteilbare Einheit bildet, überträgt er Erfahrungselemente aus dem einen in den anderen Bereich. Sollte er daher in seinem Privatleben „Schiffbruch" erleiden, das heißt, entweder ein unfreies, gefesseltes Dasein führen, oder seine Freiheit in verantwortungsloser Weise ausüben, was seine Partnerschaft bzw. Elternschaft gefährdet, wird dies nicht ohne Folgen für sein Berufsleben bleiben. Denn selbst wenn er sich beruflich ganz anders benimmt als zu Hause und sogar eine viel höhere Wertschätzung genießt als zu Hause, was alles vorkommen kann, formt sich seine Persönlichkeit mehr und mehr nach seinen Taten; und so mancher berufliche Zusammenbruch ist schon deshalb geschehen, weil die Persönlichkeit eines Menschen plötzlich nicht mehr hielt, was sie bis dahin versprach.

Aus diesem Blickwinkel heraus wollen wir überlegen, was – auch im Interesse einer leistungsfähigen Arbeitswelt – das Person-Sein und Person-Bleiben in den Familien fördert, um für die Menschen unserer Zeit die Chance zu erhöhen, im täglichen Streß Kraft aus einem glücklichen Familienleben zu schöpfen.

Autonomie in der Familie

Richten wir zu Beginn unsere Aufmerksamkeit auf die Autonomie in der Familie und fragen wir uns, wie autonom der Mensch, eingebunden in einen Familienverband, sein kann? Oder noch allgemeiner: Woher fließt ihm die Möglichkeit zur Autonomie überhaupt zu? Nun wissen wir bereits, daß der Mensch über unterschiedliche Dimensionen des Seins verfügt; Viktor E. Frankl spricht von einer somatischen (körperlichen) und psychischen (seelischen) Dimension, aber man könnte genausogut eine soziale, eine politische, eine ökologische und eine familiäre Dimension dazuzählen. Darüber hinaus existiert der Mensch in einer weiteren Dimension, die die Dimension dessen ist, der da über etwas verfügt, die „Verfügungsdimension" sozusagen, die Frankl die „geistige Dimension" nennt. Während die erstgenannten Dimensionen Bedingtheiten und Abhängigkeiten zum Ausdruck bringen, wie unser Angewiesensein auf körperliche und seelische Prozesse und unser Eingegliedertsein in soziale, politische, ökologische und familiäre Systeme, ist die letztgenannte Dimension die Dimension der Freiheit des Menschen, insofern, als jeder von uns imstande ist, zu seinen Bedingtheiten und Abhängigkeiten frei Stellung zu nehmen und sie zu bewerten, ja, seiner Bewertung gemäß mit ihnen umzugehen. Konkret heißt das, daß wir wertend und handelnd Stellung nehmen zu körperlichen und seelischen Prozessen in uns und zu sozialen, politischen, ökologischen oder familiären Systemen außerhalb von uns.

WERTE

Auseinandersetzung mit der Wirklichkeit		Dimension der Freiheit des Menschen
Teil der Wirklichkeit, der wir angehören		Ebene der Abhängigkeit des Menschen

Achsen: geistige Dim., famil. Dim., somat. Dim., polit. Dim., psych. Dim., ökolog. Dim., soziale Dim.

Ein dimensionaler Aspekt scheint somit stets doppelt in unserem Leben auf: einmal als Teil der Wirklichkeit, der wir angehören, z. B. als eine momentane Krankheit, als die momentane Umwelt, die uns umgibt, oder als die momentane Wirtschaftslage, in der sich unser Land befindet, und ein andermal als Akt geistiger Auseinandersetzung mit dieser Wirklichkeit, z. B. als Deutung der Krankheit – was sich auf unseren Lebenswandel auswirken kann, oder als Wichtigkeit, die eine gesunde Umwelt für uns hat, – was sich in unserer Bereitschaft, etwas für sie zu tun, niederschlägt, oder als Beurteilung der Wirtschaftslage – was sich in optimistischen oder pessimistischen Unternehmungen ausdrückt.

Wollten wir den Unterschied zwischen Mensch und Tier charakterisieren, könnten wir sagen: dem Tier eignen dieselben Dimensionen außer der geistigen Dimension, die die spezifisch menschliche Dimension ist. Denn auch in den Tieren laufen körperliche und seelische Prozesse ab, und auch die Tiere sind eingebettet in einfache soziale, politische, ökologische und familiäre Systeme. Nur verfügen die Tiere nicht über die Möglichkeit, wertend Stellung zu alledem zu nehmen und dementsprechend verändernd einzugreifen. Sie sind Teil einer Wirklichkeit, mit der sie sich nicht in Freiheit geistig auseinandersetzen können, sondern deren Gesetzmäßigkeiten sie in Abhängigkeit unterliegen. In diesem Zusammenhang sei mir die Bemerkung gestattet, daß die Spekulationen über „außerirdische Intelligenzen" im Weltraum im Grunde nicht bloß intelligente, sondern geistige Wesen meinen, also Wesen, ausgestattet mit einer geistigen Dimension der vorhin beschriebenen Art. Solche Wesen könnten ohne weiteres 18 Beine und 5 Augen haben, das würde keine Rolle spielen, entscheidend wäre die Dimension der Freiheit, der freien und wertenden Stellungnahme zu demjenigen, was sie in ihrer Welt vorfinden, eine Dimension, die sie uns Menschen ebenbürtig sein ließe.

Doch bleiben wir auf unserer Erde und beim Thema „Familie". Die Franklsche Lehre von der Mehrdimensionalität des Menschen kann auf die Frage nach der Autonomie des Menschen eine klare Antwort geben. Autonom ist der Mensch in bezug auf seine eigenen Handlungen und Haltungen. Autonom ist er darin, wofür er sich entscheidet, sowie in der Wahl des Maßstabes, nach dem er sich entscheidet. Sehen wir uns dazu ein praktisches Beispiel an. Eine Frau sagt: „Mein Mann hat mich immer unterdrückt, und natürlich war ich dann auch keine sehr freundliche Mutter für meinen Sohn ..." Stimmt dieser Satz, ist seine Aussage gerechtfertigt? Leider nein. „Natürlich" ist das Verhalten dieser Frau keineswegs, „natürlich" wäre es allenfalls für ein Tier, das, wenn es schlecht behandelt wird, eben bissig reagiert. Da der Mensch aber nicht „natural reagiert", sondern „personal agiert", hat die Frau zur Unterdrückungstendenz ihres Mannes geistig Stellung genommen. Welche Stellung? Sie hat sich offenbar unterdrücken lassen. Wie hat sie seine Unterdrückungstendenz folglich bewertet? Nicht als Anlaß zum Widerstand, sondern als Freibrief, ihrerseits einen anderen Menschen, nämlich ihren Sohn, zu unterdrücken bzw. ihren Ärger an ihm auszulassen. Hätte es die Möglichkeit zu einer unterschiedlichen Stellungnahme und Bewertung gegeben? Selbstverständlich. Sie hätte auch versuchen können, die Sache zwischen sich und ihrem Mann zu bereinigen, und den Sohn aus den ehelichen Differenzen herauszuhalten.

Damit soll verdeutlicht werden, daß die Autonomie des einzelnen Familienmitgliedes in der Familie unangetastet und unabhängig von den Aktionen der übrigen Familienmitglieder bestehen bleibt. Zwar kann keiner darüber bestimmen, wie sich ein anderer ihm gegenüber verhält, aber jedes Familienmitglied nimmt kraft seiner geistigen Dimension Stellung dazu, bewertet das Verhalten des anderen und entscheidet dann, auf welche Weise es jenem anderen und dessen Verhalten begegnet. Niemand ist Opfer (außer den Kindern, deren geistige Dimension noch nicht hinreichend entfaltet ist), jeder ist Mitgestalter seiner familiären Situation.

Im Kontrast zu dieser Auffassung wird oft der Einwand vorgebracht, daß doch ein Großteil aller zwischenmenschlichen Kommunikation unbewußt und automatisch dahinplätschere, ohne daß dabei bewußt entschieden würde. Daran ist etwas Wahres und etwas Falsches. Es stimmt, daß es eingefahrene Automatismen in Handlung und Haltung gibt, die einerseits die Entscheidungsprozesse vereinfachen, andererseits aber auch die Autonomie des Menschen gefährden; sogar mehr gefährden können, als es die Mitwelt je vermöchte. Dennoch sind solche Automatismen weder angeboren, noch einprogrammiert, sondern vielmehr das Ergebnis von „Eigenbau-Hypothesen", die von Zeit zu Zeit neu überdacht und korrigiert werden sollten.

Alles was wir unternehmen, richten wir nach Hypothesen aus, die uns vielversprechend scheinen, das jeweilige Unternehmen zum Ziel zu führen, und auch unser eigenes Leben richten wir nach einer Fülle von Hypothesen aus, an denen wir zum Teil lange festhalten. Doch manche darunter stimmen einfach nicht. Beispielsweise huldigen viele Leute der Hypothese, daß sie, wenn sie eine Zigarette rauchen oder einen Schluck Alkohol trinken, ein Problem besser lösen könnten. Gewisse Fernsehfilme unterstützen diese Hypothese, indem ihre Helden, wenn sie eine schlechte Nachricht erfahren, als erstes die Zimmerbar aufsuchen oder ein Zigarettenetui hervorholen. Dabei ist an dieser

Hypothese absolut nichts daran; Tabak und Alkohol haben noch nie eine schlechte Nachricht in eine gute verwandelt oder auch nur dabei geholfen, die schlechte Nachricht besser zu verarbeiten. Sie beeinträchtigen lediglich die Konzentration und die Gesundheit des Menschen, und rauben ihm ein Stück Autonomie, sobald er ohne das Suchtmittel nicht mehr auskommt.

Ähnlich, möchte ich behaupten, ist es der Frau ergangen, die einst sagte: „Mein Mann hat mich immer unterdrückt, und natürlich war ich dann auch keine sehr freundliche Mutter für meinen Sohn ..." Das nicht zu rechtfertigende „natürlich" im Satz erzählt uns von einer dahinter verborgenen Hypothese, die etwa lautet: „Wenn man frustriert wird, kann man nicht nett sein." Auch eine Hypothese, an der nichts daran ist, denn ob man nett ist oder nicht, bestimmt man ausschließlich selber, und das Potential, auch im frustrierten Zustand noch freundlich sein zu können, jedenfalls einem ganz und gar Unbeteiligten gegenüber, besitzt man allemal.

Fassen wir also zusammen. Die Autonomie des Menschen gründet in seiner geistigen Dimension und wird durch systemische Zugehörigkeiten des Menschen nicht aufgehoben, nicht einmal im engsten Familienverband. Jeder ist frei, seine Handlungen und Haltungen zu wählen. Was die Autonomie gefährdet, das sind nicht unsere Mitmenschen, auch wenn wir es ihnen gerne in die Schuhe schieben, sondern das sind Automatismen von Denk- und Verhaltensweisen, die auf Hypothesen von uns selbst zurückgehen, welche vielleicht von unseren Mitmenschen oder den Medien unterstützt werden, welche wir jedoch nicht genügend überprüft haben. Hypothesen wie „Wenn man frustriert wird, kann man nicht nett sein" und ähnliche Varianten wie „Die anderen sind schuld daran, wie ich geworden bin" oder „Wenn du dich nicht änderst, brauch' ich mich auch nicht zu ändern" u. dgl. mehr sind ausgesprochen familienfeindlich, daneben aber auch persönlichkeitshemmend, weil sie die Autonomie der Person und damit ihre Würde untergraben.

Wünsche in der Familie

Daß einer den anderen zu keiner wie immer gearteten Reaktion zwingen kann, haben wir gehört. Wie steht es nun mit den Wünschen, die einer an den anderen heranträgt, und speziell mit den Wünschen in der Familie? Hier wechseln wir von der Frage nach der Freiheit des Menschen zur Frage nach dem Maßstab, an dem er sich in Freiheit orientiert. Was geschieht, wenn am Sonntag die größeren Kinder um einen Ausflug betteln, die Mutter darauf drängt, daß der Keller aufgeräumt wird, und der Vater Vorbereitungsarbeiten für die nächste Woche auf seinem Schreibtisch liegen hat? Wird ein Wortgefecht stattfinden mit Siegern und Verlierern, oder werden sich die Familienmitglieder in der Kunst der Kompromißfindung einüben? Werden Tränen fließen und Türen knallen, oder wird jeder seiner Wege gehen? Was werden die einzelnen dank ihrer Autonomie entscheiden zu tun?

Um den Problemkreis „Wünsche in der Familie" einigermaßen sinnvoll abzuhandeln, ist es notwendig zu wissen, daß es beim „Wettbewerb der Wünsche" einen unbestechlichen „Konkurrenten" gibt, und das ist das *Erfordernis der Situation*. Demnach ist jedes Familienmitglied mit dreierlei konfrontiert: mit den eigenen Wünschen, mit den Wünschen der übrigen, und mit demjenigen, was ich das Erfordernis der Situation genannt habe. Ein Beispiel: Ein Ehepaar kommt vom Urlaub nach Hause. Der Mann hat den Wunsch, sogleich die Urlaubsfotos zu entwickeln, was sein Hobby ist. Die Frau hat den Wunsch, ihre Freundin zu besuchen und über ihre Erlebnisse zu berichten. Nehmen wir an, beide hegen noch den zusätzlichen Wunsch, daß der Partner dabei ist, wenn sie ihr Vorhaben ausführen; der Mann hätte gerne die Frau bei sich in der Dunkelkammer, und die Frau wiederum hätte gerne, daß der Mann sie zur Freundin begleitet. Jeder meint, das Vorhaben des anderen könne vorläufig noch warten. Da entdecken beide nach ihrer Ankunft zu Hause, daß die Johannisbeeren im Garten überreif sind und sofort verwendet werden müssen, wenn sie nicht weggeworfen werden sollen.

Das Beispiel demonstriert die dreifache Konfrontation, in der das Ehepaar steht. Greifen wir den Mann heraus: er empfindet den Wunsch, die Fotos zu entwickeln, ferner ist ihm der Wunsch der Frau bekannt, die Freundin besuchen zu wollen, und überdies fordert die Situation der überreifen Beeren im Garten dazu auf, schleunigst mit dem Pflücken und Einkochen zu beginnen. Für die Frau gilt das Gleiche analog. Allerdings kann das Erfordernis der Situation zu ein- und demselben Zeitpunkt für verschiedene Familienmitglieder ein unterschiedliches sein. Im Falle etwa, daß sich die Frau wegen eines Rückenleidens schlecht bücken könnte, würde das Pflücken der Beeren als alleiniges Erfordernis der Situation dem Manne zukommen. Das heißt, die Situation würde erfordern, die Beeren zu pflücken, aber die Frau zu schonen. Oder im Falle, daß der Mann Arzt wäre und Notdienst hätte, würde beim Anruf eines Patienten seine Situation erfordern, zu dem Patienten zu eilen, während die Situation der Frau nach wie vor das Einkochen der Beeren erfordern könnte.

Freilich muß zugegeben werden, daß das Erfordernis der Situation nicht immer eine eindeutige Sprache spricht. Auch gibt es glücklicherweise freie Stunden, in denen nichts darauf wartet, erledigt zu werden; nur besteht das Erfordernis der Situation dann eben darin, sich so gut wie möglich zu erholen oder über Spiel und Spaß Beziehungen zu intensivieren, z. B. mit den Kindern, oder alte Vorlieben und Tätigkeiten wieder aufzufrischen, für die ansonsten die Zeit nicht reicht. Wir merken, das Erfordernis der Situation ist nicht identisch mit einem ständigen Pflichtenprogramm, es ist aber auch nicht identisch mit der Menge der Wünsche, die uns durch den Kopf gehen, sondern am ehesten noch zu identifizieren mit dem Logos-Begriff wie Viktor E. Frankl ihn gebraucht, um den Sinn der Situation zu umschreiben.

Zum Problemkreis „Wünsche in der Familie" zurückkehrend läßt sich nun auf Grund von zahlreichen Erfahrungen, die man in den letzten Jahrzehnten mit zerbrochenen Familien gesammelt hat, feststellen, daß die Absprachen und gemeinsamen Entscheidungen umso leichter zu treffen sind, als sich die Familienmitglieder *vorrangig* am jeweiligen Erfordernis der Situation orientieren, und *nachrangig* an den Wünschen. Sollte das Ehepaar aus unserem Beispiel vom Urlaub zurückgekommen beschließen, sich gemeinsam den Johannisbeeren zu widmen, um die Angelegenheit schnell zu einem guten Ende zu bringen, und danach Fotos und Besuch in Angriff zu nehmen, und zwar getrennt, was bedeutet, daß jeder dem anderen dessen Wunscherfüllung gönnt, ohne ihn in Hinblick auf die eigene unter Druck zu setzen, so wäre das die ideale Lösung. Sollte hingegen einer auf seiner Wunschbefriedigung bestehen, und der andere sich dem Erfordernis der Situation beugen, also etwa der Mann in der Dunkelkammer verschwinden, und die Frau sich ans Beerenpflücken machen, könnte bei beiden ein ungutes Gefühl zurückbleiben, ein schlechtes Gewissen, ein leiser Groll, eine Disharmonie. Sollte sich, um den Gedanken weiterzudenken, keiner nach dem Erfordernis der Situation richten, wird das Problem an Schärfe zunehmen. Dann steht nämlich bloß noch Wunsch gegen Wunsch, und jeder wird darum kämpfen, seinen Wunsch durchzusetzen oder wenigstens den Wunschinhalt des anderen herabzusetzen. Dann heißt es alsbald: „Wegen Deiner blöden Fotos sind uns die Beeren verdorben!" und „Wie käme ich dazu, einzukochen, wenn Du Dich bei Deinen Freundinnen herumtreibst!", kurzum, nicht nur das Obst verdirbt, auch die Freundschaft verdirbt.

Lernen wir daraus, was Wünsche in der Familie betrifft, folgendes:

1. Es geht nicht darum, was der Partner oder die Kinder von einem erwarten (erwünschen), sondern was das Leben von einem erwartet.
2. Es geht auch nicht darum, eigene Wünsche gegenüber dem Partner oder den Kindern durchzusetzen, sondern unbeirrt zu tun, was Sinn hat.
3. Eigene und fremde Wünsche dürfen nicht ignoriert werden, aber sie sind dann an der Reihe, wenn das Erfordernis der Situation es erlaubt.
4. Eine Verständigung über das jeweilige Erfordernis der Situa-

tion ist relativ leicht und bringt Gemeinsamkeiten zu Bewußtsein.
5. Eine Verständigung über den Vorzug von Wunschbefriedigungen in der Familie ist relativ schwierig und bringt Differenzen zu Bewußtsein.
6. Wunschbefriedigungen sollen nicht erstritten, sondern einander gegönnt werden, sofern sie nicht widersinnig sind.

Bei einer Eheberatung sagte einmal ein Klient zu mir: „Ich kann tun und lassen, was ich will, ich bekomme immer einen Vorwurf seitens meiner Frau." „Ja", antwortete ich ihm, „es sieht so aus, als ob Ihre Frau mit nichts zufrieden wäre, aber der Fehler liegt darin, daß Sie alles Mögliche unternehmen, um Ihre Frau zufriedenzustellen. Sie sollen nicht „tun und lassen, was Sie wollen", oder was Sie glauben, daß Ihre Frau will, sondern was Sinn hat. Achten Sie mehr darauf, was die Situation von Ihnen verlangt, und Sie werden unbeabsichtigt auch mehr und mehr in der Achtung Ihrer Frau steigen." Der Klient hielt sich an meinen Rat und rettete dadurch nicht nur seine Ehe, sondern gewann zunehmend an Festigkeit und Sicherheit in seiner Persönlichkeit.

Aufgaben in der Familie

Schauen wir noch einmal auf den Weg zurück, den wir bisher gegangen sind. Unser Ausgangspunkt war die spezifisch menschliche Dimension, die es dem Menschen ermöglicht, sich geistig mit allem und jedem auseinanderzusetzen, auch mit jedem Vorkommnis in der Familie, und selbständig zu entscheiden, mit welcher Haltung es getragen und mit welcher Handlung es erwidert wird. Wir plädierten dafür, daß diese Entscheidungen wirklich autonom und nicht etwa automatisch getroffen werden.

Ein weiterer Abschnitt des Weges führte uns zur dreifachen Konfrontation des Menschen mit seinen eigenen Wünschen, mit den Wünschen anderer und mit dem jeweiligen Erfordernis der

Situation. Wir plädierten dafür, dem Erfordernis der Situation eine Vorrangstellung einzuräumen gegenüber den beiden Kategorien von Wünschen, die dann nachrangig auf der Basis gegenseitigen Einverständnisses und Zugeständnisses zu ihrer Erfüllung gelangen mögen.

Der nächste Abschnitt des Weges führt uns jetzt zum Fragenkomplex um die Aufgaben in der Familie und ihre Verteilung. Wir nähern uns dem großen Antipoden der Freiheit, nämlich der Verantwortung des Menschen; denn wer eine Aufgabe übernimmt, übernimmt gleichzeitig die Verantwortung für das ihm „Aufgegebene". Nun zählt die Hingabe an eine Aufgabe zu den wesentlich lebenserhaltenden und kräftefördernden Faktoren im menschlichen Dasein. Kaum etwas anderes ist imstande, vergleichbare Energien zu wecken, als eine Aufgabe, die man bejaht. Ist doch altbekannt, daß sogar ein vom Tode gezeichneter Mensch noch eine verlängerte Frist für sich herausschlagen kann, wenn er mit der Vollendung einer selbstgesetzten Aufgabe ringt – die Kräfte werden ihn erst verlassen, wenn er sich seinem Ziele maximal angenähert hat. Jüngste Messungen aus der Raumfahrt haben bestätigend ergeben, daß bei den Astronauten die Abwehrkräfte ihres Immunsystems stets *nach* der Landung absinken, nicht vorher während des körperlichen und psychischen Stresses im Weltraum, nein, erst wenn das Werk vollbracht ist. Solange man im Banne einer Aufgabe steht, die man gutheißen kann, solange fließen einem Energien aus geheimen Reserven zu, von deren Existenz man sich normalerweise keine Vorstellung macht.

In diesem Zusammenhang sind zwei amerikanische Untersuchungen aus dem Jahr 1988 interessant. Der Psychologe Jaak Panksepp von der Bowling Green State University konnte im Labor nachweisen, daß die Übernahme von insbesondere sozialen Aufgaben sogenannte Endorphine – körpereigene Schmerzkiller und Stimmungsmacher – freisetzt, die bei den Betreffenden ein Gefühl der Ausgeglichenheit, Zufriedenheit und Hochstimmung erzeugen. Der Harvard-Cardiologe Herbert Benson fand ergänzend dazu heraus, daß Personen, die sich mitmenschlichen Aufgaben widmen, sich selbst und ihre eigenen

Sorgen dabei vermehrt vergessen, wodurch sie herabgesetzte Stoffwechselraten, verminderten Blutdruck, ruhigen Herzschlag und andere positive gesundheitliche Veränderungen erleben. Wortwörtlich schreibt er:[5] „Altruismus hat dieselben Wirkungen wie Yoga, Spiritualität und Meditation." Das sind ganz neue Gesichtspunkte in einer Gesellschaft, die lange Zeit Wohlstand und Hedonismus auf ihre Fahnen geschrieben hatte und sich damit nicht nur ein Übermaß an Herzinfarkten, sondern auch eine Flutwelle an seelischer Verdrossenheit eingehandelt hat.

Was aber berichten uns die beiden erwähnten Untersuchungsergebnisse zum Thema „Aufgaben in der Familie"? Zweifellos bietet die Familie die urtümlichste und evidenteste Gelegenheit zur Wahrnehmung von sozialen und mitmenschlichen Aufgaben, ein „Übungsfeld der heilsamen Selbstvergessenheit", könnte man sagen. Alles, was der Familie gilt, gilt ja einem „mehr als sich selbst", eben mehreren Personen, was die Persönlichkeitsentwicklung des einzelnen unweigerlich in eine altruistische Bahn lenkt. Natürlich kommt es auch vor, daß krasse Egoisten eine Familie gründen, doch entweder passen sie sich ein wenig an, oder die Familie leidet darunter und lockert ihren Zusammenhalt. Wie dem auch sei, die Familie ist seit Jahrtausenden im Prinzip der Ort, an dem sich Liebe in die Tat umsetzt, an dem gelebt wird, indem *für jemanden* gelebt wird, *für einander* gelebt wird, an dem das „mehr als sich selbst" täglich praktiziert wird. Dies wiederum baut den Menschen auf und erhält ihn bei Kräften, wie experimentell erwiesen ist.

Wir können sogar einen Abstecher in die Evolutionsgeschichte machen und die Geburtsstunde der Menschheit als die Zeit definieren, in der die vormenschlichen Wesen zu Liebesbeziehungen heranzureifen begannen, wobei unter dem Begriff „Liebesbeziehung" die Wertschätzung eines anderen um seiner selbst willen verstanden werden soll, die weder mit Sexualität und ihrem Ziel der Fortpflanzung, noch mit Sozietät und irgendwelchen Rudelinstinkten primär zu tun hat. Aus diesem Grunde sind Grabfunde – prähistorisch betrachtet – erste An-

---

[5] Aus „Psychologie heute", März 1989, Seite 23.

zeichen von menschlicher Kultur, ist doch das Begraben eines Toten üblicherweise ein Akt der Würdigung dessen, dem man in einer Liebesbeziehung nahegestanden ist. Tiere lieben nicht in vergleichbarem Sinne, und Tiere begraben nicht.

Es zählt also zum spezifisch Menschlichen, sich auf ein „mehr als sich selbst" auszurichten, und von daher steht auch jede geleistete Arbeit in einem wesentlich humaneren Bezugsrahmen, wenn sie einem „mehr als sich selbst" gilt. Damit will ich nicht sagen, daß alleinlebende Menschen etwa weniger gute Arbeit leisten würden als aktive Familienmitglieder. Im Gegenteil, oft knien sie sich erst recht in ihre Arbeit hinein und gehen ganz darin auf. Und doch hat die von ihnen geleistete Arbeit nicht selten den Beigeschmack von Einseitigkeit bis hin zur Flucht in die Betriebsamkeit – Flucht vor der Einsamkeit. Für Familienangehörige hingegen hat Arbeit einen ausbalancierteren Stellenwert: sie dient dem Arbeitsprodukt, das erzeugt werden soll, und sie dient gleichermaßen dem Wohlergehen der eigenen Familie, die von den Früchten der Arbeit profitiert. Oder anders formuliert: die Bedeutung der Familie für eine leistungsfähige Arbeitswelt liegt darin, daß sie ein zusätzliches fundamentales Motiv liefert, sich in der Arbeit zu engagieren und die tägliche Plagerei auf sich zu nehmen. Man tut's für die Sache und man tut's für sich und die Seinen. Man tut's für die Zukunft des Betriebes, in dem man arbeitet, und man tut's für die Zukunft der Töchter und Söhne, Neffen und Nichten, die einem anvertraut sind. Arbeit ist nicht mehr bloß Selbsterhaltung und auch nicht nur individueller Wirkungsbereich, sondern weitet sich aus zur Erfüllung einer sehr wichtigen Aufgabe in der Familie, indem sie deren wirtschaftliche Sicherung darstellt.

Leider sind wir heute geneigt, zwischen Familie und Arbeit ein Kollisionsfeld zu sehen, als handelte es sich um zwei Rivalen, die uns beide vereinnahmen möchten und in Konflikte stürzen. In Wirklichkeit ist dies eine völlig perverse Sicht, die sich erst mit der Auslagerung der Arbeit aus den bäuerlichen und handwerklichen Familiengemeinschaften etabliert hat. Früher war klar, daß Arbeit immer auch Arbeit für die Familie ist und von der Liebe zur Familie mitgetragen wird. Durch die scharfe

Trennung des Arbeitsplatzes vom häuslichen Herd änderten sich jedoch die Vorzeichen: Arbeit wurde zum Minus für das Familienleben, zum Von-daheim-abwesend-Sein, während die seit ca. 100 Jahren stetig zunehmende Freizeit zum Plus für das Familienleben avancierte, zum Daheim-anwesend-Sein. Dies trieb einen Keil zwischen Arbeit und Familie, der viel Kummer verursacht hat und wieder entfernt werden muß.

Behalten wir deshalb in Erinnerung, daß wir unsere Aufgaben in der Familie erfüllen können, ob wir anwesend oder abwesend sind, ob wir mit den Kindern im Sandkasten spielen oder am Arbeitsplatz eine Entscheidung von großer Tragweite treffen, ob wir die Fenster zu Hause putzen oder die Kunden im Geschäft bedienen. Was jeweils das gerade Sinnvolle ist, wird uns das Erfordernis der Situation schon einflüstern, aber was es auch sein mag, solange wir uns einer Familie zugehörig fühlen, wird es mit in ihrem Dienste stehen und unser Ja zu ihr repräsentieren. Auf dieser Basis mildert sich der Konflikt vieler Frauen zwischen Hausfrauendasein und Berufstätigkeit; wenn sich alles unter dem Horizont gegenseitiger Liebesbeziehungen abspielt, gerinnt alles über die mehr oder minder großen Eigenvorteile hinaus zum altruistischen Werk, von dem der Harvard-Cardiologe Herbert Benson herausfand, daß es dieselbe Wirkung auf den Menschen habe wie Yoga, Spiritualität und Meditation, nämlich körperlich und seelisch stabilisiere. Oder lassen wir noch einen anderen Fachmann zu Wort kommen, Albert Schweitzer, der speziell mit Blick auf wohlsituierte Personen in guten beruflichen Positionen gesagt hat:[6]

„Was du an Gesundheit, an Gaben, an Leistungsfähigkeit, an Erfolg, an schöner Kindheit, an harmonischen häuslichen Verhältnissen mehr empfangen hast als andere, darfst du nicht als selbstverständlich hinnehmen. Du mußt einen Preis dafür entrichten. Außergewöhnliche Hingabe von Leben an Leben mußt du leisten."

Nun, das Einbringen der Arbeit zum Wohle der Familie ist auch ein kleines Stück „Hingabe von Leben an Leben".

---

[6] Albert Schweitzer, „Ausgewählte Kostbarkeiten", SKV Edition Lahr (Schwarzwald).

Sinn der Familie

Halten wir ein letztes Mal inne, um den Weg unseres Gedankenganges zu betrachten. Wir hörten, daß es zum Person-Sein und Person-Bleiben in der Familie notwendig ist, sich die Autonomie des Handelns zu bewahren und sich vor Klischee-Hypothesen zu hüten. Wir lernten desweiteren, daß uns im eigentlichen nicht von unseren Mitmenschen, sondern von den einzelnen Lebenssituationen, in denen wir uns befinden, etwas abverlangt ist, wenn wir die optimalen Potenzen dieser Situationen nützen wollen. Und schließlich fanden wir Zugang zu der Idee, daß all unser Tun und Wirken einem „mehr als uns selbst" gewidmet sein muß, um wahrhaft „human" zu sein, wobei sich die Familie als intimstes mitmenschliches Bezugssystem und vorzügliches Übungsfeld heilsamer Selbstvergessenheit an erster Stelle dafür anbietet. Die letzten beiden Gedankenschritte können in folgendem Kernsatz zusammengefaßt werden: „Du mußt nicht immer tun, was deine Angehörigen von dir wollen, aber *was* du tust, solltest du auch *deinen Angehörigen zuliebe* wollen."

Fragen wir uns jetzt, wo unser Weg, wenn wir ihn weitergehen, hinführt, fragen wir nach dem Sinn der Familie. Um diesen Sinn am konkreten Beispiel aufleuchten zu lassen, möchte ich kurz aus den Erfahrungen der Sozialdienste in deutschen Krankenhäusern berichten. Was sich dort ansammelt und ballt, ist die verzweifelte Not einer Gesellschaft, in der 2/3 aller Familien beschädigt sind. Plötzlich, mitten aus dem Leben gerissen, steht eine schwere Operation an. Der Patient ist bettlägrig, nicht mehr arbeitsfähig, pflegebedürftig. Keiner will ihn, keiner kann ihn brauchen, keiner ist da, um nach ihm zu sehen. Wohin mit den Kranken, wohin mit den Alten, wohin mit den vielen Siechen, deren Leben dank einer hochtechnisierten Medizin künstlich verlängert worden ist, die aber den Gesunden zur Last fallen und von ihnen hin- und hergeschoben werden? „Behalten Sie doch unsere Mutter noch im Krankenhaus", wird gefleht, „zu Hause kann sie niemand versorgen." Die Jagd nach einem Platz im Altenheim, nach einem Bett im Pflegeheim, nach einer

Aufnahme ins Hospiz beginnt – der Weg zum Friedhof ist arg lang geworden.

Wer den Verdacht haben sollte, daß dies ein Problem der Unterschicht oder allenfalls der unteren Mittelschicht sei, irrt sich gewaltig. Geld ist vorhanden, aber Zuwendung ist nicht vorhanden. Man hat eine mit Antiquitäten möblierte Villa zu Hause, aber keinen, der dem Vater nach der Operation das Essen einlöffelt und ihm die Urinflasche bringt. Was die Mutter, der Vater, die Tante oder der Onkel einst geleistet haben, die Schwierigkeiten, die sie gemeistert haben, das alles ist wie hinweggefegt, sobald ihre Kraft nachläßt; andere raffen an sich, was davon übrig ist, und zurück bleibt der Mensch in seiner nackten Existenz, allein, verlassen, zum Abtreten überfällig. Hier ist ein Ausschnitt aus einem Patientenbericht von Michaela Braun, Sozialdienst der Stadt München im Krankenhaus:

„... und wieder geht das Telefon. Die aufgeregte Ehefrau eines alten Patienten ist dran. Sie vergißt, sich zu melden und fängt gleich an, die Gründe aufzuzählen, weshalb sie ihren Mann nicht nach Hause nehmen kann, und erklärt, daß ein Heim auch nicht in Frage kommt, das wäre viel zu teuer, und überhaupt wisse sie nicht, wie es weitergehen soll. Was ‚Soziales‘ habe sie noch nie gebraucht, und ihre Sachen immer bezahlt, aber jetzt ... stirbt der nicht sowieso bald?
Nun – irgendwann muß sie Luft schöpfen, und ich habe mir inzwischen auch zusammengereimt, daß es die Ehefrau vom alten Herrn X ist, der seit ein paar Tagen mit Zustand nach Schlaganfall in der Inneren Abteilung liegt. Schon vorher konnte er nicht mehr gut gehen, und auch mit den geistigen Fähigkeiten war es nicht mehr so gut bestellt.
Ganz ruhig frage ich in die Atempause hinein, ob die Anruferin Frau X wäre? – ‚Natürlich, wer denn sonst?‘ tönt es leicht empört. Mit freundlicher Gelassenheit in der Stimme versuche ich ihr nun deutlich zu machen, daß ich ihre Betroffenheit, ihre Sorge verstehen kann: auch, daß ich ihr bei all den Problemen, die jetzt auf sie zukommen, helfen will, und daß sie deshalb zu einem Gespräch zu mir kommen möge. Vielleicht wären ja auch Kinder da, die ihr beistehen könnten. Ein wenig ruhiger geworden greift sie den Vorschlag auf. Natürlich, doch die Kinder sind berufstätig ..."

Ich habe diese wenigen Sätze zitiert, weil ich denke, daß solche Berichte den Sinn der Familie besser veranschaulichen als noch so plausible Argumente. Familie ist, von ihrem Ur-Sinn her,

Geborgenheit. Bedingungslose Geborgenheit, solange sie intakt ist. Familie ist Schutz für Leben und Schutz für menschenwürdiges Sterben. Familie ist Nachsicht gegenüber der Jugend und Rücksicht gegenüber dem Alter. Familie ist das Wissen, einen unverlierbaren Platz auf dieser Welt zu haben, an dem man immer willkommen ist, sei man Bettler oder Millionär. Mit Geld und Macht ist zwar vieles erkaufbar und erzwingbar, aber existentielle Geborgenheit gehört nicht dazu.

Hier endet also unser Weg, der in der Freiheit beginnt, der sich an den Erfordernissen der jeweiligen Situationen orientiert, der geleitet wird von einem altruistischen Stern, in dessen Glanz sich Hingabe von Leben an Leben spiegelt, er endet in der existentiellen Geborgenheit. Es ist der Weg von Personen, die gleich wohl den Sinn der Familie zutiefst erkannt haben und deshalb ohne Angst und Bangen und ohne innere Verkrampfung und Zerfleischung ihren beruflichen Tätigkeiten nachgehen können in der beruhigenden Sicherheit, daß sie irgendwo „daheim" sind, wo nicht ihre Erfolge zählen, ihre geschäftlichen Triumphe und ihre Bankkonten, sondern – sie selber.

Freilich, eine absolute Sicherheit gibt es auf Erden nicht, doch wenn wir nach einem Zukunftsfaktor fragen, der der Persönlichkeit des Menschen entspringt und dessen Zukunft mitbestimmen wird, dann ist es eben diese Fähigkeit und Bereitschaft des Menschen, *Sinn über Gewinn zu stellen*, notfalls auch den Sinn der Familie über den Gewinn der Arbeit. Wer diese Fähigkeit und Bereitschaft bei sich entwickelt, wird eine Zukunft mitgestalten, die es wert ist, erlebt zu werden, weil sie an menschlichen Gewinnen mehr ausschüttet, als sie an sonstigen Gewinnen jemals wegnehmen könnte.

TEIL C

SINN-VOLL HEILEN

Viktor E. Frankls Logotherapie – Seelenheilkunde auf neuen Wegen

Überleben – wozu?[1]

Antworten auf Schicksalsfragen

Vor ca. 3,5 Milliarden Jahren fiel auf Erden die Entscheidung für zwei verschiedene Lebensprinzipien, eine Entscheidung, die heute noch verbindlich ist. Damals nämlich entstanden unter den ersten Lebenskeimen sowohl Zellen, die den chemischen Stoff Porphyrin eingelagert hatten, als auch Zellen ohne Porphyrin. Ob dies nun Zufall war oder nicht, jedenfalls entschied der Besitz von Porphyrin über die Fähigkeit der Zelle, ihre lebensnotwendige Energie aus anorganischem Material mit Hilfe des Sonnenlichts aufbauen zu können, oder darauf angewiesen zu sein, vorhandene organische Substanzen zu ihrer Nahrung zu machen. Die Zellen *mit* Porphyrin waren dabei die bevorteilten, sie brauchten zum Leben nur anorganisches Material und Sonnenlicht, das es auch damals schon in Hülle und Fülle gab. Aus ihnen gingen die Chloroplasten hervor, die bis auf den heutigen Tag die Aufgabe der Photosynthese in der lebendigen Pflanzenzelle wahrnehmen und die Pflanzen dadurch unabhängig machen von der Erbeutung und Tötung anderer Lebewesen. Es ist das „friedliche" Lebensprinzip, das auf unserer Erde existiert: die Pflanzenwelt.

Im Unterschied dazu trugen die Zellen, denen der chemische Stoff Porphyrin fehlte, vom Augenblick ihrer Entstehung an den Zwang zur Vernichtung in sich. Unfähig, die Energie des Sonnenlichts für ihren Stoffwechsel zu verwerten, konnten sie immer nur überleben auf Kosten fremden Lebens, welches sie als Nahrung in sich aufnahmen, um Energie daraus zu beziehen. Alle Tiere und Menschen, die aus diesem Zellmaterial hervor-

---

[1] Vortrag, gehalten auf dem 3. Weltkongreß für Logotherapie (Universität Regensburg 1983) und erstmals veröffentlicht im Buch „Sinn-voll heilen", Verlag Herder, Freiburg 1984.

gegangen sind, unterliegen seither unausweichlich demselben „aggressiven" Lebensprinzip: sie müssen sich organisches Material einverleiben, um nicht zu verhungern, und dazu müssen sie organisches Material – sprich Lebewesen – jagen, züchten, töten.

Wollten wir mit der uns zur Verfügung stehenden Vernunft über die beiden verschiedenen Lebensprinzipien urteilen, würden wir zweifellos zu dem Schluß gelangen, daß das „aggressive" Lebensprinzip nicht nur das biologisch ungünstigere, sondern auch das ethisch minderwertigere von beiden darstellt; ist es doch einerseits ewig abhängig von der Existenz einer geeigneten lebenden Umwelt, die es andererseits unaufhörlich bedrohen und zerstören muß. Und doch hat die Natur in ihrer unergründlichen Weisheit einen anderen Ratschluß gefällt. Sie hat das „aggressive" Lebensprinzip offenbar mehr gefördert als das „friedliche", hat es ausgestattet mit Sinnesorganen, mit den Vorstufen des Bewußtseins, und ihm schließlich Anteil geschenkt an einer *geistigen Dimension*.

Zwar lastet immer noch der Zwang zur Vernichtung auf uns Menschen, denn selbst die strengsten Vegetarier kommen nicht darum herum, organisches Material zum Zwecke des eigenen Weiterlebens aufzuessen, aber mit der geistigen Dimension hat sich zugleich eine neue Perspektive geöffnet. Geist kann Aggressionen steuern, mildern, in tragbare Bahnen lenken, ja sogar ihr entgegenwirken, Geist kann den Zwang zur Vernichtung verbinden mit dem Willen zu bewahren und weiterzuentwikkeln, Geist kann das destruktive Erbe seiner Zellgrundlagen relativieren durch die schöpferische Konstruktivität seiner Schaffenskraft. Vielleicht ist es doch nicht so verwunderlich, daß gerade das „aggressive" und nicht das „friedliche" Lebensprinzip die Chance zur geistigen Aggressivitätskontrolle in die Hand gedrückt bekam ..., vielleicht wird darin ein winziger Ausschnitt jenes geheimnisvollen Zieles deutlich, dem die Evolution unbeirrbar zustrebt; scheint doch alles Negative irgendwie und irgendwo letztlich aufhebbar zu sein.

Ich gebe zu, daß es ein ungewöhnlicher Aspekt ist, die geistige Dimension des Menschen als Kontraposition eines erbbiologischen Vernichtungsprinzips zu betrachten. Sind wir doch von jeher geneigt, Geistiges mit der idealisierten Vorstellung von Erkenntnis, Erleuchtung und Verklärung zu verbinden. Dennoch spricht vieles dafür, daß die geistige Ebene des Menschseins keineswegs immer harmoniert mit den anderen Daseinsebenen im Menschen, sondern durchaus wiederholt im Widerstreit steht mit körperlichen oder seelischen Gegebenheiten, also eben eine Kontraposition einnimmt. Geist ist etwas, das „nein" in uns ruft, wenn wir „ja" möchten, und „ja" sagt, wenn wir „nein" wollen, etwas, das uns hemmt, wenn wir blindlings voranstürzen, und antreibt, wenn wir emotional zögern, etwas, das uns die Ruhe nimmt, wenn wir irren, und das uns stark macht, wenn wir schwach zu werden drohen.

Da steht also auf der einen Seite das „aggressive" Lebensprinzip in uns, dem wir zugehören, und das von seinen genetischen Wurzeln her zwangsläufig brutal und egoistisch orientiert ist. Man hat lange Zeit geglaubt, daß die Tiere, wenigstens ihren Artgenossen gegenüber, weitaus toleranter seien als der Mensch, und daß sie einander nie überflüssigerweise verletzen. Doch nach neueren Untersuchungen ist man mit diesen Behauptungen vorsichtiger geworden. Nicht nur verlaufen die üblichen Kämpfe um Geschlechtspartner, Territorium und Futter in der Tierwelt oft mit ungewöhnlicher Grausamkeit, bei 1300 Tierarten wurde zudem ein reger Kannibalismus festgestellt. So werden 3/4 aller Kräheneier und geschlüpften Küken von den Schnäbeln erwachsener Krähen zerhackt, oder es gibt lebend gebärende Salamander, deren Jungen noch im Mutterleib die eigenen Geschwister zerbeißen und verspeisen. Perfektes Sinnbild des uralten Vernichtungsprinzipes sind Fische der Gattung Stizostedion, die ihre Artgenossen vom Schwanz her schlucken; man hat Ketten von 4 solchen Fischen beobachtet, die gleichzeitig fraßen und gefressen wurden. Wir Menschen sollten uns darüber nicht lustig machen, denn auf unsere Weise haben wir noch längere Ketten ähnlichen Irrsinns in unserer Gesellschaft geschaffen. Der Kampf um Beute und um Land, und die Rivalität mit den Artgenossen ist ja in jeder einzelnen unserer Körperzellen seit undenklichen Zeiten vorgeprägt.

Auf der anderen Seite aber steht jenes seltsame Geschenk der Natur, das es, am Alter der Erde gemessen, erst seit wenigen Augenblicken gibt: der menschliche Geist. Und das Geistige hat seine eigene Gesetzlichkeit, wie wir erst langsam anfangen zu verstehen, nicht zuletzt mit Hilfe der Forschungsergebnisse der Logotherapie. Geist orientiert sich nämlich keineswegs an brutalen, eogistischen Motiven und benötigt auch weder anorganisches noch organisches Material, weder Sonne noch Boden als Energiequelle, sondern einen Stoff ganz anderer Art: *Geist braucht Sinn.* Und da die Sinnfülle des Seins unermeßlich ist, ist das Geistige grenzenlos; zwar in der Form, wie wir es kennen, immer noch an biologische Grundlagen gekettet, und dennoch seinem Wesen nach frei; das 3,5 Milliarden Jahre alte „aggressive" Lebensprinzip mündete ein in ein zeitloses Sinnprinzip.

Wenn wir diese Erkenntnisse hineinnehmen in den praktischen Alltag der Psychotherapie, dann finden wir die Spuren von beidem auf Schritt und Tritt. Jeder seelischen Erkrankung haftet ein Hauch von naturbedingter Vernichtung an: das Schwache, das Lebensunfähige soll im Konkurrenzkampf gnadenlos aussortiert werden. Beobachtet man die Verhaltensweisen emotional labiler oder kranker Menschen, muß man zugeben, daß sie oftmals ausgerechnet dasjenige tun, was ihnen schadet; wie von einem unbegreiflichen Zwang getrieben machen sie sich selbst unglücklich. Es ist für den Berater, Arzt oder Therapeuten bitter, mitanzusehen, wieviel unnötiges Leid sich Patienten aufladen, die ein problemloses Durchschnittsleben führen könnten, wenn sie nur ein wenig gefestigter und gelassener wären. Andererseits wird man in den genannten Berufen auch des Gegenteils ansichtig: Menschen, vom Schicksal hart angefaßt, mit unverschuldeter Not belastet, wachsen geistig über ihr Schicksal hinaus und erbringen bewundernswerte Leistungen, die mit ihrer Schwäche in keinerlei Einklang stehen. Sie sehen einen Sinn in ihrem Leben, und um diesen Sinn zu erfüllen, trotzen sie sich Kräfte ab, die ihnen von ihren Lebensumständen her eigentlich gar nicht mehr zustehen.

Man sagt der Logotherapie nach, daß sie die erste psychologische Richtung sei, die geistige Phänomene in ihr Humankonzept miteinbeziehe, aber ich glaube, daß dies eine große Untertreibung ist. Die Logotherapie bezieht nicht nur geistige Phänomene mitein, ihr gehört das uneingeschränkte Verdienst, die *Kontraposition* des menschlichen Geistes entdeckt zu haben,[2] und damit die Chance, Vernichtungskräfte wieder aufzuheben. Wie die Natur vom „aggressiven" Lebensprinzip zum geistigen Sinnprinzip vorgestoßen ist, so kann auch der einzelne psychisch Kranke, der sich mit seinen Ängsten und Kontaktproblemen, Minderwertigkeitsgefühlen oder Depressionen selber schadet, zum geistigen Triumph über seine Unzulänglichkeiten vorstoßen, indem er das Negative in sich selbst umwandelt in etwas Positives. Das „sogenannte Böse" *ist* in der Welt und in den Herzen von uns allen, aber seit der Mensch anfing zu denken, ist auch das „sogenannte Gute" denkbar geworden: es konstituiert sich im Ringen um Sinn, das stets zugleich ein Ringen mit sich selbst bedeutet.

Ich habe längere Zeit hindurch eine Patientin betreut, die an einer schrecklichen und ganz unbegründeten Krebsangst litt. Mehrmals während des Tages untersuchte sie ihren Körper aufs Genaueste nach irgendwelchen Anzeichen von Krebs, und vor lauter Abtasten und Nachschauen kam sie zu sonst nichts mehr in ihrem Leben, die Krebsangst beherrschte sie völlig. Nun war diese Patientin sehr religiös, aber durch ihre Krankheit hatte sie zu beten verlernt, was ihr wiederum große Gewissenskonflikte bereitete mit dem Hintergedanken, der Herrgott werde sie für ihr Stummsein erst recht mit Krebs bestrafen. Nachdem sie mir dies erzählt hatte und zugleich erwähnte, daß sie morgens vor lauter Angst vor dem Tag kaum aus dem Bette komme, machte ich ihr einen für sie unerwarteten Vorschlag. Ich empfahl ihr, jeden Tag nach dem Aufwachen ein kurzes Morgengebet zu sprechen, das da lautet: „Lieber Gott, ich danke dir, daß ich gesund bin!" Von subjektiver Krebsangst geschüttelt sollte sie dafür danken, daß sie objektiv von Krebs frei war. Und was berichtete die Patientin daraufhin? Sie könne seither problemlos aufste-

---

[2] Allerdings hat bereits Max Scheler den Menschen als den „Neinsager" definiert (vgl. „Philosophische Weltanschauung", Bern 1985, Seite 124).

hen und den Tag mit Schwung beginnen. *Das* ist die Kontraposition des menschlichen Geistes: das irrationale Gefühl, krank zu sein, konnte beantwortet werden mit dem dankbaren Wissen, gesund zu sein; die Angst als Schicksal konnte gemildert werden im Vertrauen zu einem höheren Sinn. Selbstverständlich war dies nur ein winziger Baustein im Genesungsprozeß der Frau, der jedoch veranschaulichen mag, welche Wege die Logotherapie einschlägt.

Ein anderes Mal lernte die besagte Frau, ihre Krebsangst auszulachen. Sie stand vor dem Spiegel, betrachtete ihren Körper und sagte sich anleitungsgemäß vor: „Was, *einen* Krebs soll ich haben? Das reicht doch überhaupt nicht! Bei meiner Vorliebe für diese Krankheit müssen es schon mindestens 10 Krebse sein, um mich zufriedenzustellen, einer allein ist mir viel zu langweilig!" Über diesen Unsinn mußte sie selber lachen, und damit war der Zwang gebrochen. Je öfter sie solchermaßen ihre Furcht austricksen konnte, desto weniger Macht hatte die Furcht über sie, und desto seltener quälte sie sie.

Es kam die Zeit, da die Neurose im Abklingen war und es darum ging, die Rückkehr der Patientin ins normale, gesunde Leben zu fördern. Dazu aber mußte der Spiegel, in dem die Frau sich und ihren Körper seit vielen Jahren ängstlich zu betrachten pflegte, (symbolisch gemeint) durchsichtig und immer durchsichtiger werden, bis er sich in ein Fensterglas verwandeln würde, das den Blick auf die Außenwelt freigibt. Nur wer davon ablassen kann, sich ständig selbst zu bespiegeln und zu beobachten, und wer außer seinem Selbst auch noch andere sinnvolle Inhalte des Lebens im Blickfeld hat, der ist geheilt; wer hingegen weiterhin vorwiegend über sich und seine kleinen oder großen Probleme nachgrübelt, der ist so gefährdet wie zuvor, denn der Rückfall in die Neurose hängt am Ich und seiner Gewichtung.

Bevor die Therapie erfolgreich abgeschlossen wurde, drehten sich deshalb unsere Gespräche schon lange nicht mehr um Krankheit, Krebs und Ängstlichkeit. Wir sprachen über Freundschaft, über Ausflüge und Kunstphotographien, über Geschenke und Strickmuster, über das Erlernen von Fremdsprachen und über Flugreisen. Die Mimik der Frau entkrampfte sich, ihre Bewegungen wurden gelöster, ihre Augen begannen wieder zu lächeln. Sie fand neue Zielvorstellungen und gewann zunehmend neue Interessen. Eine therapieunterstützende Gymnastik verhalf ihr außerdem zu einer positiven Beziehung zu ihrem Körper. Eines Tages nach Ende der Therapie vertraute sie mir noch ein kleines Geschehnis an: und zwar sei ihr vor einiger Zeit häufig der Gedanke eingefallen, sie könne Darmverschluß bekommen, wenn sie gewisse Speisen verzehre. Daraufhin habe sie zu sich selbst gesagt: „Moment mal, die Zwangsneurose will sich jetzt auf meinen Darm konzentrieren, nachdem ihr Schauermärchen vom Krebs nicht mehr zieht, dem werde ich aber gleich einen Riegel vorschieben!", wonach sie zum Trotz all das gegessen habe, was ihr gefährlich scheinen wollte – nun, die Angst vor Darmverschluß habe sich nie wieder blicken lassen. Man wird sich vorstellen können, wie sehr ich mich gemeinsam mit der Patientin darüber freute, denn gegen eine solche „Trotzmacht des Geistes"[3] kommt kein Symptom und auch kein Ersatzsymptom auf, sie ist eine absolute Stabilitätsgarantie.

Ich habe diese Krankengeschichte kurz gestreift, um an Hand von ihr die zweifache Erkenntnis der Logotherapie zu demonstrieren, welche besagt, daß zum einen geistige Kräfte im Menschen existieren, die zum anderen in Kontrapositionen stehen können zu allen übrigen psychischen und somatischen Kräften des Menschen. Es ist ein metaphysisches Geheimnis, wie Körper, Geist und Seele eine Einheit bilden, und dennoch der Geist sich von jener Einheit distanzieren und über jene Einheit hinaus-agieren kann, wenn es nottut. Bei fast jeder Krankheit korrespondieren organischer Befund und gefühlsmäßiges Befinden miteinander: ist der Körper krank, sinkt die psychische Stimmungslage ab, ist die Psyche krank, spielt der Körper ebenfalls mit und produziert alle möglichen Symptome. Die geistigen Kräfte im Menschen jedoch müssen sich einer Krankheit nicht beugen, sie vermögen zu widersprechen. Sowohl die *Fähigkeit*

---

[3] Vgl. dazu das Kapitel „Von der Trotzmacht des Geistes" in: Viktor E. Frankl, „Psychotherapie für den Laien", Verlag Herder, Freiburg, 13. Auflage 1989.

zur Selbstdistanzierung als auch die *Fähigkeit zur Selbsttranszendenz*[4], beides geistige Potentiale, die erst von der Logotherapie entdeckt wurden, sind im Grunde Widerspruchskräfte, denn sie können den Stimmungen, Affekten, Verwirrungen und Schwächen ihres Trägers trotzen.

Als die Patientin mit der Krebsangst ihre permanente Furcht ironisierte, indem sie sich justament 10 Krebse statt einem wünschte, sprengte sie den neurotischen Krankheitsprozeß mittels geistiger Kraft. Als sie ungeachtet ihres Handikaps Englischvokabeln büffelte und Reisepläne schmiedete und dabei ihre Zwänge weitgehend ignorierte, gab sie ihrer Krankheit geistige Opposition. Die Techniken der „Paradoxen Intention" und der „Dereflexion"[5], um die es sich dabei handelte, und die beide nichts anderes sind als Fruchtbarmachungen der geistigen Widerstandskraft zu Heilungszwecken, würden niemals funktionieren und solch erstaunliche Erfolge erzielen, wenn nicht von vornherein die grundsätzliche Möglichkeit des „kontraponierens" in dem verschlüsselt wäre, was wir Geistiges nennen.

Nun, ich sprach von einer zweifachen Erkenntnis der Logotherapie, aber genaugenommen müßte noch eine dritte angefügt werden, die vielleicht ihre wichtigste ist. All diese Kräfte und Fähigkeiten nämlich, die der geistigen Dimension des Menschen entspringen und sowohl dem erbbiologischen Vernichtungsprinzip als auch individuellen Krankheitsprozessen entgegenwirken können, sind nicht bedingungslos verfügbar. Ich erwähnte bereits, daß auch sie einer Energiequelle bedürfen, und das ist die Wahrnehmung von Sinn. Es gibt ein altes Sprichwort, das lautet: „Man kann, wenn man will", aber so einfach ist es eben nicht, was jeder Arzt, Psychologe oder Psychiater bestätigen wird. Der Wille allein genügt nicht. Das Sprichwort ließe sich allerdings umformulieren in eine einfache Formel, die der Wahrheit schon wesentlich näher käme, und die da lautet: „Man kann, wenn man weiß, warum man (im eigenen Auftrag) soll."

---

[4] Vgl. dazu die Einleitung in: Viktor E. Frankl, „Die Psychotherapie in der Praxis", Verlag Piper, München, 5. Auflage 1986.
[5] Ebenda.

Das heißt, nur wenn hinter dem Willen ein Wozu steht, wenn es sich also wahrhaftig um einen „Willen zum Sinn"[6] handelt, der einem Ziel zustrebt, das einem persönlich so wichtig und wertvoll ist, daß man es in eigenem Auftrag unbedingt erreichen möchte, dann sprudelt die Energiequelle der geistigen Potentialität, die manches Nicht-Können oder Nicht-zu-können-Glauben doch noch überwindet.

Es gibt zahlreiche Beispiele unterschiedlichster Art, die immer wieder beweisen, wessen der Mensch, und zwar auch der kranke, alte oder behinderte Mensch, fähig ist, wenn er nur einen solchen Inhalt vor Augen hat, der seinem Kräfteeinsatz Sinn gibt. Die Beispiele reichen von Müttern, die Kleinkinder zu Hause haben und einfach nicht krank werden, wenn sie nicht ausfallen dürfen, bis hin zu Kriminellen, die aus Liebe zu einem Menschen ihre gesamte Vergangenheit abstreifen können, sie umfassen blinde oder taube Menschen, die ihrer Organschwäche zum Trotz großartige Werke vollbringen, und gipfeln in Sterbenden, die, um ein bestimmtes Datum oder Ereignis noch zu erleben, ihren eigenen Tod hinauszuschieben vermögen. Wie einseitig erscheint in Anbetracht dessen die herkömmliche Psychosomatikforschung, die sich unablässig bemüht, zu eruieren, wie groß jeweils der psychische Anteil an einer körperlichen Krankheit ist, und die bis heute nicht auf die Idee kam, zu überprüfen, wie hoch eigentlich der geistige Anteil an der Gesundheit eines Menschen ist! Nur dank der Forschungsergebnisse der Logotherapie können wir zumindest erahnen, welch immense und vielfach ungenützte Möglichkeiten für die Gesunderhaltung eines ganzen Volkes darin liegen, daß Weichen zur persönlichen Sinnorientierung des einzelnen gestellt werden oder zumindest nicht blockiert werden, wie dies in den hochindustrialisierten Ländern leider oft geschieht. Ganze Bibliotheken wurden über den negativen Einfluß gestörter Emotionalität auf den Organismus geschrieben, wo aber sind die Lexika, in denen nachzuschlagen wäre, welch positiven Einfluß geistige Willenskraft und innere Sinnerfüllung auf Leib und Psyche ausüben

---

[6] Viktor E. Frankl, „Der Wille zum Sinn", Verlag Huber, Bern, 3. Auflage 1982.

können? Die seelische *Auslösung* von Krankheiten haben wir zur Genüge kennengelernt, jetzt wird es langsam Zeit, daß auch die seelische *Verhütung* von Krankheiten ins Zentrum der wissenschaftlichen Aufmerksamkeit rückt.[7]

Einen Fall, bei dem beides eine gewisse Rolle gespielt hat, möchte ich im folgenden schildern.

Eine Ärztin, die ihr Leben lang im Spitalsdienst tätig gewesen war, kam zu mir wegen andauernder Depressionen. Vor zwei Jahren war sie an ernsthaften Nieren- und Magenbeschwerden erkrankt, hatte lange daran herumlaboriert und sich schließlich einer schweren Operation unterziehen müssen, die wohl auf Leben und Tod gegangen war. Nach der Operation hatte man ihr gekündigt und sie in Frührente geschickt, seither bekam sie laufend Stimmungsaufheller verschrieben, wurde aber dennoch immer deprimierter und lustloser. Ihr Lebenswille flackerte und drohte zu verlöschen.

Ich habe nur ein einziges logotherapeutisches Gespräch mit ihr geführt und dabei eine kopernikanische Wandlung in ihrem Gemüt erzielen können, die selbst mich überraschte, weil sie sich nicht nur psychisch, sondern auch körperlich positiv auswirkte: nicht nur sind heute die Schatten der Depression gebannt, nein, der Ärztin geht es auch gesundheitlich so gut wie schon lange nicht. Da ich das damalige logotherapeutische Gespräch zufällig auf Tonband aufgenommen habe – selbstverständlich mit Einverständnis der Patientin –, so kann ich einen Ausschnitt davon wortwörtlich wiedergeben, der, wie ich meine, sehr deutlich zeigt, daß allein schon das Aufleuchtenlassen einer Sinnmöglichkeit geistige Kräfte in Bewegung setzt, die zuvor brachgelegen sind. Kräfte, die eben Widerstandskräfte sind gegen Resignation und Verzweiflung und daher gegen Krankheitsanfälligkeit vielfältiger Art immunisieren.

---

[7] Viktor E. Frankl, „Theorie und Therapie der Neurosen", Reinhardt Verlag München, 6. Auflage 1987, Seite 84.

Hier also ein Teil unseres Dialoges:

Sie: Daß mir wegen Krankheit gekündigt worden ist, hat mich tief getroffen.
Ich: Waren Sie gerne im Spitalsdienst tätig?
Sie: Eigentlich nicht, aber ich hätte nie von mir aus gekündigt.
Ich: Warum nicht, wenn Sie doch gar nicht so gerne dort tätig waren?
Sie: Ach wissen Sie, ich versuche immer, alles so gut wie möglich zu machen, ich gebe nicht so schnell auf, egal, wo ich stehe ...
Ich: Aber gäbe es nicht vielleicht einen Platz, an dem Sie lieber gestanden wären, als auf dem Platz einer Spitalsärztin?
Sie: Doch, ich glaube schon. Es hat mich oft gestört, daß ich nie genug Zeit für die Kranken hatte, alles mußte ständig schnell gehen, man ist von Bett zu Bett geeilt – Untersuchungen, Spritze geben, Verband lösen, Fieberkurve kontrollieren, und dann wieder zum Nächsten, alles wie am Fließband ...
Ich: Wenn Sie sagen, Sie hätten von sich aus nie gekündigt, wie hätte das Schicksal Sie dann vom Spitalsdienst loseisen können, um Ihnen jemals in Ihrem Leben die Gelegenheit zuzuspielen, eine für Sie passendere, eine geliebtere Aufgabe zu übernehmen?
Sie: (sehr nachdenklich) Sie meinen, nur über meine Krankheit und die daraufhin erfolgte Kündigung konnte ich von einem ungeliebten Dienst befreit werden, um für etwas anderes frei zu sein ...? Daran habe ich noch nie gedacht ..., aber näher betrachtet stimmt es.
Ich: Sagen Sie, als Sie schwer krank waren und sogar auf der Intensivstation lagen, als Sie so zwischen Leben und Tod schwebten, da kam es doch, wie Sie als Ärztin wohl wissen, sehr viel auf Ihre innere Einstellung an. Hatten Sie damals den Wunsch zu leben, wollten Sie überleben?
Sie: Ja. Möglicherweise nicht klar bewußt, aber ich wollte überleben.
Ich: Wenn Sie überleben wollten, dann wollten Sie *für etwas* überleben. Bitte versuchen Sie sich zu erinnern, was war das,

wofür Sie überleben wollten? Woran haben Sie damals in jenen kritischen Stunden gedacht?

Sie: Ich glaube, ich habe daran gedacht, wie schade es doch wäre, wenn ich jetzt stürbe, denn ich hätte sozusagen mein Bestes noch gar nicht erbracht, das Beste noch gar nicht gegeben, das in mir steckt ...

Ich: Und jetzt? Ihr Wunsch ist in Erfüllung gegangen. Sie haben überlebt. Sie sind vom Spitalsdienst befreit. Sie besitzen jetzt auch das, was Sie als Spitalsärztin niemals für Ihre Patienten hatten: Zeit. Da ist also das Geschenk, lebendig zu sein, und das Geschenk, Zeit zu haben, und da ist Ihr tiefes, inneres Bedürfnis, das Beste zu entfalten, dessen Sie fähig sind, bevor es zu spät ist –

Sie: Merkwürdig, wenn ich Ihnen zuhöre, kommt mir fast vor, als hätte ich jetzt eine ungeheure Chance, ja, als hätte alles genauso kommen müssen, bloß damit sich mir diese Chance auftut, und dabei hatte ich schon gar keine Lust mehr zu leben!

Ich: Ihre starke geistige Widerstandskraft, die Sie gegen Ihre schwere Krankheit aufgebracht haben, Ihr Wille zu überleben, würde sich dies alles denn gelohnt haben für eine verlängerte Lebensspanne, die mit nichts gefüllt und lustlos verbracht wird?

Sie: Um Himmels willen nein, wie konnte ich so blind sein! Gewiß ist mir das Leben zurückgeschenkt worden, damit ich etwas Sinnvolles damit anfange. Und ich weiß auch, was ich gerne machen würde: ich würde gerne leidende, einsame Menschen trösten, ich würde gerne tun, wofür die Ärzte normalerweise keine Zeit haben, nämlich am Bett der Kranken sitzen und mit ihnen sprechen, ihre Sorgen teilen, ihnen das Gefühl geben, daß jemand bei ihnen ist, daß sie nicht allein sind.

Ich: Meinen Sie, daß Sie als Ärztin ein Einsatzgebiet finden könnten, wo sich diese Aufgabe erfüllen läßt?

Sie: Ja, das ist schon möglich. Ich bin nicht auf Geld angewiesen, ich darf gar nicht viel zu meiner Frührente dazuverdienen. Ich werde mich in Sanatorien oder Pflegeeinrichtungen umhören, sicher hat man irgendwo Verwendung für mich, und ich könnte so manchen fremden Schmerz noch lindern helfen ...

Als die Ärztin mich verließ, war sie, wie gesagt, voller Energie und Zuversicht und ist, wie sie mir Monate später mitteilte, an ihrer neuen Aufgabe gesundet.
Wollten wir diese Krankengeschichte in der üblichen Weise wissenschaftlich aufbereiten, müßten wir in Hinblick auf psychosomatische und somatopsychische Zusammenhänge folgendes feststellen: Ob die frühere schwere körperliche Erkrankung der Ärztin größtenteils als Folge ihrer anhaltenden Frustration über den unbefriedigenden Spitalsdienst zu erklären gewesen wäre, ist mehr als fraglich und keineswegs eindeutig zu belegen; daß jedoch der plötzliche Rückgang ihrer Depressionen als Folge einer geistigen Öffnung gegenüber den einmaligen Sinnmöglichkeiten ihrer gegenwärtigen Situation zu interpretieren ist, läßt sich kaum abstreiten. Lernen wir daraus, daß wir beim Auftreten organischer Schäden niemals genau wissen können, wie groß der psychische Anteil an ihnen wirklich ist, während wir beim Vorliegen geistiger Heilungskräfte fast immer darauf schließen dürfen, daß eine echte und tiefe Sinnerfahrung dahintersteht.
Der erwähnte Dialog ist noch aus einem weiteren Grund für unser Thema interessant. Es ist darin das Wort „überleben" gefallen und hat an die Frage „wozu?" angeknüpft. Und es ist auch eine Antwort im logotherapeutischen Gespräch angeklungen, eine Antwort, wie sie in ähnlicher Weise die erstgeschilderte Patientin zur Überwindung ihrer krankhaften Angst ermutigt hat, und wie sie vielen anderen Patienten in der ganzen Welt, die sich bereits einer logotherapeutischen Behandlung unterzogen haben, verstehbar gemacht werden konnte, nämlich: *Überleben um der positiven Möglichkeiten willen, die in der eigenen Existenz erschaubar sind.* So aussichtslos oder verfahren kann eine Situation überhaupt nicht sein, daß nicht noch irgendwelche positiven Möglichkeiten in ihr verborgen wären, und solange oder sobald sich jemand dessen bewußt ist, hat er auch einen

Grund zum Überleben, und sei es bloß der, jenen positiven Möglichkeiten eine Verwirklichungschance zu geben.

Natürlich tauchen solche existentiellen Erwägungen in der Betriebsamkeit des Alltags selten auf, aber Krankheit und Leid rufen sie schnell ins Gedächtnis. Zweifellos hat nahezu jeder kranke oder leidende Mensch, auch ohne viel nachzudenken, den dringenden Wunsch, seine Krankheit oder sein Leiden zu überleben; und jede ärztliche oder therapeutische Bemühung ist nichts anderes als eine Taktik, der Konkretisierung dieses Wunsches künstlich nachzuhelfen. Der Wunsch allein hat allerdings wenig Einfluß, denn einer ernsthaften Erkrankung – ob an Leib oder Seele – sowie einem unabänderlichen Leiden haftet stets etwas Schicksalhaftes an, etwas, das außerhalb der Macht des Menschen steht. Daß dennoch der Betroffene selber einiges dazu beitragen kann, seine Krankheit oder Notsituation tatsächlich zu überleben, ist bekannt; weniger bekannt aber war bislang, wie ein solcher Eigenbeitrag aussieht und wie er zustande kommt.

Diesbezüglich schaffen die logotherapeutischen Forschungsergebnisse zum erstenmal Klarheit, indem sie in ihrer Gesamtheit darauf hinweisen, daß ein solcher Eigenbeitrag

1. nur geistiger Natur sein kann (denn körperlich und psychisch ist der Kranke bzw. Leidende ja beeinträchtigt),
2. auf geistigen Widerstandskräften, insbesondere der Fähigkeit zur Selbstdistanzierung und der Fähigkeit zur Selbsttranszendenz beruht, und
3. zur Mobilisierung dieser Kräfte der Anschauung eines Lebensinhaltes bedarf, der dem gewünschten Überleben Sinn gibt.

Wo diese drei Kriterien erfüllt sind, ist der optimale Beitrag eines Kranken zu seiner baldmöglichen Gesundung, und eines Leidenden zur Überwindung seines Leidens gewährleistet. Aber auch dort, wo keine Verbesserung der Gegebenheiten in Sicht ist, weil es sich um ein chronisches Leiden handelt, für das es keine Heilung mehr gibt, kann die Erfüllung der drei genannten Kriterien noch entscheidende Erleichterung bringen, was die Erträglichkeit des Unabänderlichen betrifft, denn der Sinn menschlichen Daseins hängt weder ab von der Länge noch von der Güte eines Lebens.

Wir sind davon ausgegangen, daß der Mensch als einziges Lebewesen dieser Erde Anteil hat an einer geistigen Dimension, und daß er daraus Oppositionskräfte schöpfen kann gegen den Zwang zur Destruktion und Aggression, der ihn seit der Entstehung seiner Zellgrundlagen beherrscht. Wir haben ferner die Situation des kranken, vor allem des psychisch kranken Menschen gedanklich gestreift und bemerkt, daß Parallelen bestehen: auch der Kranke kann und muß aus Geistigem Kraft schöpfen, um seinem Leiden Widerstand zu leisten. Auch er ist mit etwas Destruktivem in sich selbst konfrontiert, das es durch Distanzierung und in Transzendierung aufzuheben gilt, um innerlich frei zu werden für eine trotz allem lebenswerte Existenz.

So gesehen ist die Tragik der Menschheit auch die Tragik des einzelnen: die geistige Auseinandersetzung mit dem Schicksal ist die Tragödie des Menschen schlechthin. Und immer ist das Schicksal das Unbegreifliche, das Unwahrscheinliche, das ewig Schweigsame, der Ort, an dem unsere bangen Fragen ungehört verhallen. Warum soviel Böses in der Welt? Warum soviel Leid ringsum? Wir wissen es nicht. So bleibt uns denn nur eines: zu bedenken, was Viktor E. Frankl zum Angelpunkt seiner Philosophie gemacht hat, nämlich, daß nicht wir die Fragenden sind – nicht wir sind diejenigen, denen das Fragen zusteht; sondern unsere Aufgabe ist es umgekehrt, Antwort zu geben auf die Fragen, die das Schicksal uns stellt. Krankheit, Not, Leid und Gefahr sind die Fragezeichen unseres Lebens, nicht unbedingt mit eigener Hand geschrieben, aber in eigener Handschrift zu beantworten durch die Art, wie wir darauf reagieren. *Alles, was wir tun und lassen, sind Antworten auf Schicksalsfragen.*

Nach logotherapeutischer Auffassung erklärt die Psychologie menschliches Verhalten ähnlich einseitig, wie die Psychosomatik die Entstehung von Krankheitsbildern einseitig erklärt. Ist doch die herkömmliche Psychologie geneigt, jedwede menschliche Äußerung auf emotionale Ursachen zurückzuführen, die im

Erbgut, in der Kindheit oder in den Lernprozessen der Vergangenheit fest verankert seien. Unter Zuziehung geistiger Aspekte jedoch stimmt dieses Reaktionsmodell nicht mehr, denn der Mensch ist danach kein simpler „Reaktionsapparat", sondern gibt selbständige Antworten, für die er auch selbständige Verantwortung trägt. Und je mehr sich seine geistigen Antworten am Sinn einer Sache orientieren, desto unabhängiger sind sie von der Gewalt eines undurchschaubaren Schicksals.

Helfen wir deswegen unseren Patienten, ihre Ängste, Sorgen und Nöte als Herausforderung des Schicksals zu verstehen, auf die sie eine persönliche Antwort ihrer Wahl zu geben vermögen, und sie werden den Mut aufbringen, ihrem Schicksal die Stirn zu bieten. Lassen wir sie konkrete Möglichkeiten erspüren, wie sie ihr Schicksal in einen positiven Sinnzusammenhang einordnen können, und sie werden ihre jeweilige Lebenssituation als Helden meistern. Sprechen wir dem Menschen das Gute zu, und er mag das Böse in sich überwinden, zeigen wir ihm ein Wozu, und er wird die Kraft für alles andere selber finden!

Damit sind wir bei der etwas verwunderlichen Frage: „Überleben – wozu?" angelangt. Wäre es in einer risikoträchtigen Zeit wie der unserigen nicht genug, das bloße Überleben sichern zu können, ist es nicht verwegen, ja provokativ, auch noch zu fragen, wozu? Muß denn nicht grundsätzlich zunächst einmal das Leben bewahrt werden, ehe man daran gehen kann, nach dem Sinn dieses Lebens zu fragen?

Das ist richtig, und doch sind wir heute an einem Punkt angelangt, an dem Erfahrungen aus der Psychiatrie und Psychotherapie anwendbar werden im großen Stil, weil nämlich die Menschheit verdächtig ähnliche Züge annimmt wie die eines Selbstmordkandidaten. Und kein Selbstmordkandidat bewahrt sein Leben grundsätzlich, ja man könnte die Selbstmordgefährdung geradezu definieren als den Verfall der Grundsätzlichkeit des Lebenswillens. Aber auch wenn der Lebenswille nachläßt, wenn die körperlichen und seelischen Kräfte nachlassen, wenn die Degeneration zunimmt ... noch kann der Mensch in einer inneren Schau Möglichkeiten vorwegnehmen, und deshalb ruhen alle Möglichkeiten der Zukunft in seiner Vorstellung, die negativen genauso wie die positiven. Die negativen möchten ihn vielleicht zur Resignation verleiten, doch auch die positiven fordern ihn unablässig heraus.

Die Pflanzen konnten auf „friedliche" Art überleben, ohne sich je die Frage zu stellen, wozu. Die Tiere konnten auf „aggressive" Art überleben, ohne sich je die Frage zu stellen, wozu. Der Mensch aber, der aus seiner geistigen Dimension heraus Fragen stellen, überdenken und beantworten muß, kann dies nicht. Seine „aggressive" Art, die er mit den Tieren teilt, und die Jahrtausende lang für ihn Vernichtungsprinzip und Lebensprinzip zugleich war, ist zum Ende des 20. Jahrhunderts an eine Grenze gekommen, an der sich die Konturen zwischen beidem verwischen. Das Leben beginnt, sich selbst zu vernichten. Der Fisch Stizostedion im Menschen beginnt, seinen eigenen Schwanz aufzufressen. Was jetzt noch den weltweiten Selbstmord aufhalten könnte, ist einzig und allein jene seltsame Kontraposition des Geistes, die den Menschen zu unglaublichen Willensanstrengungen, sogar sich selbst gegenüber, befähigt, vorausgesetzt, daß ein Sinn erkennbar ist, der die Energiequelle seines Geistes fließen läßt. Ein Sinn, der nur in den noch zu verwirklichenden positiven Möglichkeiten seiner Existenz gefunden werden kann.

Viele Anzeichen weisen darauf hin, daß wir kaum mehr Zeit haben zu überleben, um uns nachher die Frage zu stellen, wozu. Umgekehrt aber müßte es eine Chance geben: aus dem Wissen um ein Wozu könnte die Kraft zum Überleben neu entspringen. Die Logotherapie als medizinische Wissenschaft gibt keine Antwort auf die Frage „wozu?", aber die Logotherapie als sinnzentrierte Psychotherapie kann jeden, der diese Frage stellt, zu seiner eigenen Antwort geleiten. Damit gleicht sie jenem Lehrer, über den Kahlil Gibran in seinem Buch „Der Prophet" schrieb:

> Ist er wahrhaft ein Weiser,
> so fordert er euch nicht auf,
> das Haus seiner Weisheit zu betreten;
> eher geleitet er euch
> zur Schwelle eures eigenen Geistes.

Selbsthilfe und Krisenintervention
bei seelischen Störungen

Eine Unterstützung und Förderung jeder konkreten Selbsthilfemöglichkeit bei seelischen Problemen ist aus mehrfachen Gründen wünschenswert.

Erstens gibt es trotz wachsender Anzahl an Therapeuten und an Therapieschulen auch eine wachsende Anzahl an seelisch kranken und vor allem psychosomatisch chronisch kranken Menschen. Deshalb werden teure Langzeitbehandlungen durch Fachpersonal immer weniger finanzierbar. Zu diesen nüchternen, wirtschaftlichen Überlegungen gesellt sich aber noch ein weiteres Argument aus psychologischer, oder besser gesagt, anthropologischer Perspektive. Denn die Vorstellung, daß man selber ein hilfloses Bündel Elend sei, und ein anderer oder andere etwas mit einem machen müßten, einen eben heilen müßten, ist an und für sich nicht unbedingt gesundheitszuträglich. Diese Vorstellung verleitet nämlich den Betreffenden leicht zur Passivität und lähmt seine Eigeninitiative, ja, sie hält ihn mitunter in einem ungesunden Selbstmitleid fest.

Im übrigen liegt diese Vorstellung auf der gleichen Linie wie die ebenfalls nicht sehr gesundheitszuträglichen Idee, ein anderer oder andere hätten einen krank gemacht, seien also schuld am eigenen Elend.

$$\boxed{\text{ANDERE}} \xrightarrow{\text{haben mich krank gemacht}} \boxed{\text{ICH}} \xleftarrow{\text{sollen mich gesund machen}} \boxed{\text{ANDERE}}$$

Aus der Sicht „Andere haben mich krank gemacht – andere sollen mich gesund machen" wird das Ich des Menschen als ein „bearbeitetes" oder „zu bearbeitendes" Material erlebt, und nicht mehr als selbstverantwortliche Instanz. Ein Beispiel dazu: Angenommen, jemand hat eine schlechte Muskelkondition. Er behauptet, sein sitzender Beruf sei schuld daran („andere haben mich krank gemacht"), und will, daß sein Masseur seine Muskel wieder fit bekommt („andere sollen mich gesund machen"). Die Bereitschaft, als Ausgleich zum sitzenden Beruf täglich eine Stunde Waldlauf zu machen und zwei Mal wöchentlich schwimmen zu gehen, hat er nicht. Die hätte er nur, wenn er sich sagen würde: „Ich bin selbst verantwortlich für meine Gesundheit und ihre Erhaltung."

Zu den bisher genannten Gründen tritt aber noch ein entscheidender hinzu, der für eine Hilfe zur Selbsthilfe spricht. Die Bereitschaft, sich selbst zu helfen, setzt ein Reflektieren über die eigene Situation voraus, und dies wiederum bedeutet, daß man sich von sich selbst distanzieren und seine eigenen inneren Zustände objektivieren muß. Damit ist schon etwas Wichtiges geschehen, etwas Gesundheitszuträgliches. Denn man ist nicht mehr identisch mit seiner Krankheit! Und tatsächlich ist der Mensch *mehr* als seine Krankheit.

Wenn jemand beispielsweise sagt: „Ich möchte die Neigung, schnell zornig und aufbrausend zu reagieren, bei mir abbauen", dann beweist allein dieser Ausspruch, daß der Betreffende über sein bloßes Zornig- und Aufbrausend-Sein bereits ein wenig hinausgewachsen ist. Er wird nicht mehr blindlings von seinen Impulsen getrieben wie von einer Strömung im Meer, sondern er sitzt irgendwie gleichzeitig am Ufer, schaut sich die Strömung an und stellt fest, daß ihm ihre Richtung mißfällt. Das ist der 1. Schritt zum Nachdenken darüber, wie sich gegen die Strömung oder aus der Strömung herausschwimmen läßt.

Fragen wir uns: wer sitzt am Ufer, oder wer hilft bei der Selbsthilfe wem? Aus logotherapeutischer Sicht formulieren wir es so: Die geistige Person, die ein Mensch *ist*, betrachtet die psychophysischen Gesundheits- oder Krankheitszustände, die der Mensch *hat*, und nimmt Stellung dazu. Nur Geistiges ist beweglich genug, sich von der Strömung des Getriebenseins abzuheben, dazu in Distanz zu gehen, und aus der Distanz heraus wertend und entscheidend einzugreifen. Wer sich selbst hilft, setzt sich geistig mit den eigenen krankhaften und fehllaufenden Impulsen und Prozessen auseinander, er nimmt geistig Stellung zu einer körperlichen Funktionsstörung oder einer seelischen

Schwäche, die er bei sich *vor*findet, mit der er sich aber nicht *ab*finden muß, zumindest nicht ohne Änderungs- und Heilungsversuch.

Nehmen wir als Beispiel eine Frau, die immer dann, wenn sie sich ärgert, zuviel ißt. Wie fände sie aus diesem Fehlverhalten heraus? Nun, die einzelnen Schritte wären:

Schritt 1: sie muß die Triebhandlung „Ärger – viel Essen" aus geistiger Distanz heraus beobachten,

Schritt 2: sie muß diese Triebhandlung als sinnwidrig erkennen und bewerten,

Schritt 3: sie muß beschließen, etwas dagegen zu unternehmen, und

Schritt 4: sie muß darangehen, sinnvollere Reaktionen auf Frustrationen einzuüben.

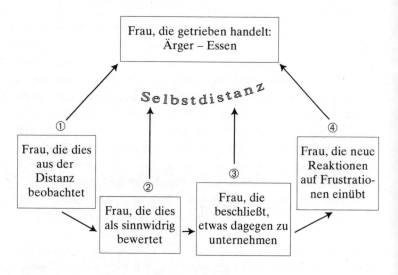

Ohne die geistige Fähigkeit des Menschen zur *Selbstdistanzierung* (Frankl) wäre dies alles nicht möglich. Kein Tier ist in der Lage, sich selbst zu beobachten, sein Verhalten zu bewerten, einen Beschluß zu fassen und neues Verhaltes aufzubauen. Dieser „Wandlungsprozeß" würde aber auch verunmöglicht, wenn die Frau nach Schritt 2 sofort geistig abschweifen würde zu demjenigen hin, der ihren Ärger verursacht hat, mit dem Vorwurf, er würde ihre Eßsucht produzieren. Sie glaubt sich dann von demjenigen in ihre Eßsucht getrieben, ärgert sich noch mehr und ißt noch mehr. Der „Wandlungsprozeß" würde ferner verunmöglicht, wenn die Frau nach Schritt 3 sofort geistig abschweifen würde zu jemandem hin, der ihr sinnloses Überessen stoppen soll. Dann glaubt sie nämlich, die Verantwortung an diesen Jemand abgeben zu können und müht sich nicht mehr um Schritt 4.

Wir sehen, Selbsthilfe bedeutet, an sich selbst dranzubleiben und mit sich selbst zu arbeiten.

Der Mensch kann sich allerdings nicht nur mit sich selbst beschäftigen – das wäre denn doch als Lebensinhalt zu wenig. Es gehört zur menschlichen Natur und insbesondere zur bereits erwähnten Geistigkeit des Menschen dazu, sich auf seine Um- und Mitwelt hin zu orientieren. Der Mensch will etwas in die Welt hinaus geben, und wenn er nur beim Empfangenwollen stehen bleibt, sozusagen beim Konsumieren, ist er in seiner geistigen Entwicklung zurückgeblieben.

Dieses sich um seine Mitmenschen und um kreative Aufgaben in der Welt Bekümmern setzt nun eine zweite Fähigkeit voraus: zur Fähigkeit des Menschen zur Selbstdistanzierung tritt die Fähigkeit des Menschen zur *Selbsttranszendenz* (Frankl). Das heißt, der Mensch kann sich selbst zurückstellen, sich selbst vergessen, sich übersehen – über sich hinaussehen – mehr sehen, als sich selbst. Analog tritt zur Möglichkeit, sich selbst zu helfen, die Möglichkeit, anderen zu helfen. Diese Möglichkeit hat jeder, keineswegs nur der Fachmann allein, die „Laienhilfe", also die gegenseitige Hilfe von Laien, ist sogar ein nicht zu unterschätzendes Potential der Volksgesundheit.

Wobei es mit der Laienhilfe eine besondere Bewandtnis hat, wie uns beispielsweise alle Selbsthilfegruppen, bei denen Laien Laien helfen, lehren. Wer anderen hilft, und zwar mit Verstand und lauterem Herzen, dem ist dabei indirekt selbst ein Stück weit geholfen. Er ist nämlich nicht mehr gefangen im Wust eigener Sorgen, er hat sich gleichsam herausgestrampelt, um innerlich beim anderen und dessen Sorgen zu sein, was ihn davor schützt, vom eigenen Kummer übermannt und überrollt zu werden.

Während somit die Selbsthilfe bedeutet, an sich selbst dranzubleiben und mit sich selbst zu arbeiten, bedeutet die Laienhilfe, aus seinem Schneckenhaus herauszukriechen, über fremde Schwellen zu treten und fremde Lasten mitzutragen, was eigene Lasten relativiert und dadurch schrumpfen läßt.

Nehmen wir als Beispiel einen Mann mit einem schwachen Selbstvertrauen. Er begegnet einem anderen, der irgendein schweres Problem hat. Indem der Mann nun jenem anderen teilnahmsvoll zuhört, ihn tröstet und ermutigt, und schließlich merkt, daß dem anderen leichter wird, wächst sein eigenes Selbstvertrauen, ohne daß er dieses überhaupt im Blickfeld gehabt hat. Der Mensch, der sich selbst überschreitet, gewinnt an seelischer Stabilität.

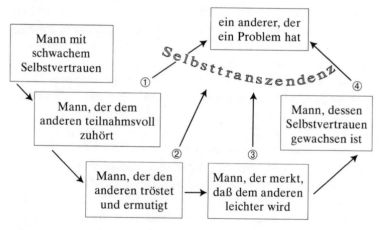

Zusammenfassend läßt sich sagen, daß es ein gravierender Fehler wäre, auf die Selbsthilfe und Laienhilfe verächtlich herabzuschauen, im Gegenteil sollten beide als begleitende und alternative Maßnahmen in der Medizin und Psychotherapie gewürdigt werden. Freilich mag die eine oder andere in der Selbst- und Laienhilfe angewandte Strategie aus fachmännischer Sicht weniger empfehlenswert sein, doch dagegen hilft Aufklärung und Erwachsenenbildung besser als pauschale Abwertung, die die

Betroffenen in einer ungesunden Hilflosigkeit bestärkt und den Experten den „schwarzen Peter" aufbürdet, schier alles reparieren zu sollen.

Aus diesen Gründen möchte ich im folgenden Aspekte der Krisenintervention bei seelischen Störungen aufzeigen, die in der Selbst- und Laienhilfe durchaus zum Tragen kommen können, obwohl sie eigentlich zum Rüstzeug des Fachmannes gehören, die aber eben delegierbar sind vom Arzt auf seinen Patienten. Es sind zugleich Grundregeln aus der Franklschen Logotherapie, die nahezu bei jeder seelischen Erkrankung und neurotischen Verstimmung unmittelbare Linderung verschaffen, einer „ersten Hilfe" gleich, auch wenn die vollkommene Ausheilung längere Zeit beanspruchen oder in dem einen oder anderen Fall nicht zu erreichen sein mag.

Inhaltlich möchte ich *drei Bereiche* besprechen, die ich jeweils unter einer Überschrift zusammenfasse, wobei die drei Überschriften lauten:

1. Der Umgang mit irrationalen Gefühlen
2. Die Sprengung von Abhängigkeitsthesen
3. Die Wiedergewinnung des Wohlbefindens

1. Der Umgang mit irrationalen Gefühlen

Was ist mit dem Ausdruck „irrational" gemeint? Gemeint ist: der Realität nicht angemessen. Gemeint ist nicht, daß ein irrationales Gefühl etwas ganz Unmögliches zum Gegenstand hätte. Betrachten wir als Beispiel die krankhafte Eifersucht. Es ist nicht unmöglich, daß ein Partner fremdgeht. Aber es ist auch nicht angemessen, einem Partner, der 5 Minuten später als erwartet heimkommt, eine Szene zu machen, ihn mit der Fragerei zu quälen, ob er vielleicht bei einem heimlichen Rendezvous gewesen sei, und ähnliches mehr. Irrationale Gefühle sind *übertriebene* Gefühle, meist übertriebene Angst- oder Schuldgefühle. Sie können sehr klar von einem realistischen Gefahrenbewußtsein bzw. Schuldbewußtsein abgegrenzt werden.

Ein Beispiel dazu: Die Angst, über eine normale, gesicherte Brücke zu gehen, weil man dabei ins Wasser fallen könnte, ist ein irrationales Angstgefühl. Aber die Angst, als unerfahrener Nichtbergsteiger einen schwierigen Klettersteig zu betreten, ist ein realistisches Gefahrenbewußtsein. Oder ein anderes Beispiel: Die Vorstellung, ein Kollege könne erkranken, weil man ihn unfreundlich angeschaut hat, ist ein irrationales Schuldgefühl. Das Wissen hingegen, daß man einen Kollegen mit einem barschen Wort gekränkt hat, ist ein realistisches Schuldbewußtsein.

Das Pathogene an irrationalen Gefühlen ist nun nicht nur ihre Unangemessenheit und Übertriebenheit, sondern auch die Tatsache, daß sie ihren Anlaß überdauern. Die irrationale Eifersucht, die irrationale Angst, eine Brücke zu betreten, die irrationale Angst, jemandem durch Unfreundlichkeit eine Krankheit aufzuhalsen, usw. besteht auch ohne äußeren Anlaß weiter, sie verselbständigt sich und besetzt die Gedanken des Betreffenden derart, daß er bald an nichts anderes mehr denkt.

In so einem Fall kann sich der Betreffende dagegen wehren, indem er ein paradoxes Verhalten an den Tag legt. Er soll die Brücke mutig betreten und sich dabei innerlich vorsagen, wie schön es wäre, ein kühles Bad im darunter fließenden Wasser zu nehmen. „Angst vor dem Hineinfallen?" sagt er innerlich zu sich, „Pah, genau das wünsch' ich mir! Hoffentlich rutsche ich aus und falle hinein, das wäre eine wunderbare Gelegenheit, mich etwas zu erfrischen!"

Unter Einsatz einer solchen Paradoxie – in der Logotherapie spricht man von „Paradoxer Intention" – macht er sich von seinen irrationalen Gefühlen unangreifbar, sie können ihm quasi nichts mehr anhaben und verlassen ihn mit der Zeit. Auch bei irrationalen Schuldgefühlen ist die paradoxe Haltung erlaubt und angebracht, selbst wenn sie ein wenig „unmoralisch" klingt, doch darf man nicht vergessen, daß es sich im Grunde um ein humorvolles Nicht-ernst-Nehmen von etwas handelt, das nicht ernst genommen werden darf, weil es ansonsten die Gesundheit eines Menschen untergräbt. Es ist also durchaus erlaubt, sich bei irrationalen Schuldgefühlen etwa vorzunehmen, die Belegschaft des gesamten Betriebs, in dem man arbeitet, so unfreundlich wie möglich anzuschauen, damit alle krank feiern können und auf diese Weise zu einem kleinen Zwischenurlaub gelangen.

Ich möchte nochmals in Erinnerung rufen, was ich über die menschliche Fähigkeit zur Selbstdistanzierung gesagt habe: Der Mensch kann sich von seiner irrationalen Angst distanzieren und kann sie objektivieren. Das heißt, er kann lernen, in ihr einen Erpresser zu sehen, der mit irgendetwas Schrecklichem droht, und von dem man sich jedesmal bluffen läßt. Der Erpresser droht, der Partner könnte fremdgehen, und man heult und tobt. Er droht, man könnte ins Wasser fallen, und man meidet alle Brücken. Es ist wie bei einer echten Erpressung im Leben: der Erpresser droht, kompromittierende Fotos, die er von einem Opfer gemacht hat, an eine Zeitung weiterzugeben, und das Opfer zahlt. Immer wieder, genauso, wie der Neurotiker immer wieder seinen Tribut an seine irrationalen Angstgefühle zahlt. Da hilft nur die Paradoxie: dem Erpresser ins Gesicht zu lachen und ihn innigst zu bitten, das Foto, das er gemacht hat, zu veröffentlichen, ja, ihm vielleicht noch andere Zeitschriften zu benennen, an die er das Foto schicken soll. „Ein Leben lang hab' ich mir gewünscht, mein Foto in der Zeitung zu sehen!" Ein Opfer, das so mit seinem Erpresser spricht, verjagt ihn für alle Zeiten, denn bei diesem Opfer ist nichts zu holen, es ist *unangreifbar*.

Auf die Frage, ob die irrationalen Ängste nicht eine tiefere Ursache haben, die aufgedeckt und behandelt werden muß, soll hier nicht näher eingegangen werden, weil dies ein uferloses Thema ist. Natürlich gibt es lebensgeschichtliche Hintergründe, die solche Ängste fördern und auslösen können, doch ist der Mensch kraft seiner Selbstdistanzierungsfähigkeit imstande, sich auch zu solchen lebensgeschichtlichen Hintergründen auf eine Art und Weise seiner Wahl einzustellen und kann dabei Haltungen wählen, die es ihm ermöglichen, seine Lebensgeschichte letztendlich zu akzeptieren. In der Logotherapie wird nicht viel davon gehalten, ständig in alten Wunden herumzustochern – diese sollen in Ruhe vernarben.

Hier ein Beispiel, wie Selbsthilfe und Krisenintervention eingeleitet werden kann durch einen einzigen Brief. In unserem Institut kam die nachstehende Zuschrift an:

Zuschrift

Sehr geehrte Frau Dr. Lukas, ich habe folgendes Problem. Mein Vater hatte als Chorleiter eines gemischten Chores unseres Ortes ein zwanzig Jahre währendes Verhältnis mit einer Sängerin. Unsere Familie, besonders meine Mutter, hat darunter sehr gelitten. Bis zur Heirat sangen mein Mann und ich dort auch. Der anschließende Wegzug in den Nachbarort und die kleinen Kinder galten für mich als willkommener Grund, dort nicht mehr hinzumüssen.

Seit drei Jahren nun ist mein Mann, auf Zureden seines Bruders, wieder in diesem Chor. Ihm macht Singen Spaß, und den anfänglichen Bitten, ich möge doch mitkommen, bin ich stets ausgewichen. Ein unerklärliches Angstgefühl verließ mich nicht. Ich äußerte es und mein Mann erklärte es sich und mir als Wechseljahr-Spinnerei (ich bin 54). Im Laufe der Zeit ist diese Angst so gewachsen, daß ich auf sein In-die-Probe-Gehen mit Leibschmerzen oder Atemnot reagiere, obwohl ich nicht den geringsten Verdacht haben kann, daß er wegen einer Sängerin dorthin geht. Aber eine grenzenlose Traurigkeit sagt mir, daß das früher oder später so sein wird. Eine Wut, die ich in letzter Zeit empfinde, läßt mich fürchten, daß auch unsere sonst gute Ehe darunter leidet ... Ich habe mich durch Ihre Bücher gelesen, aber den erlösenden Zauberspruch noch nicht gefunden. Mir fehlt wohl im Moment der nötige Humor dazu. Wie würde in meinem Fall die Paradoxe Intention lauten? Bitte helfen Sie mir ...

Antwort

Liebe Frau X, Sie haben ganz richtig erkannt, daß Sie sich mit Hilfe der Paradoxen Intention aus einer „Hyperreflexion", das heißt, aus der Überbewertung und Überbeachtung einer an sich unbedeutenden Situation herauswickeln könnten, in die Sie sich in letzter Zeit eingesponnen haben. Diese Erkenntnis ist viel wert, denn sie besagt im Grunde, daß Ihnen selber klar ist, wie wenig ernsthafte Bedrohung vorhanden ist, auch wenn Ihnen subjektiv alles sehr bedrohlich vorkommt.

Bevor Sie allerdings die Paradoxe Intention einsetzen, empfehle ich Ihnen zwei Korrekturen Ihrer inneren Einstellung zum Sachverhalt. Erstens empfehle ich Ihnen, Ihrem Vater dasjenige, was er in seinem Leben falsch gemacht haben mag, schlichtweg zu verzeihen. Er muß dies mit seinem Gewissen oder seinem Herrgott ausmachen, aber Sie jedenfalls sind sein Richter nicht. Verzeihen Sie ihm und schließen Sie das Kapitel „Kindheit" damit ab. Zweitens empfehle ich Ihnen, nicht von Ihrem Vater auf Ihren Mann zu schließen. Ihr Mann ist ein absolut eigener Mensch mit eigenen Stärken und Schwächen, und Sie würden ihm sehr unrecht tun, würden Sie ständig Ihren Vater in ihm sehen. Jeder Mensch ist auf seine Art einzigartig, also unvergleichbar mit einem anderen.

Wenn Sie diese beiden inneren Korrekturen vorgenommen haben, dann erlauben Sie doch Ihrem Mann, sich von Herzen am Singen und am Chor zu erfreuen. Das Singen ist ein schönes Hobby, das durch Ihre Eifersüchteleien nicht überschattet werden sollte. Und Ihre Partnerschaft wird umso besser gelingen, je weniger Sie Ihren Mann einzuengen und an sich zu fesseln versuchen. Den Rest an Eifersucht und Angst, der Sie quälen mag, wenn Ihr Mann zur Probe gegangen ist, bekämpfen Sie dann mit paradoxen Formeln, indem Sie ihm „möglichst viele junge attraktive Sängerinnen wünschen, die sich alle an seinen Hals hängen und ihn stückchenweise verschlingen". Sie werden sehen, daß er noch jedesmal wieder heil nach Hause kommt.

Über allem aber bedenken Sie eines: Angst, Trauer, Wut lösen sich auf in echter Liebe. Denn die Liebe meint nicht sich selber, sondern den anderen. Mit vielen guten Wünschen und Grüßen ...

Reaktion der Patientin

Sehr geehrte Frau Dr. Lukas, danke für Ihre schnelle und erlösende Antwort. Sie ist so genial wie einfach, seltsam, daß ich nicht selber darauf gekommen bin. Es geht mir schon um vieles besser, und ich will in dieser Richtung weiterdenken. Nochmals vielen herzlichen Dank und Segenswünsche für Ihre Arbeit!

2. Die Sprengung von Abhängigkeitsthesen

Bei der abgedruckten Zuschrift fällt neben der Irrationalität der Angstgefühle noch etwas Weiteres auf: die merkwürdige Idee einer schicksalhaften Abhängigkeit, die in etwa lautet: „So ist es meiner Mutter ergangen, und so wird es auch mir ergehen". In der Fachsprache spricht man von Situationsübertragungen, Gefühlsübertragungen usw. Es ist eine Huldigung an ein Kausalitätsprinzip, das in dieser ausgeprägten Form im menschlichen Bereich illusionär ist. Wenn sich jemand in den Finger schneidet, blutet er. Zwischen dem Schnitt und dem Bluten ist ein kausaler Zusammenhang. Wenn jemand eine Demütigung erfährt, ist er traurig. Auch hier besteht zwischen der Demütigung und dem Traurigsein ein kausaler Zusammenhang. Somatisch wie psychisch sind wir von den jeweiligen Gegebenheiten abhängig. Aber wenn eine Frau sagt: „Weil meine Mutter betrogen worden ist, mißtraue ich meinem Mann" oder wenn ein Mann sagt: „Weil meine Frau mich verlassen hat, trinke ich", dann sind das vorgeschobene Kausalitäten für Entscheidungen, die in Wahrheit in geistiger Freiheit getroffen werden und genausogut anders getroffen werden könnten.

In seiner Geistigkeit ist der Mensch seinen Gegebenheiten nie ganz untertan, immer noch vermag er sein Schicksal unterschiedlich zu gestalten. Das heißt, in der geistigen Ebene ist der Mensch *unabhängig in seinen Reaktionen auf somatisch, psychisch oder sozial abhängige Ereignisse.* Er ist frei, zu entscheiden, was er mit dem blutenden Finger macht, in den er sich geschnitten hat. Er ist frei, zu entscheiden, was er mit oder trotz der Traurigkeit macht, die der erlittenen Demütigung gefolgt ist. Er ist auch frei, zu entscheiden, was er mit und aus seiner betrüblichen Kindheit oder seinem Partnerverlust macht. Deshalb ist die Frage nach den Ursachen seelischer Verstimmungen und falscher Lebensführung *die* menschliche Frage nicht, denn die letzte Entscheidung darüber, wie menschliches Leben vor sich geht und verläuft, wird nicht von solchen Ursachen gefällt, sondern vielmehr angesichts solcher Ursachen vom Menschen selbst gefällt.

Nun gibt es neben den vielen verunsicherten Menschen, die sich von ihren eigenen irrationalen Gefühlen erpressen lassen, auch scharenweise Menschen, die sich für abhängig halten und daher jegliches „Mitspracherecht" aufgegeben haben. Wir streiten heute in Deutschland darum, ob den Ausländern ein Wahlrecht eingeräumt werden soll oder nicht, aber unser eigenes Wahlrecht, das urmenschliche Wahlrecht, das sozusagen im Paradiese begann, nämlich das eigene Schicksal kreativ mitzugestalten, legen wir allzu leichtfertig aus der Hand. Niemand muß wirklich Alkohol trinken, muß rauchen, muß fernsehen, muß sich an andere Menschen anklammern, auch dann nicht, wenn es sein Horoskop ankündigt, wenn er in der Kindheit zu wenig gelobt worden ist, oder wenn sein Biorhythmus gerade ein Tief anzeigt. Das einzige, was ihn tatsächlich dazu nötigen kann, ist die Illusion, es zu müssen, der Glaube an die eigene Unfreiheit.

Der Glaube kann bekanntlich Berge versetzen, und der Glaube an die eigene Unfreiheit und Unfähigkeit versetzt sie auch, nämlich genau vor die eigene Haustüre, die sich dann nicht mehr öffnen läßt, und einen in den vier Wänden der Abhängigkeit einschließt. Dagegen hilft nur eines: die gesunden Kräfte bündeln, die in jedem Menschen ausnahmslos vorhanden sind, und sich die Entscheidungsmacht zurückholen, indem man allen Verführungen in und um sich mutig trotzt. Wie der *Humor* irrationale Ängste verscheucht, so sprengt der *Trotz*, und zwar der gesunde, heroische Trotz, Fesseln selbstbereiteter Gefangenschaft.

Allerdings hat die Zurückeroberung der Freiheit auch ihren Preis: den Verzicht. Ohne Verzichte geht es nicht. Wer erkennt, daß in Wahrheit gar keine Berge vor seiner Haustüre stehen, und wer den Mut aufbringt, die eigene Haustüre aufzustoßen, der muß auch bereit sein, sein bequemes Nest zu verlassen und in die Welt hinauszutreten. Vermeintliche Abhängigkeit hat immer etwas mit Bequemlichkeit zu tun, und die Sprengung der Abhängigkeit ist immer ein Aufbruch in neue Abenteuer gelebten Lebens. Dabei müssen alte Gewohnheiten, kurzfristige Genüsse und manch künstliche Fluchtwege, z. B. über Alkohol und Drogen, aufgegeben und geopfert werden, aber diese Opfer sind eben der Preis für einen inneren Triumph über sich selbst. Viktor E. Frankl schreibt dazu an einer Stelle über Raucherentwöhnung:

„Wir möchten darauf hinweisen, daß das Ansinnen, Dinge wie übermäßiges Rauchen mit den Mitteln der Hypnose anzugehen, unseres Erachtens von vornherein und grundsätzlich abzulehnen ist: wir wünschen es gar nicht, daß der Kranke sich so um das Erlebnis des Triumphes seines eigenen Willens betrüge – ist es doch gerade der Triumph des Willens, den er sich erkaufen soll mit seinen ganzen Opfern an Genuß."[8]

Zu diesem Triumph des Willens kann jeder aufgerufen werden, und wenn er sich noch so sehr in Abhängigkeiten verstrickt hat, denn es ist ein spezifisches Humanum, daß der Wille in seiner Ursprünglichkeit und Tiefe frei ist.

Auch dazu möchte ich an Hand eines Briefwechsels demonstrieren, wie Hilfe zur Selbsthilfe geleistet werden kann. Die Mutter eines drogenabhängigen jungen Mannes legte mir einen Brief von ihrem Sohn vor und bat mich händeringend, ihm zu schreiben.

---

[8] Viktor E. Frankl, „Die Psychotherapie in der Praxis", Verlag Piper, München, 5. Auflage 1986, Seite 210.

Brief des jungen Mannes an seine Eltern

Hallo Mama, hallo Papa, der Anwalt hat Euch ja schon angerufen und gesagt, wo ich bin. Erneut verhaftet. Meine Bewährung wurde widerrufen, weil ich die Therapie abgebrochen habe. Also bin ich mal wieder total gescheitert. Dabei sah alles so gut aus, mit der Lehre und so. Und dann?

Ach ich möchte nicht darüber schreiben. Ich bin so blöd. Diese Stadt hat mich geschafft. Hie und da habe ich gejobt, aber das Geld war schnell weg. Ich wollte so stark sein, frei und großartig. Nichts, rein gar nichts habe ich auf die Reihe gebracht. Nicht mal das konnte ich vor mir eingestehen. Stattdessen habe ich mir ständig was vorgemacht. Ich konnte nicht mehr heimkommen. Es ging einfach nicht, nicht mal anrufen. Und warum geht es jetzt? Tja, jetzt ist die Maske runter. Jetzt sitzt das Häufchen Elend wieder in der Scheiße. Außerdem weiß ich, daß Du, Mama, jeden Tag an den Briefkasten gehst und nach einem Brief von mir schaust. Ich weiß, daß Ihr eine Erklärung erwartet. Ich weiß, daß Ihr mich nicht versteht – aber was soll ich erklären, wenn ich mich nicht mal selber verstehe?

Bin ich denn wirklich so unselbständig, daß man mir immer sagen muß, was ich tun soll und was nicht? Und wenn man mir dann was sagt, dann stell ich mich natürlich stur. Das kennt Ihr ja. Ach Scheiße! Ich heule! Ich habe Angst vor mir. Aber was hilft das jetzt? Ich muß gucken, was ich aus mir mache. Ich muß es doch auch mal schaffen, oder?

Ich bitte Euch, haltet mir keine Predigten, verurteilt mich nicht, und macht vor allem Euch keine Vorwürfe! Ihr habt alles getan für mich, wirklich!

Oh je, diesen Brief zu schreiben, ist verdammt schwer für mich. Auch kann ich nicht wissen, wie Ihr jetzt zu mir steht. Und dann brauche ich einige Sachen von Zuhause. Ich warte auf Eure Reaktion. Euer Norbert (fiktiver Name).

Mein Schreiben an den jungen Mann

Sehr geehrter Herr Norbert, ich bin Ihnen unbekannt, und wahrscheinlich wundern Sie sich, von einer unbekannten Frau einen Brief zu erhalten. Der Zusammenhang ist folgender: Ihre Mutter kam um Rat zu mir und gewährte mir Einsicht in Ihren Brief mit der Bitte, als Psychologin Stellung dazu zu nehmen. Ich bin nicht abgeneigt, dies zu tun, weil Ihr Brief so viele positive und hoffnungsvolle Elemente enthält, die Ihnen vielleicht jemand verdeutlichen soll. Deswegen hier also meine Stellungnahme.

Zunächst darf ich Ihnen aufzeigen, daß Ihre briefliche Aussage zu Ihrer derzeitigen Lebenssituation in zwei Ebenen zu verstehen ist. Da ist die Ebene des „gescheiterten Norberts", wenn ich so sagen darf. Wer ist dieser Norbert? Er hat seine Therapie abgebrochen, er hat sich daheim lange nicht gemeldet. Er pflegt eine Maske zu tragen und macht sich gerne etwas vor. Er ist schwer zu verstehen und irgendwie unselbständig und unreif. Man muß Angst vor ihm und Angst um ihn haben. Das alles steht in Ihren Zeilen geschrieben.

Aber da ist auch noch eine andere Ebene, nämlich die des „eigentlichen Norberts". Das Echte, der wahre Kern dieses Menschen. Was wissen wir von ihm? Er ärgert sich gewaltig über den anderen Norbert, er ist mit dem ewigen Scheitern nicht einverstanden. Er liebt die Ehrlichkeit, reißt die Maske herunter! Er ist mutig und gesteht Fehler ein. Er denkt an die Eltern, die täglich im Briefkasten nachsehen, und nimmt Kontakt mit ihnen auf. Er will selbständig sein und selbstverantwortlich handeln, ja, er will etwas aus sich machen. Und er *kann* etwas aus sich machen, denn auch Schweres gelingt ihm, z. B., sich zu überwinden und den Brief zu schreiben, der „verdammt schwer" fällt.

Ja also, da sitzen die zwei in einer Person und ringen miteinander. Wer wird die Oberhand gewinnen? Wird der „eigentliche Norbert" vor dem „gescheiterten" kapitulieren oder wird er über den „gescheiterten Norbert" hinauswachsen und zu dem Menschen werden, als der er gedacht war, als er in die Welt kam? Zu einem Menschen, der diese Welt vielleicht gar ein ganz klein wenig heller macht, als sie ist?

Alles ist noch möglich, nichts ist endgültig entschieden. Und niemand entscheidet es *für Sie*. Nur Sie allein entscheiden, welcher Norbert gewinnt. Aber Sie sollen wissen, daß ich dem „eigentlichen Norbert", der Sie sind, beide Daumen drücke und von Herzen viel Kraft wünsche ...

Antwort des jungen Mannes nach 2 Monaten

Hiermit möchte ich Ihren Brief beantworten, auch wenn meine Antwort ziemlich spät kommt. Tatsächlich hat mich Ihr Brief sehr verwundert und betroffen gemacht. Und zwar deshalb, weil Sie damit genau den Nagel auf den Kopf getroffen haben. Daß meine Mutter Ihnen meinen Brief gezeigt hat, hat mich anfangs geärgert, aber im nachhinein billige ich es.

Ich möchte Ihnen für Ihre Mühe herzlich danken, auch möchte ich Ihnen mitteilen, daß mir Ihr Brief schon oft geholfen hat, wenn ich mich gehen lassen wollte. Ich staune über Ihr Engagement mir gegenüber, was mich ehrt und stärkt, mich, den „eigentlichen Norbert". Deshalb freue ich mich auch, Ihnen schreiben zu können, daß ich mich wieder zu einer stationären Therapie entschlossen habe und zu diesem Zweck mit der hiesigen Drogenberatung zusammenarbeite. Ich bin fest entschlossen, den Kampf gegen mich zu gewinnen. Ich bin mir auch bewußt, was da noch alles auf mich zukommt. Drücken Sie mir weiterhin die Daumen, in dankbarer Hochachtung, Ihr Norbert.

3. Die Wiedergewinnung des Wohlbefindens

In meinem Schreiben an den jungen Mann habe ich neben dem Aufruf zu einem gesunden Trotz auch anklingen lassen, daß eine sinnvolle Aufgabe in der Welt auf ihn warten könnte, und dies aus gutem Grund. Denn, wie bereits dargelegt, kann sich der Mensch nicht nur mit sich selbst beschäftigen, über seine irrationalen Ängste lachen, seinen vermeintlichen Abhängigkeiten widerstehen usw. Er will auch über sich hinausschauen und hinauswirken, und er besitzt die Fähigkeit dazu, nämlich die Fähigkeit zur Selbsttranszendenz. Ja, noch mehr: erst in dem Maße, in dem ein Mensch sich selbstvergessen und engagiert an eine Aufgabe hingibt, fühlt er sich ganz wohl, ähnlich wie ein Kind, das, selbstvergessen ins Spiel versunken, am allerglücklichsten ist. Umgekehrt läßt sich auch beobachten, daß das Wohlbefinden eines Menschen erheblich nachläßt, wenn er sich nicht gebraucht, unnütz und überflüssig vorkommt und keiner Lebensaufgabe verpflichtet fühlt.

Diese Zusammenhänge sind bekannt, aber es gibt noch einen Aspekt, der das Wohlbefinden dämpft und bei seelischen Krankheiten bis hin zu Suizidneigungen weit verbreitet ist: die Undankbarkeit. Oder besser ausgedrückt: das Nicht-Schätzen von Lebensumständen, die noch viel schlechter sein könnten, als sie sind. Wir haben heute in der westlichen Welt eine atemberaubende Anspruchshaltung entwickelt, die nirgends anders hinführen kann als in den Dauerfrust, weil es ununterbrochen Ansprüche gibt, die sich nicht erfüllen. Das beginnt damit, daß die Kinder das vielfältige Schulangebot und die lange Freistellung von der Arbeit keineswegs schätzen, sondern den Anspruch erheben, die guten Noten müßten ihnen ohne mühsames Lernen zufliegen. Das geht damit weiter, daß die heranwachsenden Jugendlichen die Möglichkeiten des Wohlstands, der ihnen Sport und Hobbies, Reisen und Unterhaltung beschert, nicht schätzen, sondern gelangweilt konsumieren und den Anspruch erheben, selber vom Streß der Leistungsgesellschaft verschont zu bleiben. Das geht damit weiter, daß die Erwachsenen die soziale und wirtschaftliche Sicherheit, die sie schützt, die gegenwärtige Friedensperiode, die freie Meinungsäußerung usw. nicht schätzen, sondern sich ihren Unfrieden gegenseitig selber schaffen und den Anspruch erheben, sich grenzenlos selbst verwirklichen zu können. Und das geht schließlich damit weiter, daß sich die ältere Generation nicht über die lange Lebenszeit inklusive des ausgebauten medizinischen Services von heute freut, sondern sich über die veränderten Sitten einer gewandelten und ihr nicht mehr ganz verständlichen Welt beschwert. Freilich sind dies Pauschalaussagen ohne Gültigkeit für den Einzelfall, aber sie zeigen Trends auf, die krisenträchtig sind, weil sie zwangsläufig vom Wohlbefinden wegführen und Unzufriedenheit auf breiter Basis erzeugen.

Mit alledem will ich nicht sagen, daß es keine Mißstände gäbe, die es zu beseitigen gelte. Es gibt rechtmäßige Beschwerden und Veränderungswürdiges, das man nicht kommentarlos hinnehmen darf. Nicht alles kann geduldet werden. Doch der Protest gegen das Mißliche in der Welt braucht ein Gegengewicht: die Dankbarkeit und das Bewußtsein, daß im Grunde nichts selbstverständlich ist. Der Mensch hat kein verbrieftes Recht auf ein langes, ein gesundes, ein angenehmes Leben, nichts davon ist einklagbar, alles ist, wenn, dann Geschenk. Er kann zwar kraft seines geistigen „Wahlrechtes" wählen, wie er sich zu dem, was er im Leben und in der Welt ringsum vorfindet, einstellt, wie er darauf reagiert, aber *was* er vorfindet, ist schicksalhaft. So kommt es darauf an, dem gütigen Schicksal zu danken und das schwere Schicksal – sofern es nicht änderbar ist, anzunehmen mit der Gelassenheit und Weisheit dessen, dem vor Augen steht, daß es stets eine Schicksalsvariante gibt, die noch schlimmer hätte sein können als die zu durchlebende. Dazu eine kleine, therapeutisch sehr wirksame Geschichte aus dem jüdischen Raum, wobei der Hinweis nicht versäumt werden soll, daß geeignete Texte durchaus hilfreich in der Selbst- und Laienhilfe sowie in der klinischen Krisenintervention eingesetzt werden können; man spricht dann von *Bibliotherapie*. Hier also die Geschichte:

Zu einem alten Rabbi kam ein Mann und klagte: „Rabbi, mein Leben ist nicht mehr erträglich. Wir wohnen zu sechst in einem winzigen Raum. Was soll ich nur machen?"
Der Rabbi antwortete: „Nimm deinen Ziegenbock mit ins Zimmer."
Der Mann glaubte nicht recht gehört zu haben. „Den Ziegenbock mit ins Zimmer?"
„Tu, was ich dir gesagt habe", entgegnete der Rabbi, „und komm nach einer Woche wieder."
Nach einer Woche kam der Mann wieder, total am Ende. „Wir können es nicht mehr aushalten, der Bock stinkt fürchterlich!"

Der Rabbi sagte zu ihm: „Geh nach Hause und stell den Bock wieder in den Stall. Dann komm nach einer Woche wieder."
Die Woche verging. Als der Mann zurückkam, strahlte er über das ganze Gesicht. „Das Leben ist herrlich, Rabbi. Wir genießen jede Minute. Kein Ziegenbock – nur wir sechs."

Daß die Dankbarkeit eines Menschen sogar in sehr ernsten und tragischen Lebenssituationen geweckt werden kann, beweist der folgende Erfahrungsbericht.

Ein Internist schickte einen älteren Patienten zu mir wegen wiederholt auftretenden psychosomatischen Beschwerden in den Beinen. Jeder geringste Wetterumschwung verursachte dem Patienten heftige Schmerzen, die selbst mit starken Medikamenten kaum in den Griff zu bekommen waren. Die Vorgeschichte war entsprechend traumatisch. Als der Patient 13 Jahre alt war, wurde seine Mutter in den letzten Kriegsmonaten des Jahres 1945 von feindlichen Soldaten erschlagen. Der Vater war kurz zuvor an der Front gefallen. Der 13jährige Junge versuchte zu flüchten, wurde aber erwischt und in ein Gefangenenlager gebracht, wo er allerlei Mißhandlungen erdulden mußte; u. a. wurden dort seine beiden Beine gebrochen. Sie verheilten zwar, aber offenbar nicht in anatomisch korrekter Position. Nach dem Krieg erlernte der junge Mann einen einfachen Beruf, heiratete, zog zwei Söhne groß und führte ein unauffälliges Leben. Erst als die beiden Söhne ausgezogen waren und seine Frau sich von ihm getrennt hatte, weil die Liebe zwischen den Eheleuten erkaltet war, begannen die ständig wiederkehrenden Schmerzen in seinen Beinen.

Während der Patient mir diese Lebensgeschichte erzählte, weinte er bitterlich. Er fühlte sich vom Schicksal benachteiligt, gleichsam als Stiefkind des Glücks. „Ich habe in den letzten 30 Jahren nicht mehr gebetet", vertraute er mir an, „doch in jüngster Zeit überlege ich, ob ich nicht den Herrgott bitten soll, mir wenigstens am Lebensabend gnädig zu sein und mir die Schmerzen zu nehmen." Das war das Stichwort. „Wissen Sie was", schlug ich ihm vor, „bevor Sie um etwas bitten, beginnen Sie mit dem Danken." „Mit dem Danken?" wiederholte der Patient ungläubig. „Ja, mit dem Danken", bestätigte ich ihm. „Abends, wenn Sie im Bett liegen und auf Ihr Leben zurückschauen, dann sagen Sie zu sich bzw. zu Ihm: ‚Damals in den letzten Kriegsmonaten des Jahres 1945 hätte ich durch tausend Zufälle sterben können, aber ich bin am Leben geblieben. Dafür danke ich.' Dann schließen Sie Ihre Augen und überlassen sich dem Schlaf. Am nächsten Tag, wenn Sie abends in Ihrem Bett liegen, sagen Sie zu sich bzw. zu Ihm: ‚Ich habe 13 Jahre lang eine Mutter gehabt, eine Mutter, an die ich mich nur im Guten erinnere, und dafür danke ich.' Und wieder schließen Sie Ihre Augen und überlassen sich dem Schlaf. Am Abend darauf sagen Sie bei Ihrer inneren Zwiesprache etwa folgendes: ‚Ich habe in meiner Jugend eine verrückte, eine wahnsinnige Zeit miterlebt, und doch hat diese Zeit bloß meine Beine gebrochen, nicht aber meine Seele. Ich habe die Arbeitsfähigkeit bewahrt und ein Leben lang mich und meine Familie erhalten können. Dafür danke ich.' So und ähnlich setzten wir die Liste dankenswerter Gründe weiter fort.

Wenige Wochen später traf ich den Patienten wieder. Er sah gut aus und er fühlte sich auch gut. „Ist das nicht seltsam", sagte er zu mir, „ich bin völlig schmerzfrei, und das, obwohl ich mit den Bittgebeten noch gar nicht angefangen habe ..."

Lernen wir daraus: Wohlbefinden hat weniger mit den äußeren Lebensumständen zu tun, als man denkt. Es hat sehr viel eher mit der Dankbarkeit zu tun für das große Geschenk „Leben" und für den Sinn, der sich im je eigenen Leben erfüllt. Dessen aber können wir gewiß sein, daß das Leben unter keinen Umständen an Sinn verliert, auch nicht unter den schwierigsten und leidvollsten; in jeder Situation ist es möglich, das ihr innewohnende Sinnpotential auszuschöpfen. Der Weg aus einem emotionalen Tief führt folglich über die Sprossen einer Leiter, die auf dem Boden grundsätzlicher Dankbarkeit ruht und in den Himmel sich erfüllender Lebensaufgaben hineinragt.

Zusammenfassung

Man sei nicht mehr „expertengläubig" als nötig und schreite mutig zur Selbsthilfe und Laienhilfe. Nicht nur der Pfarrer ist ein guter Christ, und nicht nur die Erziehungswissenschaftlerin ist eine gute Mutter. Im Gegenteil, beide können in der Alltagspraxis durchaus versagen, während sich ein Laie mit viel gesundem Menschenverstand im Alltag bestens bewähren kann. Deshalb hier ein paar Grundregeln der Bewährung:

1. Man nehme irrationale Gefühle und Befürchtungen nicht ernst, sondern entschärfe sie mit humorvollen Paradoxien.
2. Man gebe vermeintlichen Abhängigkeiten nicht nach, sondern trotze ihnen in der tiefen Überzeugung, daß der Mensch seinem Wesen nach frei ist.
3. Man sei dankbar für die Gaben des Schicksals, denn nichts ist selbstverständlich, und vieles ist „unbemerktes Glück", das man erst im Verlust erkennt.

Mit Humor, gesundem Trotz und Dankbarkeit kommt man gut durchs Leben, aber auch ein Stück weit aus seelischen Nöten und Krankheiten wieder heraus – und das ganz und gar aus eigener Kraft!

Wahres Arzttum wird niemals zögern, diese Erkenntnis zu vermitteln und die Patienten mit ihren eigenen Kräften in Berührung zu bringen.

Sinnzentrierte Beratungsgespräche in einer dermatologischen Fachklinik

Ein Erfahrungsbericht von Rita Malcomess

Als ich 1985 in der TOMESA-Fachklinik in Bad Salzschlirf mit meinem Dienst begann, gab es eine im Aufbau begriffene Fachklinik für Psoriasis und Rheuma mit 40 Betten, einem nebenamtlichen Dermatologen und dem Wunsch der Klinikleitung, daß die Patienten neben Sole, Lichttherapie, Salben und Heilschlamm auch psychologisch Hilfe erhalten sollten. Im Vorstellungsgespräch zitierte ich Viktor E. Frankl und Elisabeth Lukas. Die Zitate machten hellhörig, neugierig und hoben sich ab von dem, was sonst auf dem „psychologischen Markt" angepriesen wird. Der Verwaltungsdirektor ließ sich die Worte von „Vater und Mutter der Logotherapie" näher erklären und stellte mich ein. Somit konnte ich die logotherapeutische Arbeit in einer dermatologischen Fachklinik aufnehmen – ein hoffnungsvolles Experiment!

Heute, im Jahr 1989, hat die Klinik 110 Betten in zwei Häusern; die Patienten werden von vier Ärzten, einer Psychologin und einer Psychagogin betreut. Es sind Patienten mit Psoriasis, Psoriasis arthropathica, Neurodermitis atopica, Vitiligo und pruriginösen Erkrankungen. Im Rahmen ihres stationären Aufenthaltes sind es Menschen, die *betroffen* sind. Ihr ganzes Ich ist ge- und be-troffen. Oft kommen Menschen, die seit 20, 30 und mehr Jahren krank sind, und die schon „alles" probiert haben, um eine anhaltende Linderung ihrer Beschwerden zu erreichen. Andere sind erst kurze Zeit erkrankt, haben einen Minimalbefund und erschrecken, wenn sie ihre Mitpatienten sehen: „Kann es bei mir schlimmer werden?"

Da fallen behandschuhte Hände und verbundene Füße auf. Da muß auch einmal ein Spiegel erneuert werden, zertrümmert von einem Menschen, der sich nicht mehr ansehen mag. Da gibt es häufig Alkoholprobleme, weil der Kummer über die Nichtheilbarkeit heruntergespült wird, und außereheliche Beziehungen, weil sich der einzelne wegen seiner erkrankten Haut vor dem anderen nicht zu schämen braucht. Da sind Menschen, denen die Haut in Fetzen herunterschuppt, deren Gelenke deformiert sind und die unter starken Schmerzen leiden, die Juck-Kratz-Anfälle besonders in der Nacht haben und dicke Schuppenplacken in den behaarten Körperteilen, unter Finger- und Fußnägeln, sowie übelriechende Epithelien. Da sind junge Menschen, die die Frage nach der Vererbbarkeit ihrer Hauterkrankung stellen, und deren Partnerwahl und Sexualverhalten mit dieser Frage unmittelbar zusammenhängt.

Unsere Patienten sind Menschen aus allen Berufen und Altersstufen, auch schwerst geistig und körperlich behinderte Personen mit vielfältigen medizinischen und psychologischen Risikofaktoren. Nur ein paar davon will ich vorstellen.

Ich denke an die dreijährige Johanna: das kleine Mädchen mit dem gealterten, gestreßten Gesichtchen, den trockenen, aufgekratzten Händchen, die noch den Babyspeck ahnen lassen ..., so müde vom Juckreiz und vom Kratzen, vom Nichtschlafen-Können und vom Weinen.

Ich denke an die 86jährige Frau, die ihre Behandlung aus eigener Tasche bezahlen muß, weil die Krankenkasse meint, ein alter Mensch brauche keine schöne Haut mehr und könne die Schuppen und den Juckreiz doch wohl aushalten.

Ich denke an den 46jährigen Gärtnermeister, dessen Frau froh ist, daß ihr Mann für vier Wochen in der Klinik behandelt wird. Denn in dieser Zeit hat sie Ruhe vor seinen Alkoholattakken und seiner Affektlabilität; in dieser Zeit kann sie endlich einmal ausschlafen und ohne Angst ihre Wohnung genießen.

Ich denke an den jungen Arbeitslosen, der sich zur „Null-Bock-Generation" zählt und sichtlich verärgert aus meinem Sprechzimmer abzieht, nachdem ich ihm vorgeschlagen habe, ihm bei der Suche nach einem Arbeitsplatz behilflich zu sein.

Und ich denke an die Patienten, die nervös und gereizt, gehetzt und depressiv sind, und an jene, die konstruktiv mitarbeiten in der Therapie und andere Patienten noch trösten und ermutigen.

Im folgenden sind die Therapieziele aufgelistet:

1. Der Patient soll so lange wie möglich erscheinungsfrei (d. h. ohne Hautbefall und beschwerdefrei) sein.
2. Der Patient soll psychisch so stabil werden, daß er eventuelle psychische Auslösefaktoren neutralisieren kann.
3. Der Patient soll seine „Provokationsfaktoren" kennen. (Von „Provokationsfaktoren" sprechen wir im Zusammenhang mit Rezidiven, z. B. bei Witterungseinflüssen, Ernährungsfehlern, Infektionserkrankungen, körperlichen und seelischen Belastungen etc.).
4. Der Patient soll mit seiner Haut umgehen lernen, um seinen Hautzustand positiv beeinflussen und dem Schicksal „Hauterkrankung" ein Stück weit trotzen zu können.

Um diese Therapieziele anzustreben, wird als fokale Kurzpsychotherapie im wesentlichen die Logotherapie eingesetzt. Und zwar als Therapie *bei* (nicht *der*) chronischen Hauterkrankungen, ins Gesamtkonzept dermatologischer Therapie integriert, und – wie wir in den letzten 4 Jahren erlebt haben – von 98 % der Patienten gut angenommen. Die logotherapeutischen Methoden der „Einstellungsmodulation", „Dereflexion" und „Paradoxen Intention" sind echte Lebenshilfen, die unsere Patienten dankbar akzeptieren.

Ein Psoriasis- oder Neurodermitiskranker stirbt ja nicht an seiner Erkrankung, glaubt aber oft, an der Nichtheilbarkeit seiner Erkrankung und ihrer Rezidivierung, die sehr qualvoll sein kann, verzweifeln zu müssen. Hier sind die „Einstellungsmodulation" und die „Dereflexion" indiziert, hier appelliert die Logotherapie an die geistigen Kräfte des Patienten beim Umgang mit seiner chronischen Hauterkrankung. Hier gilt es, *Einstellungswerte*[9] zu realisieren nach dem Motto:

---

[9] Vgl. dazu Viktor E. Frankl, „Ärztliche Seelsorge", Fischer Taschenbuch Verlag Frankfurt, 4. Auflage 1987, Seite 82.

- Trotzdem kann ich ...
- Ich lasse mir von meiner Haut und meinem Juckreiz nicht mehr alles gefallen..
- Da ist eine Aufgabe, die von mir getan werden will ...
- Dort ist ein Mensch, der gerade mich braucht, auch wenn meine Haut schlecht aussieht und mir Beschwerden macht ...
- Das ist meine Verantwortung, und die lasse ich mir von nichts und niemandem blockieren ...

Wie oft höre ich den Konditionalsatz: „... wenn ich wieder sauber bin, dann ...", und antworte sinngemäß darauf: „Schauen Sie, es ist *nur* Ihre Haut, die zeitweilig nicht gut aussieht, die Sie krank macht; es sind doch nicht Sie selbst, der oder die nicht in Ordnung ist. Worauf es ankommt ist, wie hilfsbereit und freundlich Sie sind, wieviel Vertrauen Sie ausstrahlen, wieviel Wärme, Wohlwollen und Liebe Sie zu geben in der Lage und zu empfangen bereit sind. Es ist völlig unwichtig, ob Sie dem Idealbild eines Menschen in einem Modejournal entsprechen. Sie sind doch nicht schmutzig, wenn Ihre Haut in ihren Funktionen gestört ist ..."

Eine weitere Antwort darauf ist das großartige Wort Viktor E. Frankls, das er in der tiefsten Not des Konzentrationslagers geschrieben hat: „Es gibt etwas, das ihr mir nicht nehmen könnt: meine Freiheit zu wählen, wie ich auf das, was ihr mir antut, reagiere." Dieses Wort schreibe ich meinen Patienten auf, und sie nehmen es mit als eine Idee, die sie auch angesichts ihres eigenen Schicksals verwirklichen können.

Die Logotherapie ist eine Verwandlungskünstlerin: sie kann – wie Elisabeth Lukas so treffend formuliert – aus einer scheinbar sinnlosen Situation eine sinnvolle machen. Und der Therapeut begleitet dabei.

Fall 1

Sonja, 18 Jahre alt, Abiturientin, ist seit dem Säuglingsalter neurodermitiskrank. Sie klagt über massive Juck-Kratz-Anfälle mehrmals pro Nacht, über Menstruationsbeschwerden, Konzentrationsschwierigkeiten und schlechte Leistungen in der Schule, über Antriebsschwäche und ständigen Streit mit den Eltern. Sie beschreibt ihre Familie mit Tierbildern:

Den Vater – ein scheues und feiges Reh,
Die Mutter – ein verletztes, hinkendes Muttertier, das sich um die Aufzucht bemüht.
Die zwei Jahre jüngere Schwester – ein unberechenbarer, launischer Schoßhund
Sich selbst – ein kompromißlos sich bemerkbar machender Eichelhäher.

Auf einen solchen „Tiergarten" war ich neugierig! Es wurde möglich, alle Beteiligten mehr oder weniger freiwillig in meinem Sprechzimmer zu versammeln. Dann versuchte ich, mir selbst ein Bild von dieser Familie zu machen:

Der Vater – im pädagogischen Bereich in leitender Position hat er ein Verhältnis mit einer Kollegin, auf das er nicht verzichten kann (will?). Alle Familienangehörigen kennen diese Frau, wissen um die Problematik. Er ist sich seiner inneren Dissonanz durchaus bewußt, verspricht immer wieder, sich aus der Abhängigkeit zu lösen. Es gelang ihm bisher nicht, seine Versprechungen wahr zu machen.
Die Mutter – auch neurodermitiskrank mit sehr belastenden Symptomen, hochgradig erschöpft und nervös. Und vor allem so gekränkt und verletzt!
Die Schwester – sie versucht sich anzupassen, nicht zwischen den Fronten zu stehen, mit niemandem zu kollidieren, alle Vorteile eines braven Kindes in Anspruch zu nehmen und nach allen Seiten hin irgendwie Stellung zu beziehen, was oft ein Ausspielen wird. Sie sehnt sich nach Harmonie.
Die Patientin – sie durchblickt die Konflikte, sie engagiert sich, ohne verstanden zu werden. Sie ist in den Augen der anderen die „Aufmüpfige". Sie wendet so viel Energie auf, argumentativ in diesen Familienkrieg einzugreifen, daß sich das Kratzen ihrer Haut fast als Bestrafungsattacke erweist.

Der Vater leidet unter seiner Schuld.
Die Mutter leidet unter ihrer Kränkung.
Die Schwester leidet unter ihrer Labilität.
Die Patientin leidet unter ihrer Aggressivität.

Ich schenkte jedem ein Foto: eine Schafgarbe im mörderischen Stacheldraht der israelisch-syrischen Grenze auf den Golanhöhen. Jedes Familienmitglied erhielt die Aufgabe, darin ein Symbol der persönlichen Entscheidung in gegenseitiger Verantwortung zu entdecken.

Der Vater: die Entscheidung *für* seine Familie: „Ich räume den Stacheldraht weg, damit die Blume weiterwachsen und sich vermehren kann."
Die Mutter: „Ich sehe die einzige Möglichkeit darin, in diesem Gewirr dem Stacheldraht zu trotzen und weiterzublühen und aufzupassen, daß ich nicht nur an den Stacheldraht denke."
Die Schwester: „Ich entferne das Unkraut um die Blume, damit sie nicht noch davon bedrängt und eingeengt wird."
Die Patientin: „Was nützt mir meine Wut und meine Enttäuschung? Ich kann die Blume doch auch bewundern, weil sie der Gefahr der Zerstörung aus der großen Kraft ihrer Wurzeln heraus trotzt und standhält."

Diesen vier Menschen die Kraft *ihrer* Wurzeln zu stärken, verhärtetes Erdreich zu lockern und lebensspendende Erfrischung zu ermöglichen, war eine sinnvolle Aufgabe für vier Wochen, in denen sie es schafften, trotz großer Entfernung jede Woche zwei Stunden lang gut miteinander zu sprechen. Die Haut unserer Patientin regenerierte sich zusehends. Die schweren Juck-Kratz-Anfälle reduzierten sich auf einen erträglichen Juckreiz, den sie mit Salben, Bädern, Lichttherapie und Autogenem Training zu kontrollieren lernte. Die dringende Empfehlung zu einer logotherapeutischen Nachbehandlung wurde samt konkreter Adresse mitgegeben.

So wird das sinnzentrierte Beratungsgespräch zu einer wichtigen Reflexionshilfe für den einzelnen Patienten, und „Einstellungsmodulationen" ermöglichen ihm eine neue und positivere Einstellung zu seiner Krankheit, zu den Reaktionen seiner Umwelt und zu seinen beruflichen und familiären Lebensbedingungen. Das Beratungsgespräch beschränkt sich also keineswegs auf den Bereich, der im engeren Sinne die chronische Haut- oder Rheumaerkrankung tangiert.

Fall 2

Herr V., ein 58jähriger Krankenpfleger, kommt mit einer Vitiligoerkrankung in die Klinik. Er wirkt nervös und gereizt, hat einen vergrämten Gesichtsausdruck. Seine Züge wirken spontan auf mich wie „gebrandmarkt". Nach anfänglicher Schwellenangst und vielen Fragen nach dem Wie und Wofür psychologischer Betreuung wird eine 22jährige Lebenslast vor mir niedergelegt. Vor 22 Jahren verliebte er sich in eine Mitarbeiterin, die angeblich von ihm schwanger wurde. Die Ehefrau des Patienten, der damals bereits drei Kinder hatte, erklärte sich bereit, dieses Kind wie ein eigenes aufzunehmen. Dennoch schien die Abtreibung der einzige Ausweg zu sein. Der Mann gab seiner Freundin einen großen Geldbetrag.

Bis heute weiß er nicht, ob sein Kind geboren wurde oder nicht, und ob es überhaupt dieses Kind gab oder gibt. Warum nicht? Es ist unerklärlich, warum er 22 Jahre seines Lebens einer Erhellung der damaligen Geschehnisse aus dem Weg ging. Er kann keine plausible Antwort auf meine Frage geben, bemitleidet sich stattdessen: seine Ehe sei zerrüttet, seine Frau erinnere ihn bei jeder noch so kleinen Auseinandersetzung an diese „Geschichte", könne nicht vergessen, wache eifersüchtig über jeden Schritt ihres Ehemannes.

Hier mußte versucht werden, die Sachlage ein- für allemal zu klären. „Mensch-sein heißt: Bewußt-sein und Verantwortlich-sein", an dieses Frankl-Zitat mußte Herr V. herangeführt werden. An dieses Verantwortlich-sein mußte er nach 22 Jahren erinnert werden, und sein Bewußt-sein mußte nach realen Konsequenzen suchen: Lebte der Hausarzt noch, dem die Verliebten sich damals anvertrauten, und der jetzt gebeten werden konnte, bei der Wahrheitssuche zu helfen? Hatte Herr V. endlich den Mut, die ehemalige Geliebte um ein offenes Gespräch zu bitten und gegebenenfalls einem jungen Menschen zu offenbaren, daß er der Vater ist? Ich vertraue darauf, daß er zu Hause seine Chance nutzte!

Im Rahmen der fokalen Kurzpsychotherapie möchte ich mich noch mit der Anwendbarkeit der logotherapeutischen Methode der „Paradoxen Intention" auseinandersetzen. Die Paradoxe Intention erzeugt Gelassenheit und Humor und ermöglicht den Umgang mit sich selbst durch ein aktives Selbstgespräch, das heilende Wirkung hat und Angst nimmt. Dennoch wird bei der Paradoxen Intention nicht die Angst selbst, sondern der jeweilige Inhalt und Gegenstand der Angst paradox intendiert. Geht doch die Anweisung zur Paradoxen Intention dahin, daß sich der Patient wünschen bzw. vornehmen soll, was er bisher so sehr gefürchtet hat, also das Wovor seiner Angst wird humorvoll herbeigewünscht.

Oft nutze ich den Bremseffekt der Paradoxen Intention bei meinen Patienten und lasse sie sich vorsagen: „Von mir aus kann ich morgen bei meiner Hochzeit furchtbar rot aussehen, und meine Haut wird natürlich entsetzlich jucken; aber davon lasse ich mich nicht ins Bockshorn jagen, denn schließlich ist das ein rundum aufregender Tag, da soll sich meine Haut fröhlich mit aufregen!" oder „Na, mein neuer Chef soll nur sehen, daß ich aufgeregt und nervös bin, dann merkt er wenigstens gleich, wieviel mir an der neuen Stelle liegt," oder „Liebe Haut, jucke ruhig, mir kannst du mein schönes Bett nicht vermiesen, und außerdem mache ich gleich Autogenes Training, dann hört das Jucken auf. Du brauchst dich also nicht so anzustrengen!"

Fall 3

Raimund, 20 Jahre alt, ist gegen „alles" allergisch, leidet unter Asthma, hat eine sehr kaschierte Aphasie und schwere Neurodermitiserscheinungen. Nach seinem Abitur ist er gerade in Ausbildung zum Informatiker.

Er trotzt seinen Beschwerden, ist gut aufgelegt und hilfsbereit, und wird bald zum „Liebling" der Klinik. Vielen macht er Mut, die bei weitaus geringeren Beschwerden jammern. Abends gegen 21 Uhr juckt es ihn immer sehr intensiv; eine Erleichterung stellt sich erst nach dem Blutigkratzen ein. Ungläubig macht er den Versuch, mit Hilfe der Paradoxen Intention dem Juckreiz und der Erwartungsangst Paroli zu bieten: „Bitte, lieber vertrauter Juckreiz, lasse mich heute Abend um 21 Uhr nicht im Stich. Ich habe mich so sehr an dich gewöhnt. Und du weißt, ich schätze Zuverlässigkeit und Pünktlichkeit über alles. Vergiß auch nicht, ich werde allerhöchstens zehn Minuten Zeit für dich übrig haben, denn dann werde ich zu lesen beginnen. Aber in diesen zehn Minuten, die ich dir zugestehe, da zeige, was du kannst. Und, liebe Angst, du darfst ruhig mitkommen, mit dir werde ich schon auch noch fertig ..."

Am nächsten Tag findet das Zwiegespräch seine Fortsetzung: „Also, liebe Angst, du bist eine sehr unzuverlässige Dame! Gestern habe ich sehnsüchtig auf dich gewartet, aber du hast mich versetzt. Das war nicht besonders nett von dir und führt mich zu der Überlegung, ob ich mir wohl eine zuverlässigere Bettgenossin besorgen soll?"

Als die 21-Uhr-Juckanfälle ausblieben, wurden wir dreist: „Von mir aus kannst du auch um 19 Uhr zu den Nachrichten jucken, da paßt es mir sogar besser. Außerdem haben wir dann im Fernsehzimmer eine Menge Zuschauer, die dich bewundern können ..."

Nach 5 Wochen Therapie konnte Raimund dank dermatologischer Behandlung, Autogenem Training und sinnzentrierter Beratung – wobei die Paradoxe Intention ein nützlicher Begleiter war – in fast beschwerdefreiem Zustand seine Ausbildung fortsetzen.

Die Logotherapie ist eine kreative Psychotherapie, die heilende Bilder entstehen läßt und bei jedem einzelnen Ratsuchenden ganz individuelle Chancen aufzeigt. So auch mit Hilfe der „Dereflexion". Die Dereflexion ist die logotherapeutische Methode, die dem Patienten hilft, sich von seiner krankmachenden Selbstbeobachtung zu lösen, indem er seine Haut pflegt, sich ausreichend entspannt, aber auch lernt, positiv auf seine Umwelt zuzugehen. Im Aufbau eines im psychohygienischen Sinne gesunden „Lebenswertgefühls", das noch mehr ist als ein gesundes Selbstwertgefühl[10], findet der Hautkranke aus seiner Isolation wieder heraus. Die Dereflexion ist praktisch eine therapeutische Aufmerksamkeitsregulierung, die seelisch stabilisierend wirkt. Die logotherapeutische Begleitung war eine wesentliche Ergänzung der Behandlung geworden.

Es ist ein großes Anliegen der dermatologischen Therapie und ihrer psychologischen Unterstützung, „hyperreflektives

---

[10] Vgl. dazu Elisabeth Lukas, „Psychologische Seelsorge", Verlag Herder, Freiburg, 2. Auflage 1988, Seite 57.

Verhalten" der Kranken, welches deutlich mit Krankheitsgewinn korrespondiert, zu korrigieren. Ein solches gipfelt in dem Satz: „Nichts im Leben gilt es, mehr zu betrachten und zu beachten als meine kranke Haut!" und „Alles, was mir im Leben wichtig ist, erhalte ich über meine Krankheit!" Worin besteht nun konkret das hyperreflektive Verhalten? Da würde sich manch einer am liebsten in einem Spiegelkabinett pflegen, damit kein Zentimeter seiner Haut seinen Blicken entgeht, umringt von teilnehmenden Familienmitgliedern und Therapeuten, die unter ständigem Ihn-Bemitleiden und Ihn-Bedauern anwesend sein sollen. Da legt sich mancher selbst unters Mikroskop und sieht eine winzige Schuppe so überdimensional groß, daß es zum Horrortrip ausartet, auch noch die Haut um die Schuppe herum zu betrachten.

Was hier grotesk überzeichnet klingt, ist die übertriebene Beobachtung des eigenen Krankheitsbildes, die noch kränker macht. Es besteht die Gefahr der zusätzlichen Neurotisierung des Patienten. Besonders erschreckend wird es dann, wenn diese Über-Beachtung der Haut zum Ersatz für Zuwendung und Zärtlichkeit ausartet, ja sogar für erlebte Sexualität und Befriedigung. Es gibt Menschen, die aus ihrem Blickwinkel heraus keine andere Möglichkeit mehr sehen, als über den Umweg über die erkrankte Haut die Zuwendung von anderen Menschen, auch vom Ehepartner, zu erreichen, etwa in Form von Angefaßt- und Eingeriebenwerden mit Salben. Sie stellen über die kranke Haut Haut-Kontakt her – welche Not! Hier ist die vertraulich intensive Zusammenarbeit zwischen Arzt und Patient, psychologischem Berater und Pflegepersonal unbedingt erforderlich. Denn wenn der Patient die Erfahrung macht, daß er Mitgefühl, Umsorgt- und Geschontwerden nur bekommt, wenn er krank ist, kann er gar nicht gesund werden wollen. In diesem Fall wird er jede Besserung seines Symptoms mit Argwohn zur Kenntnis nehmen und zu dem fatalen Ergebnis gelangen, daß er das Wichtigste in seinem Leben bloß über die Krankheit erhält.

Immer wieder erlebe ich Menschen, die mit einem neuen Krankheitsschub reagieren, wenn die Heimreise ansteht, die von vornherein eine Verlängerung des Klinikaufenthaltes wünschen und sich nach der Entlassung aus der Therapie sofort für eine Kur im nächsten Jahr anmelden wollen. Die konsterniert reagieren, wenn man sie zu fragen wagt: „Und wenn nächstes Jahr Ihr Hautzustand so gut ist, daß Sie gar nicht zu uns zu kommen brauchen?"

Fall 4

Auch Mediziner sind gegen „Krankheitsgewinn" nicht gefeit. Ich erinnere mich an einen Arzt, der seine Psoriasis-Therapie „braucht", um häuslichen und ehelichen Schwierigkeiten zu entfliehen. Sein „Das brauche ich regelmäßig" gefiel mir ganz und gar nicht. Was braucht er wirklich? Gerne hätte ich mit ihm sinnzentrierte Gespräche geführt, aber er hat sie – wie er sagt – nicht nötig. Er weiß allein, was er „braucht" und was ihm guttut. Schade, daß er den Schlüssel zum Frohsein in seinem verschlossenen Haus unter Verschluß hält, wirklich schade ...

Wie kann man da helfen? Es braucht viel gegenseitiges Vertrauen, um die Problematik mit einem ratsuchenden Menschen überhaupt ansprechen zu können. Auch erfordert es viel guten Willen auf Seiten des Patienten, nach echten Alternativen zu suchen. Substantiell geht es darum, den Patienten aus seiner krankmachenden Selbstbeobachtung zu befreien und ihm anstelle eines Krankheitsgewinns einen Lebens-Gewinn zu ermöglichen, wobei er selbst definieren muß, wodurch sein Leben an Qualität und Inhalt gewinnt.

Eine Patientin schrieb mir: „Ich schaffe es, und ich erwarte keine Wunder mehr. Die Psoriasis ist nicht mehr der Mittelpunkt meines Lebens, denn ich habe gelernt, meine Haut durch Pflege und Therapie positiv zu beeinflussen. Ich bin noch erscheinungsfrei, und das schon über ein Jahr lang. Meine Familie freut sich mit mir, weil ich ruhiger und gelassener bin und wieder die Sorgen und Probleme der anderen sehen kann. Ich habe auch endlich den Mut, zu sagen, daß mich meine Haut mit ihrem zeitweiligen Jucken ärgert, und nicht mein Mann."

Mit meinen Patienten spreche ich viel über Hobbys und Interessen und über jene Menschen, für die sie zu Hause ein bißchen von ihrer Lebenszeit verschenken könnten. Wenn dann der Einwand kommt: „Aha, provoziertes Helfersyndrom!", bitte ich sie zu überlegen, ob nicht selbstlose, Freude bereitende Nächstenliebe auch im Sinne einer gelungenen Dereflexion wünschenswerter und sinnvoller ist als noch so hochtrabende Worte, die keine konkrete Tat zur Folge haben.

Fall 5

Eine meiner Patientinnen war erst sein wenigen Monaten an Schuppenflechte erkrankt. Nach 5 Wochen Therapie wies ihr Hautzustand eine deutliche Verschlechterung auf, wegen der sie völlig verzweifelt war. In meiner Sprechstunde ließ sie ihrer Enttäuschung freien Lauf: „Ich gehe nicht eher aus dieser Klinik weg, bis meine Haut restlos abgeheilt ist." Auf meine Entgegnung, daß sie dann möglicherweise sehr lange unsere Patientin sein werde, und wir uns am Sankt-Nimmerleins-Tag immer noch begegnen werden, antwortet sie anklagend: „Ich habe alles, was ich will, ich war noch nie krank. Ich will, daß meine Haut abheilt. Ich schäme mich vor mir selbst, und mein Mann findet meine Haut bestimmt auch ekelerregend, er sagt es bloß nicht!" Dabei entsprach ihr Hautzustand durchaus nicht den „ekelerregenden" Hautexanthemen, und es bestand bei ihr längst nicht das problematischste Krankheitsbild.

Ich sprach mit ihr über zwei logotherapeutische Leitsätze[11]:

1. Der Hader mit dem Schicksal wird nicht von der Krankheit bestimmt, sondern vom Kranken, der sich zum Hadern entschließt. Ebensogut kann der Kranke auch eine andere, eine „gesündere" Haltung gegenüber dem Schicksal des Krankseins beschließen.
2. Die Sinnfindung im menschlichen Leben wird nicht durch Krankheit gefährdet. Ja, es ist sogar möglich, durch die persönliche Art und Weise, wie eine Krankheit geleistet wird, dem Leben eine zusätzliche Sinnperspektive abzugewinnen.

---
[11] Aus Elisabeth Lukas, „Rat in ratloser Zeit", Verlag Herder, Freiburg 1988, Seite 220/221.

Die Patientin nahm diese Gedanken auffallend distanziert und widerwillig hin. Unser Abschied war kühl. Einen Tag später kam sie wieder und bat um eine Fortsetzung unseres Gesprächs. Sie habe sich zunächst unverstanden gefühlt, habe die angebotenen Gedanken abgelehnt, doch diese hätten sie nicht losgelassen. „Die Art und Weise, wie sie ihre Krankheit zu leisten habe", fand sie allmählich selbst heraus: sie beschloß, heimzufahren und sich um den seit drei Wochen verwitweten Schwager zu kümmern. Dessen Frau war nach einem langen Krebsleiden qualvoll gestorben, und meiner Patientin dämmerte, daß sie eigentlich froh sein konnte, nur an Psoriasis erkrankt zu sein.

Knapp eine Woche nach ihrer Heimreise erhielt ich einen Brief von ihr, in dem sie Bezug auf die von uns geführten Gespräche nahm. Darin stand, daß sie die Kraft aufbringen wolle, das Schicksal „Krankheit" zu meistern, und daß ihr die angebotenen logotherapeutischen Gedanken nunmehr „bejahte Richtschnur" seien, wenn sie ihr auch eine lange, innere Wandlung abverlangten. „Diese Aufgabe unverzagt anzugreifen, geben Sie mir den Mut" war ihr Schlußwort.

Fall 6

Ein 31jähriger, psoriasiserkrankter Mann berichtete, daß sich sein Hautzustand verschlechtert hatte, seit er um die Krebserkrankung seiner Freundin wußte. Die junge Frau war parallel zu seinem stationären Aufenthalt in Kur.

Der Patient äußerte, daß seine Freundin nur noch ca. 4 Monate zu leben habe, so deprimierend sei die Prognose der Ärzte. Er halte es kaum aus, zu tun, als ob reelle Heilungschancen bei ihr bestünden und mit ihr die Belastungen der Chemotherapie durchzuhalten. Außerdem falle es ihm schwer, auf sexuelle Kontakte zu verzichten. Bevor die Krebserkrankung der Frau diagnostiziert worden war, hatte er vorgehabt, sich von ihr zu trennen, es dann aber nicht mehr übers Herz gebracht.

Zusammen mit seiner Freundin führten wir einige Gespräche in dem gemeinsamen Bemühen, Antwort auf diese Lebensanforderung zu geben. Ich drückte den beiden ein Gedicht von

Elisabeth Lukas[12] in die Hand in der Hoffnung, auch sie würden den Wert ihrer „Perle" entdecken.

> Ein Fremdkörper dringt
> in die Muschel ein
> und schmerzt.
> Harter Sand reibt
> ihre Weichteile wund.
> Sie leidet.
>
> Die Muschel versucht,
> das Fremde abzuwehren
> und scheitert.
> Das Sandkorn sitzt fest.
> Der Schmerz ist nicht zu
> beheben.
>
> Da schöpft das Tier
> aus den Urgründen
> seiner Natur
> die Kraft, das Leid
> zu verwandeln in einen
> Triumph.
>
> Aus Pein und Not,
> aus dem Saft ihrer Tränen
> entsteht
> in langen Prozessen
> inneren Wachstums
> die Perle.

Es gelang. Die Beiden waren offen und empfänglich geblieben nach den Jahren gemeinsamen Leidens und Bangens. Sie sagten: „Die Perle, das ist für uns, was jeder für den anderen sein kann. Das ist unsere Liebe füreinander ... So, Sie meinen, das sei unser Heldentum? Nun, dann wollen wir als Helden in die Geschichte eingehen! Sie glauben, wir sind reicher geworden in

---

[12] Aus Elisabeth Lukas, „Sinn-Zeilen", Verlag Herder, Freiburg, 2. Auflage 1987.

dieser schweren Zeit? Ja, das sind wir ohne Zweifel ..." Die „Perlen" dieser beiden jungen Menschen vervielfältigten und vermehrten sich zusehends.

Ich ermutigte sie, während des Klinikaufenthaltes auch ein wenig Urlaub zu machen, jede Minute im Beieinandersein auszukosten. Inzwischen wartete ich, abgesehen von gelegentlichen Zwischen-Tür-und-Angel-Gesprächen ab, welches Schmuckstück aus diesen „Perlen" wohl entstehen könnte. Ich wurde nicht enttäuscht, obwohl es zunächst so aussah, weil beide ihre Termine bei mir buchstäblich vergessen hatten. Doch zum Abschied standen zwei strahlende Menschen vor mir, die sich mit amüsiertem Blickkontakt darüber verständigten, wie interessant es ist, wenn eine langgediente Therapeutin auch einmal sprach-los ist.

Ich durfte ihr Schmuckstück begutachten. Es war großartig gestaltet:

- Sie seien Mann und Frau für- und miteinander und haben aus ehrlichem Herzen Ja zueinander gesagt. Der Hochzeitstermin sei geplant.
- Sie haben endlich miteinander über Sterben und Tod gesprochen und einander ihre Ängste anvertraut.

Ich bin zur Hochzeit eingeladen, und natürlich werde ich dabei sein.

Logotherapeutische Behandlung in einer dermatologischen Fachklinik, das heißt, mit zahlreichen resignierten Menschen zu tun haben, die vorerst meinen: „Es kommt ja doch wieder, in einem halben Jahr oder in einem Jahr, oder schon viel früher ... Mir nützt die Psychologie nichts ... Ich brauche das nicht, ich kann mir selber helfen ..." und die dann zunächst neugierig und später immer dankbarer die Gesprächstermine wahrnehmen. Menschen, die mich schließlich mit ihrem Vertrauen überreichlich beschenken.

Fall 7

Frau K. konnte kaum noch gehen und auch nicht ihre Hände und Finger bewegen: die Haut war blutig, tiefe Schrunden bedeckten die Füße. Jede Bewegung war eine Qual für sie. Nach dem plötzlichen Unfalltod ihres Mannes war die Schuppenflechte so stark aufgetreten, daß es wirkte, als wolle ihr Körper demonstrieren, wie schwer es für sie sei, ihr Leben nun allein in die *Hand* zu nehmen und auf eigenen *Füßen* zu stehen.

Das Leiden ist der Preis, der gezahlt wird für 33 Jahre liebevollen Miteinanders. Ich erzählte ihr im Vergleich dazu von einem meiner Patienten, der mir drei Wochen nach dem Tod seiner Frau eröffnete, daß er froh sei, diese ... los zu sein!

„Jetzt kann ich fernsehen wann und was ich will, jetzt habe ich endlich meine Ruhe!" Dieser Mann konnte nicht trauern, er mußte keinen Preis zahlen für Liebe, Harmonie und Zuneigung, die verloren gegangen waren, weil Liebe, Harmonie und Zuneigung niemals stattgefunden hatten in seiner Zweisamkeit.

Als ich Frau K. davon erzählte, reagierte sie spontan: „Was für ein bedauernswerter, armer Mann! Nein, da nehme ich doch lieber mein Leiden an!"

Fall 8

Eine junge Dame, die in die Klinik kam, löste bei ihren Mitpatienten und beim Personal belustigtes Erstaunen aus. Ich taufte die Fünfzehnjährige: „Viola von den Vereinigten Emaillier- und Lackwerken", denn Viola war der „Punk aus dem Bilderbuch". Aber unter und hinter der Fassade und dem provokativen Verhalten glänzten zarte Farben: „Ich konnte nie mit meinen Eltern richtig schmusen." Ich wandte ein, daß dabei im Moment realistische Verletzungsgefahr bestünde. „Meine Eltern haben nie Zeit für mich und liegen ständig miteinander im Clinch!" Das entsprach den Tatsachen, wie die Eltern bestätigten. „Mir ist alles egal!" Was absolut nicht der Wahrheit entsprach.

Von einem psychologischen Beratungsgespräch hielt sie gar nichts. Mehr oder weniger widerwillig fügte sie sich in den Klinikalltag, machte notgedrungen die Therapie mit, obwohl deutliche Psoriasisherde im Gesicht und an den Händen sowie starker Kopfbefall Motivation genug sein konnten.

Ich ließ Viola zunächst ganz in Ruhe, fand aber heraus, daß sie eine Alt-Blockflöte mitgebracht hatte, ein wertvolles, wunderschön klingendes Instrument. Da erinnerte ich mich, daß ich auch eine Blockflöte besaß, zwar längst nicht so wertvoll, aber brauchbar für unsere gemeinsamen Duette mit Musik von Bach und Telemann, heimlich im Tischtennisraum, denn Viola legte Wert auf Rollenverhalten.

Sie entlockte ihrer Blockflöte sanfte, warme Töne, sauber geblasen. Mit mir hatte sie ihre Last, denn ich spielte nicht fehlerfrei. Aber wir versuchten, aus der Musik mehr herauszuhören. Wer für die Töne empfänglich ist, wer sich auf Auf-nehmen und Hin-hören einstellt, der sagt nicht: „Was soll das Gedudel?" Er wird in seinem Inneren mitschwingen und Freude und Beruhigung empfinden. Es wird gut tun.

Wir lernten, unseren Rhythmus mehr aufeinander abzustimmen, den Takt durchzuhalten, intensiver miteinander zu üben, die Feinabstimmung zu besprechen, das, was wir musizieren, gemeinsam auszusuchen und falsche Töne zu korrigieren ... wir gaben in der Klinik ein kleines Konzert.

Jetzt brauchte es nur noch eines kurzen Gesprächs, und „Viola von den Vereinigten Emaillier- und Lackwerken" übertrug unsere Erfahrungen auf das Miteinander in ihrem familiären Bereich. Sie hatte sorgfältig hingehört und gut verstanden! Völlig überraschte Eltern nahmen eine Tochter mit nach Hause, die sich im wahrsten Sinne des Wortes einiges „abgeschminkt" hatte, äußerlich und innerlich, und die der große Kummer nicht mehr „juckte".

Fall 9

Ein Zahnarzt mußte seinen Beruf aufgeben. Für einen 53jährigen ein schwerer Entschluß, der erzwungen wurde durch eine hartnäckige Form von Psoriasis und Psoriasis athropathica. Seine Hände waren mit blutenden Rissen durchzogen, rauh und schuppig und nach dem Eincremen fettend und schmierig. Seine Frau ekelte sich fürchterlich vor diesen Händen. Der Mann litt nicht nur unter dem Aufgebenmüssen seines Berufes und allen damit verbundenen beträchtlichen Einschränkungen, sondern ihn belastete auch, daß seine Frau jedes zärtliche Berühren sehr schroff ablehnte.

Diese Zahnarztfrau kam zu mir, nach Mitleid heischend, um Verständnis suchend für ihre Ekelgefühle und um Rechtfertigung ihrer Ablehnung bemüht: „Sie können doch bestimmt verstehen, daß mir das soviel ausmacht. Stellen Sie sich vor, wie schrecklich es für mich ist, wenn mein Mann mit mir schlafen will!" „Oh ja," antwortete ich, „das kann ich mir sehr gut vorstellen. Ich weiß, wie sich rauhe, schuppige, psoriatische Hände anfühlen." Die Patientin entgegnete, daß dies ja zu meinem Beruf gehöre. Da mußte ich Persönliches auspacken, was ich ungern und höchst selten tue: „Wissen Sie, mein Mann, der vor 10 Jahren verstorben ist, hatte solche Hände. Doch was gäbe ich darum, noch von *diesen Händen* angefaßt und gestreichelt zu werden ..."

Die Frau des Zahnarztes schaute mich sekundenlang völlig fassungslos an. Dann rief sie: „Und ich habe meinen Mann noch! Mein Gott, was tue ich ihm und mir an!"

Es gab zwei frohe Menschen, die sich später verabschiedeten, und die etwas verlegen von „just married" sprachen. Und sie brachten sogar ein Abschiedsgeschenk mit: zwei Gästehandtücher, liebevoll mit einer selbstgehäkelten Borte verziert.

Insgesamt läßt sich sagen: nach 4-6 Wochen Therapie ist die Haut bei über 90 % aller Patienten völlig abgeheilt und eine optimale Beschwerdefreiheit erreicht. Geringe Reststellen können zu Hause weiterbehandelt werden. Dies alles ist bedingt durch fachliches Können und menschliche Zuwendung, eine Glanzleistung unserer Ärzte, was nicht unerwähnt bleiben darf. Dermatologie und Logotherapie ziehen an einem Strick, und der Patient liefert uns diesen guten Strick, indem er mitarbeitet. Er schenkt uns die notwendige Bereitschaft und das Vertrauen, früher oder später.

Hier der psychische Gewinn, den er nach Hause trägt:

1. Er taucht auf aus Isolation und Resignation.
2. Er macht mitmenschliche Erfahrungen im Patientenkreis.
3. Er findet Distanz zu belastenden Alltagssorgen.
4. Er erhält sinnzentrierte Beratung und Zukunftsperspektiven.

Beim Abschiednehmen kehren stets dieselben Fragen wieder: „Wie lange hält der positive Hautzustand an? Was kann ich zu Hause tun?" und „Werde ich die Kraft haben, sinnvoll zu verändern, was ich mir vorgenommen habe?"
 Wie oft höre ich da: „Ich kam eigentlich wegen meiner Haut. Aber jetzt haben sich bei mir soviele Sinn- und Lebensfragen geklärt!"

Fall 10

Im Dezember 1988 war Frau N. bei uns in Therapie. Dürftig waren die Informationen zu ihrer Lebensgeschichte. Eine blockierende Schwellenangst, ein Kloß im Hals, ein Nicht-Annehmen von Gesprächsterminen verhinderten ein offenes Gespräch. Nur weniges stand in den Akten: 1936 geboren, eine Tochter, der Ehemann ein Handwerker. Diagnosen: Psoriasis vulgaris, Lebercirrhose, Alkoholabusus – ohne Therapie seit 2 Jahren abstinent –, Mamma-Carzinom. Psychologisch: hochgradige Affektlabilität bis zu unkontrollierter Aggression führte zu Konflikten mit dem Gesetz. Soweit die Informationen des einweisenden Arztes. Ich nahm sie ins Autogene Training, ließ hie und da ein paar Bemerkungen fallen, die auf sie gemünzt waren.
 Am letzten Tag des Jahres 1988 erreichte mich ein Brief von Frau N., den ich auszugsweise wiedergebe:

„Einzelne Worte von Ihnen beim Autogenen Training haben den Anstoß dazu gegeben, einmal ganz ehrlich mit mir ins Gericht zu gehen. Noch während der Kur konnte ich den wunden Punkt in meinem Leben soweit klären, daß ich meinen inneren Frieden fast wieder erreicht habe. Etwas werde ich wohl immer kämpfen müssen, aber ich glaube, es wird nicht mehr zu einem seelischen Tief kommen wie vor der

Kur ... die Gedanken nicht verdrängen, sondern auch mal vor dem Spiegel stehen und mit sich selbst reden, haben Sie uns empfohlen. Das hilft! Sie haben mir, wenn wir auch allein kaum miteinander gesprochen haben, trotzdem sehr geholfen ..."

Der Appell an die Verantwortlichkeit blieb also von dieser Patientin nicht ungehört, sie hatte begriffen: „Ich bin verantwortlich für meinen Hautzustand. Ich bin verantwortlich für die Gestaltung meines schicksalhaften Geschehens, und für die Erfüllung der Aufgaben innerhalb dem Freiraum, der vom Schicksal ausgespart bleibt. „Nur das Bewußtsein der Eigenverantwortlichkeit macht das Annehmen fremder Hilfe sinnvoll", schreibt Elisabeth Lukas[13].

An diese Eigenverantwortlichkeit versuche ich in meinen sinnzentrierten Beratungsgesprächen zu erinnern und leiste meinen Dienst dergestalt, daß der einzelne Mensch seine Krankheit nicht mehr nötig hat, um Zuwendung zu empfangen. Er lernt, seine Schicksalsfragen zu beantworten und seinen geistigen Freiraum zu nutzen um der Werte willen, die das Leben für ihn bereithält, die es von ihm zu entdecken und zu beachten gilt, und von denen er sich durch seine Erkrankung nicht mehr fernhalten lassen *will*.

---

[13] Elisabeth Lukas, „Von der Tiefen- zur Höhenpsychologie", Verlag Herder, Freiburg, 2. Auflage 1988, Seite 341.

TEIL D

AUF DER SUCHE NACH DEM „LETZTEN SINN"

Briefwechsel zwischen zwei „Logotherapeuten", Elisabeth Lukas und Franz Sedlak

Lieber F. S.,

unser gemeinsamer Lehrer hat uns verdeutlicht, daß der Mensch ein Wesen auf der Suche nach Sinn ist. Auf der Suche auch nach dem „letzten Sinn". Mit diesem „letzten Sinn" habe ich persönlich keine Probleme. Es kostet mich keine Überwindung, ihn Gott zu nennen, wovor viele Menschen heute zurückschrecken. Aber ich beschäftige mich seit einiger Zeit mit der Frage nach dem „letzten Sinn" eines Menschenlebens. Und da Du ein ausgezeichneter Menschenkenner, oder noch genauer, ein Kenner des menschlichen Lebens bist, möchte ich Dir unterbreiten, was mir dazu eingefallen ist. Vielleicht findest Du das fehlende Teilchen, das ein eckiges Bild abrundet, denn es sind, wie Du gleich lesen wirst, ein paar unbehagliche Spitzen und Zacken in dem, was mir vorschwebt.

Doch will ich sanft beginnen mit der faszinierenden Möglichkeit, daß der „letzte Sinn" eines Menschenlebens das „Vordringen zur Liebe" sein könnte. Schade, daß das Wort „Liebe" so abgenutzt ist. Es hat tausend Facetten, und ich schreibe jetzt wahrscheinlich die tausenderste nieder, wenn ich dieses „Vordringen zur Liebe" definiere als „geistige Annäherung an ewige Werte". Könnte es also sein, daß – in der Negation gesprochen – ein Menschenleben, das sich nicht auf Liebe hin entwickelt, verfehlt wird? Gehen wir einmal davon aus, es wäre so. Das „Vordringen zur Liebe" wäre das Kriterium der Sinnhaftigkeit eines Lebens. Müßten wir dann nicht, die Unterschiedlichkeit der einzelnen Menschen im Blick, annehmen, daß jeder eine andere Ausgangslage für seine Entwicklung auf Liebe hin bei sich vorfindet? Manche mögen beim Haß anfangen müssen, und jede kleinste Abrückung vom Haß wäre schon eine Bewegung auf Liebe zu.

Halt, da der Haß keineswegs das Gegenteil von Liebe ist, muß ich mich korrigieren. Ich wiederhole also: Manche mögen bei der Gleichgültigkeit anfangen müssen, und jedes über sie Hinauswachsen wäre schon eine Bewegung auf Liebe zu. Ich glaube, jetzt ist der Satz korrekt, denn der Antipol zur Liebe, verstanden als dasjenige, das eben einen Wert als liebens-wert erschaut und sich ihm liebend zuwendet, dieser Antipol dazu ist die Gleichgültigkeit. Sie erachtet nichts als wert, jedenfalls nicht wert genug einer liebenden Zuwendung, sie sieht alles als gleich gültig an, Werte wie Unwerte.

Manche Menschen müssen bei der Gleichgültigkeit anfangen und sich mühsam daraus befreien, andere bringen ein hohes Potential an Liebesfähigkeit und ein reiches Wertsystem ins Leben mit, sie mögen es bei ihrem „Vordringen zur Liebe" leichter haben.

Aber der Sinn ist sozusagen die unabhängige Konstante. Er ist unikal für jedes unikale Menschenleben, und er ist ein unbedingter; an keine Bedingung des Lebens geknüpft. Sinn kann ein Mensch finden und erfüllen, wo immer er auf dem Kontinuum zwischen Gleichgültigkeit und Liebe steht. Könnte es daher sein, daß der gefundene und erfüllte Sinn eines Menschenlebens in der *stattgefundenen Entwicklungsspanne* auf Liebe hin aufscheint, und nicht einmal so sehr in der tatsächlich erreichten Annäherung an die ewigen Werte?

Da wir beide ein Faible für Diagramme haben, gestatte ich mir diese simple Skizze zur Verdeutlichung des Gemeinten:

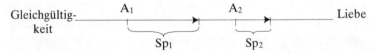

Ein Mensch, der sich in der Ausgangslage A_1 vorfindet, entwickelt sich unter Umständen stärker auf Liebe zu, als ein Mensch, der sich in der Ausgangslage A_2 vorfindet. In diesem Falle ist die Entwicklungsspanne Sp_1 des erstgenannten Menschen größer als die Entwicklungsspanne Sp_2 des zweitgenannten, obwohl der Zweitgenannte wesentlich weiter zur Liebe vordringt, als der Erstgenannte. Ich könnte mir gut vorstellen, daß sich die Qualität eines Menschenlebens viel eher an der solcherart „geleisteten" Entwicklungsspanne in Richtung Liebe bemißt, als an dem tatsächlich erreichten Standort ohne Rückbezug auf die Ausgangslage.

Nun freilich, das ist graue Theorie. Farbtupfer bekommt sie durch ihre Relevanz für unser psychotherapeutisches Wirken. Wenn Du meinen Gedanken bis hierher gefolgt bist, wirst Du die Idee nicht für abwegig halten, den Psychotherapeuten als „Entwicklungshelfer" zu charakterisieren, dessen Auftrag es ist, das Seine zu tun, auf daß sich die Entwicklungsspanne eines Menschen in Richtung Liebe vergrößere. Dabei denke ich ganz speziell an den Neurotiker, der ja – nicht unbedingt unser tägliches Brot, aber – unser täglicher Patient ist.

Über den Neurotiker sind unzählige Abhandlungen geschrieben worden. In unzähligen Spekulationen wurde bereits versucht, seine seelische Störung zu erhellen. Du, der Du vom Fach bist, weißt so gut wie ich, daß bis heute keine vollkommen schlüssige Erklärung für das Phänomen der Neurose gefunden worden ist. Nicht einmal die jedermann einleuchtende These, daß seelischer Schmerz, seelische Entbehrung und seelischer Streß Neurosen auslösen (von „verursachen" gar nicht zu reden), ist durchgängig zu halten, da in Kriegs- und Notzeiten Neurosen beharrlich verschwinden, um in Wohlstandszeiten ebenso beharrlich wiederzukehren.

Wo keine schlüssige Erklärung ist, habe ich auch keine, aber ich möchte die folgende Behauptung wagen: *Dem Neurotiker fehlt ein Stück Liebesbereitschaft.* Auf die Glatteis-Frage „warum?" will ich mich nicht einlassen. Daß ihm zu wenig Liebesbereitschaft eignet, weil er selber zu wenig Liebe empfangen habe, ist mir zu platt. Auf diesem Glatteis sind schon zuviele Experten ausgerutscht und von wissenschaftlichen Gegenbeweisen überrollt worden. Ob es eine Erbdisposition ist? Auch dazu gibt es den eindeutigen Nachweis nicht. Nach den vielen Einbrüchen, die wir in unserer psychologischen Überheblichkeit erlitten haben, ist vielleicht eine neue psychologische Bescheidenheit angezeigt. Der Psychologe muß nicht alles wissen, Gott sei Dank darf er auch sagen: „Das weiß ich nicht", ohne sein Gesicht zu verlieren. Die falschen Röntgenaugen, denen sich die Eingeweide einer jeden menschlichen Seele offenbaren, dürfen wir endlich zum alten Eisen werfen.

So nehme ich meinen roten Faden wieder auf, den ich bei der Behauptung verlassen habe, daß dem Neurotiker ein Stück Liebesbereitschaft fehlt. Zum „warum?" spare ich mir die Spekulationen und spinne meinen Faden dahingehend weiter, daß dem Neurotiker, *weil* ihm ein Stück Liebesbereitschaft fehlt, auch *dasjenige „Liebenswerte" fehlt, das wichtiger wäre als die Angst.* Lieber F. S., ich will mich nicht mit fremden Federn schmücken oder, um am Vorgesagten anzuschließen, mit fremden Fäden behängen. Die Einsicht, daß dem Neurotiker dasjenige aus dem Blickfeld gerutscht ist, was wichtiger wäre als seine Angst, verdanke ich unserem Kollegen Uwe Böschemeyer.[1]

Diese Einsicht hat mich wie ein Blitz getroffen. Was, wenn wir die ganze Zeit in der Psychotherapie auf dem falschen Weg gewesen sind, indem wir den irrationalen Ängsten des Neurotikers, die er mit blühender Phantasie produziert, all unsere Aufmerksamkeit gewidmet haben? Was, wenn es gar nicht darum geht, ihn in erster Linie von diesen seinen Urängsten zu befreien? Man dachte wohl, wenn nur die Ängste gebannt sind, wird die Liebe schon kommen. Aber wenn es gerade umgekehrt ist, wenn die Liebe kommen muß, weil sie allein die Ängste zu bannen vermag? Was dann?

Ich will Dir mein Anliegen an einer kleinen Geschichte exemplifizieren. Die Geschichte stammt aus dem Buch „Das unvollendete Porträt" von Mary Westmacott. Hinter diesem Pseudonym verbirgt sich ein anderer Name: Agatha Christie, und Du darfst jetzt ruhig über mich lachen, nämlich darüber, daß ich einen Ausschnitt aus einem Agatha-Christie-Roman für eine psychotherapeutische Studie heranziehe. Doch Du wirst Dich gleich selbst davon überzeugen können, daß die ausgewählte

---

[1] Uwe Böschemeyer, „Mut zum Neubeginn", Verlag Herder, Freiburg 1988, Seite 42 ff.

Buchszene die klassische Szene eines neurotischen Aufschaukelungsprozesses beschreibt, und zwar besser, als jedes trockene Lehrbuch es könnte.

Ein kleines Mädchen namens Celia erlebt während eines Bergausflugs mit dem Vater und dem älteren Bruder Cyril ein psychisches Trauma und zappelt hilflos gefangen in seinen übergroßen Ängsten. Überzeug Dich selbst und lies:

Eines Tages sagte der Vater zu ihr: „Nun, wie würde es dir gefallen, diesen Burschen da zu besteigen?" Er deutete auf den Berg hinter dem Hotel.
„Ich, Papi? Ganz bis nach oben?"
„Ja. Du darfst auf einem Muli reiten."
„Was ist ein Muli, Papi?"
Er erklärte ihr, ein Muli sei nicht ganz ein Esel, auch nicht ganz ein Pferd, sondern etwas von beidem. Celia war ganz aufgeregt, weil sie das Abenteuer einer Bergbesteigung erleben sollte, aber die Mutter meldete einige Zweifel an. Ob es denn auch für Celia sicher genug sei? Der Vater lachte sie aus, sie sei ein Angsthase, und es sei absolut sicher.
Sie und Cyril sollten mit dem Vater an dem Ausflug teilnehmen. Cyril sagte indigniert: „Was, die Kleine kommt auch mit? Mit der wird es nichts als Ärger geben." Er hatte Celia wohl recht gern, aber er sah seinen männlichen Stolz verletzt, wenn ‚das Kind' schon mitdurfte. Bei Männerexpeditionen hatten Kinder, vor allem kleine Mädchen, nichts zu suchen.
Am frühen Morgen des großen Tages stand Celia auf dem Balkon und sah die Mulis ankommen. Sie trotteten um die Ecke und sahen eher wie Pferde aus, nicht wie Esel. Celia rannte begeistert nach unten. Ein kleiner, braunhäutiger Mann sprach mit Vater und erklärte ihm, er persönlich werde auf *la petite demoiselle* aufpassen. Ihr Vater und Cyril stiegen in den Sattel. Dann hob der Führer Celia hoch und setzte sie auf ihren Muli. Ihr kam es furchtbar hoch vor. Aber sie fand es herrlich aufregend. Sie ritten los.
Die Mutter winkte ihnen vom Balkon aus nach. Celia wuchs ein ganzes Stück vor Stolz. Jetzt war sie erwachsen, weil sie ein solches Abenteuer bestehen durfte. Der Führer lief immer neben ihr her und schwatzte mit ihr, aber Celia verstand kaum etwas von dem, was er sagte, weil er einen sehr spanischen Akzent hatte.
Es war ein herrlicher Ritt. Die Zickzackpfade wurden allmählich steiler, und schließlich hatten sie auf einer Wegseite eine senkrechte Felswand, auf der anderen einen ebenso steilen Abhang. Celias Muli hatte die etwas beunruhigende Angewohnheit, immer am Rand des Ab-

hangs zu laufen und an jeder Kehre mit den Hinterbeinen auszuschlagen. Celia meinte, es sei ein sehr kluges Pferd, nur den Namen fand sie komisch; es hieß Anisette.
Gegen Mittag erreichten sie den Gipfel. Dort war eine winzige Hütte mit einem Tisch davor; an den setzten sie sich, und wenig später brachte ihnen eine Frau ein sehr gutes Mittagessen: es gab ein Omelett, gebackene Forellen, cremigen Käse und Brot. Und Celia konnte mit einem sehr großen, sehr wolligen Hund spielen.
„*C'est presque un Anglais*", sagte die Frau. „*Il s'appelle Milor.*"
Milor war sehr liebenswürdig. Celia konnte mit ihm machen, was sie wollte.
Bald sah Celias Vater auf die Uhr und fand, daß es Zeit sei, sich an den Abstieg zu machen. Der Vater rief nach dem Führer.
Der kam lächelnd an und hatte etwas in der Hand.
„Sehen Sie mal, was ich gerade gefangen habe", sagte er. Es war ein großer, bunter Schmetterling.
„*C'est pour Mademoiselle*", sagte er.
Bevor sie noch begriff, was er vorhatte, zog er eine Nadel aus der Tasche und pinnte Celia den Schmetterling geschickt ganz oben auf den Strohhut.
„*Voilà que Mademoiselle est chic*", äußerte er sich lobend und trat einen Schritt zurück, um sein Kunstwerk zu bewundern.
Sie bestiegen ihre Mulis und begannen den Abstieg.
Celia fühlte sich elend. Der Schmetterling lebte noch, und sie spürte seine Flügel an ihren Hut schlagen. Von einer Nadel durchbohrt! Ihr war ganz schlecht bei dem Gedanken. Sie fühlte sich hundeelend. Und dann rollten ihr dicke Tränen über die Wangen.
„Was ist denn los, mein Püppchen?" fragte der Vater besorgt, als er es bemerkte. „Bist du müde? Hast du Schmerzen? Tut dir der Kopf weh?"
Celia schüttelte nur den Kopf und schluchzte herzzerreißend.
„Sie ist müde", meinte Cyril. „Oder sie hat Angst vor dem Pferd."
Celia schüttelte den Kopf noch heftiger.
„Dann verrate mir doch, warum du so flennst."
„*La petite demoiselle est fatiguée*", vermutete der Führer.
Celias Tränen strömten immer heftiger. Alle starrten sie besorgt an und fragten ihr Löcher in den Bauch, aber sie konnte einfach nicht sagen, warum sie so unglücklich war.
Man drang in sie, doch zu sagen, was ihr fehle, aber das konnte sie nicht. Der Führer hatte versucht, ihr eine Freude zu machen, und den durfte sie nun nicht kränken. Er war so stolz auf seine Idee gewesen, den Schmetterling an ihren Hut zu stecken. Sie konnte doch nicht offen zugeben, daß ihr der Schmetterling an ihrem Hut nicht gefiel. So konnte sie natürlich niemand, aber auch wirklich *niemand* verstehen!

Die Flügel des armen Schmetterlings flatterten im Wind immer heftiger. Celia weinte, als könnte sie nie wieder aufhören. Bestimmt hatte sich noch nie ein Mensch so elend gefühlt wie sie im Augenblick.
„Wir sehen besser zu, daß wir so schnell wie möglich zurückreiten", sagte ihr Vater. Er verstand die Welt nicht mehr. „Wir wollen sie zu ihrer Mutter bringen. Meine Frau hat völlig recht. Der Ausflug war einfach zuviel für das Kind!"
Celia hätte am liebsten aufgeschrien: „Stimmt ja gar nicht! Wirklich nicht! Ich weine aus einem anderen Grund." Doch sie sagte nichts, denn dann würden sie sie wieder fragen: „Ja, warum weinst du denn dann?" Also schüttelte sie nur ganz benommen den Kopf.
Sie weinte während des ganzen Rittes bergab. Ihr wurde immer elender zumute. Alles erschien ihr schwarz und hoffnungslos.
Sie weinte noch immer, als man sie vor dem Hotel vom Muli hob. Ihr Vater trug sie nach oben, wo die Mutter wartete. „Du hattest recht, Miriam", sagte er, „es war zuviel für Püppchen. Ich weiß nicht, ob ihr etwas weh tut oder ob sie nur übermüdet ist."
„Bin ich nicht", schluchzte Celia.
„Sie hat Angst gehabt, weil es so steil war", sagte Cyril.
„Hab' ich nicht", behauptete sie weinend.
„Was hast du denn dann?" drang ihr Vater in sie.
Celia starrte ihre Mutter wie betäubt an.
Sie wußte, daß sie nie, niemals über ihren großen Kummer sprechen konnte. Der mußte zutiefst in ihrem Herzen verschlossen bleiben. Sie wollte es ja sagen, ach, wie gern hätte sie es allen ins Gesicht geschrien. Doch sie brachte es nicht fertig. Sie fühlte sich auf geheimnisvolle Weise zum Stillschweigen verpflichtet – als habe jemand ihre Lippen versiegelt. Ach, wenn nur Mami *wüßte*, weshalb sie so unsagbar traurig war! Mami würde es verstehen, nur sagen konnte sie es nicht. Alle sahen sie an und warteten darauf, daß sie ihr Jammergeschrei irgendwie begründete. Alles in ihr zog sich schmerzhaft zusammen. Sie schaute sie nur an mit einem Blick, der flehte: hilf mir doch, bitte!
Miriam erwiderte den Blick.
„Ich glaube, sie mag den Schmetterling an ihrem Hut nicht", sagte da die Mutter. „Wer hat ihn dort angesteckt?"
Oh, wie erleichtert war sie da! Wie wundervoll war Mami. Es tat weh, so erleichtert war sie.
„Ich hasse ihn, ich hasse ihn!" schrie sie. „Er lebt doch noch und flattert mit den Flügeln. Man hat ihm sehr weh getan!"
„Warum hast du dann nicht den Mund aufgemacht?" hielt ihr Cyril vor.
„Ich nehme an, sie wollte den Führer nicht kränken", sagte die Mutter.
„O Mami!" rief Celia. In diesen Worten lag alles – ihre Erleichterung, ihre Liebe, ihre Dankbarkeit, ihre Bewunderung.
Ihre Mutter hatte sie verstanden.

Soweit unsere Geschichte.[2] Es liegt auf der Hand, daß fast jeder Leser, insbesondere der psychologisch ungeschulte, spontan denken wird: Armes Mädchen! Noch mehr liegt auf der Hand, daß der psychologisch geschulte Leser gewichtige Schlußfolgerungen daraus ziehen wird. Ein prägendes seelisches Horrorerlebnis, das nur schwer, wenn überhaupt, verarbeitet werden kann, wobei mit pathologischen Auswirkungen zu rechnen ist. Die psychologisch nicht ungeschickte Agatha Christie dachte dies auch und spann die Geschichte weiter bis zum hysterischen Selbstmordversuch der 38jährigen Celia.

Aber jetzt möchte ich die angekündigten Spitzen und Zacken anbringen, die das schön abgerundete Bild stören. Ist das alles wirklich so? Ist die Wirklichkeit der Geschichte nicht eine ganz andere?

Was ist denn konkret und realiter geschehen? Einige Menschen haben sich bemüht, einem kleinen Mädchen eine Freude zu bereiten. Der Vater mietete einen Maulesel, damit seine Tochter am Bergausflug teilnehmen konnte, ohne vorzeitig zu ermüden. Der Bergführer fing einen bunten Schmetterling, um den Hut der Kleinen damit zu verzieren. Zugegeben, kein besonders erbaulicher Einfall, aber fragen wir: was ging von dem Mädchen aus? Es hat dem Vater, dem Bruder und dem Bergführer den Ausflug gründlich verdorben und den Schmetterling kommentarlos seinem Schicksal überlassen. Natürlich will ich das Kind nicht anklagen. Kind ist Kind. Dennoch kann ich einfach an der Tatsache nicht vorbeisehen, daß das Leid, das das Kind ausgeteilt hat, in der Realität unvergleichlich größer gewesen ist als das Leid, das es erlitten hat. Haben wir hier die Urwurzel der Neurose bloßgelegt?

Wie hätte sich ein gesundes, nicht zur Neurose neigendes Kind in derselben Lage verhalten? In dem Moment, da sich der Bergführer daranmachte, den Schmetterling am Hut zu befestigen, hätte es protestiert. Es hätte seinen Unwillen darüber kundgetan und darum gebeten, das Tier freizulassen. Vielleicht

---

[2] Aus Mary Westmacott, „Das unvollendete Porträt", Wilhelm Heyne Verlag, München 1987.

hätte es auch anfangs den angesteckten Schmetterling als „Geschenk" akzeptiert, gleichsam aus Höflichkeit, aber später, wie es das Tier verzweifelt mit den Flügeln schlagen spürt und ihm deswegen die Tränen in die Augen steigen, dem fragenden Vater seine Bedenken anvertraut. Im ersten Fall hätte beim gesunden, nicht neurotisch disponierten Kind *die Liebe zum Tier* über die Angst gesiegt. Die Angst oder Hemmung, gegen einen fremden Erwachsenen aufzubegehren, wäre genauso dagewesen, wäre im selben Maße vorhanden gewesen, aber das, was wichtiger ist als die Angst, eben die Liebe zum todbedrohten Tier, hätte zum Widerspruch motiviert. Im zweiten Fall hätte beim gesunden, nicht neurotisch disponierten Kind *die Liebe zum Vater* über die Angst gesiegt. Das Sich-Genieren, weil man über einen Schmetterling am Hut weint, die Peinlichkeit des Eingeständnisses wäre absolut normal gewesen, wäre gleichermaßen vorhanden gewesen, aber das, was wichtiger ist als die Angst, eben die Liebe zum besorgten Vater, der nicht versteht, was los ist, hätte die Peinlichkeit überwinden geholfen.

So wenig hätte es im Grunde das Mädchen gekostet, um die Gesamtsituation zu entschärfen und zu entdramatisieren. Der Satz: „Das möchte ich nicht" hätte die Hand des Bergführers beim Schmetterlingaufspießen gestoppt. Er hätte geschmunzelt und geantwortet: „Ganz wie Mademoiselle wünschen". Der Satz „Der Schmetterling tut mir leid" hätte dem Vater ein Aha-Erlebnis beschert, welches ihn veranlaßt hätte, innerhalb einer Minute dem Schmetterling die Freiheit zurückzugeben und dem Töchterlein die letzten Tränen von den Wangen zu wischen. Die kleine Reisegruppe hätte wieder den herrlichen Bergblick genießen können, den Duft der Almen, den strahlenden Sonnentag, das erhebende Gefühl des Wanderns durch Gottes schöne Natur. Doch nichts dergleichen. Der erlösende Satz wird nicht gesprochen. Unser „armes, zartbesaitetes Mädchen" läßt in unglaublicher Härte und Gleichgültigkeit das Tier krepieren und Vater, Bruder und Bergführer in getrübter Stimmung talwärts trotten. Es weint nicht den Bruchteil einer Sekunde lang um den Schmetterling, es ist ohne einen Funken wahres Mitleid, es weint einzig um sich selbst, aus Selbstmitleid, es weint über *sein*

Unbehagen, das es beim Flügelschlagen des Tieres fühlt. Es ist ein armes Kind, daran zweifle ich nicht, aber nicht arm, weil es so große Angst hat, sondern arm, weil seine Lieblosigkeit und Gleichgültigkeit der Um- und Mitwelt gegenüber so groß ist, daß es seinen Ängsten nichts entgegenzusetzen hat, rein gar nichts.

Bis zum Schluß der Geschichte raten drei Personen und zerbrechen sich die Köpfe über den Grund des Mißlingens ihrer Bergtour, bis zum Schluß haben sich beim Vater sogar heftige Selbstvorwürfe aufgestaut, aber im Herzen seiner Tochter rührt sich nichts. Dann kommt noch die Mutter mit ins Spiel. Sie wird auf die Probe gestellt: Kann sie das Rätsel lösen? Wenn ja, mag sie verschont bleiben, wenn nein, wird sie gewiß auch noch mit einer Fortsetzung des Heuldramas gestraft. Nun, das Mütterchen kennt seine Tochter, durchschaut mit hellseherischen Fähigkeiten das Spiel und spielt es zum „happy end". Ein Plus für die Mutter, ein Minus für die Tochter. Denn diese kann auf einmal problemlos reden! Das Spiel ist aus, der Schmetterling ist halbtot, der Ausflug ist endgültig mißglückt, Vater und Mutter werden noch eine Weile daran denken und sich künftig noch mehr als bisher bemühen, des Töchterleins Wünsche aus seinen Augen abzulesen und tunlichst zu berücksichtigen ... es gibt nichts weiter zu erledigen, das Werk der Lieblosigkeit ist vollbracht. Jetzt darf wieder normal geredet werden – die Angst und Gehemmtheit haben ihren Zweck erfüllt.

Soeben habe ich das Niedergelegte überlesen und nehme meine zuletzt geäußerten Vermutungen wieder zurück. Aus dem Buchtext ist nicht ableitbar, daß die neurotische Verhaltensweise des Mädchens „Zweckcharakter" im Adlerschen Sinne hatte. Daß – bewußt oder unbewußt – eine „hysterische Show" abgezogen werden sollte. Seit Frankl wissen wir, daß neurotische Verhaltensweisen auch Ausdruckscharakter haben können. Ja, ich neige in einer abschließenden Beurteilung dazu, alles, was beim Mädchen innerlich und mit äußerlichen Konsequenzen abgelaufen ist, für *den Ausdruck von etwas* zu halten. Aber nicht primär für den Ausdruck von Angst, auch wenn mir diese Version rein menschlich sympathischer wäre. Doch ich kann meinen Blick vor der sehr wahrscheinlichen Möglichkeit nicht verschließen, daß alles beim Kind Abgelaufene Ausdruck eines „Loches" gewesen sein könnte, eines Defizits an Liebe und Liebesbereitschaft. Ein „Loch", das „gestopft" wurde mit Angst und Tränen.

Was würde dies für die Therapie der Neurosen in Zukunft bedeuten?

Jetzt bist du an der Reihe. Willst Du den Faden übernehmen und weiterspinnen?

Mit lieben Grüßen
E. L.

Liebe E. L.,

selten habe ich einen Brief so oft in die Hand genommen und wieder weggelegt, wie den Deinen. Du hast viele Gedanken bei mir in Bewegung gesetzt. Mein erster Blick fiel auf Dein Diagramm. Aha, dachte ich, eine existentielle Grundlegung für das, was man in der Pädagogik die Berücksichtigung des individuellen Leistungsfortschritts nennt. Mein nächster Blick zurück auf die erste Seite: Du schreibst, daß Du keine Probleme hast mit dem „letzten Sinn", daß Du Dich getraust, ihn Gott zu nennen.

Deine Worte finde ich mutig und offen, zugleich fällt mir ein, daß alles Unnennbare, das wir benennen, unnennbar bleibt, nur eine Chiffre erhält: „letzter Sinn", Gott, Liebe ... Daß Gott der Unsagbare, der Verborgene und auch der erschreckend Andere ist und bleibt. Mir fällt die Sprachlosigkeit ein, die uns die Begegnung mit dem Heiligen, aber auch mit der Grenzzone zwischen Leben und Tod aufzwingt.

Dennoch stimme ich Dir zu. Ist doch Etwas-beim-Namen-Nennen viel mehr ein Bekenntnis als eine Kenntnis. Und ich pflichte Dir umso lieber bei, als ich darin – mit *Bollnow* – ein Ja zum tragenden Urgrund sehe; daß es einen gibt, wie *Rilke* so unnachahmlich formuliert, der uns alle hält, wenn wir fallen ... Und nochmals stelle ich mich auf Deine Seite, denn ich sehe in Deinem Bekenntnis ein Ja gegenüber dem Zehenspitzengang der Existentialisten: Ich lasse mich voll auf diesen tragenden Urgrund, auf den Boden ein, ich kann mich darauf niederlassen, mit meinem ganzen Gewicht darauf ruhen. Und für mich ist dieser tragende Urgrund, dieses Kontinuum die Liebe.

Sicherlich sind wir ins Dasein Geworfene und zur Freiheit Verurteilte, wie uns *Heidegger* und *Sartre* zurufen würden, aber wir erleben auch Zuwendung, Geborgenheit, sonst wären wir „physiologische Frühgeburten" (*Portmann*), überhaupt nicht lebensfähig. Wenn aber die Liebe das Kontinuum ist, worin sehe ich dann den Sinn? Eine erste Antwort-Suche: Sinn ist unsere Orientierung, damit wir den Boden der Liebe nicht verlassen und im Moor der Trägheit, Selbstsucht, Eitelkeit versinken; er ist die Brücke zur Gestaltung des Seins im Meer des Chaos. Der Existentialist hüpft von einem Stein zum nächsten, jeder Stein ist nur kurz sichtbar und wird dann wieder vom Meer des ungestalteten Seins überschwemmt ...

Aber hier komme ich in Schwierigkeiten: Während sich der vom Sein dauernd geforderte, ja verfolgte Existentialist kaum einlassen kann auf den Urgrund – passiert es mir vielleicht, daß ich mich zu sehr darauf verlasse, daß ich in einer großen Wiege liege („laß los" ist ein gängiges Wort, „laß dich tragen, alles ist eines"). Macht mich das, was mich trägt, träge? Nur dann nicht, wenn ich den Boden fruchtbar mache, wenn ich ihn in Besitz nehme, aus der Fülle des Potentiellen das durch mich Faktisch-Werdende hebe, vom Dasein als Vorhandensein herausragen lasse in die geformte Ek-sistenz!

So verstehe ich auch Deine Absage an die Gleichgültigkeit, die gefährlicher ist als der Haß, weil sie auf die Fähigkeit und Forderung der Gestaltung verzichtet. Ein neues wissenschaftstheoretisches Schlagwort: Prinzip Chaos = nichts anderes als die Auferstehung der Gleichgültigkeit. (In einem Buch, das sich als Lebenshilfe tituliert, wird behauptet, daß der Mensch immer so viel Unlust zu erwarten hat wie Lust. Minus und Plus heben sich in der Summe auf. Wozu noch nach dem Sinn fragen, wenn dieser „Nullsummensatz" gilt?)

Was aber nun ist Liebe? Möglicherweise kann man sie folgendermaßen sehen: Sich selbst umfassend annehmen und – über seine Grenzen hinaus gelangend – anderes in diese Liebe einschließen, den Radius möglichst weit greifen lassen, Selbstbejahung und Selbsttranszendenz zusammenbringen. Der große individualpsychologische Denker *Künkel* hat den (egoistischen, zwischen Maßlosigkeit in der Selbstabwertung und in der Selbstüberwertung schwankenden und darin alle Energien investierenden) Narren und den (seine eigene Sache auf Null stellenden, sich an die anderen mit aller Liebe gebenden) Heiligen einander gegenübergestellt. Das bringt mich auf die Idee, Dein Diagramm aus einer ergänzenden Perspektive zu sehen:

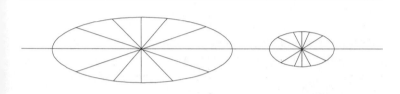

Hier entscheidet nicht der Ort, an dem man sich in seiner Persönlichkeitsentwicklung befindet, sondern die Weite, der Radius, mit dem man sich selbst ergreift und über sich selbst hinausweist. Liebe ließe sich dann als Kriterium der Sinnbestimmung auffassen: aus allen sinnvollen Möglichkeiten wähle ich die umfassendste! Damit verstehe ich auch, wie die Angst zum Gegenspieler der Liebe werden kann: Angst als Enge, Verengung, wie auch Neurose als Verengung der Lebens- und Erlebensmöglichkeit angesehen werden kann. Angst – das zentrale Thema aller Neurosen – beraubt vielfältiger Gestaltungsmöglichkeiten.

Aber wie überwindet man diese Einengung? Wie mache ich den Radius weiter, so daß ich mich wieder zur Gänze wahrnehmen und annehmen kann? Wie mache ich den Radius weiter, so daß ich auch andere in mein Denken und Wirken einbeziehe? Was öffnet mich nach außen? Vielleicht liebevolle Zuwendung, Gespräch, Einsichten. Was läßt mich im Sturm des Entsetzens zur Ruhe kommen? Vielleicht daß ich mich wieder einlassen, niederlassen kann, an den tragenden Urgrund glaube. Wie siegt die Liebe über die Angst? Eine Mutter hebt einen Lastwagen, unter den ihr Kind gekommen ist; ein Pater Delp geht für einen anderen in den Tod; in einer alten Kreuzigungsdarstellung hängt einer am Kreuz, nicht anmutig, efeugleich ums Holz gewunden, sondern widerwillig, schwitzend und dennoch durch alle Angst hindurch ja-sagend ...

Was hilft also, wenn uns ein schockierendes Erlebnis zurückfallen läßt in die Animalität einer flüchtenden oder angreifenden oder sich tot stellenden „Bestie"? Es hilft uns, wenn uns Boden geboten wird, es hilft uns, wenn uns Hoffnung gezeigt wird, es hilft uns, wenn uns der Sinn der Situation sichtbar wird.

Ich glaube nicht, daß das Kind aus der Geschichte wirklich gleichgültig ist. Es sorgt sich doch um den Vater, es kränkt sich wegen des aufgespießten Schmetterlings an seinem Hut, es möchte nicht undankbar sein gegenüber dem Bergführer, der den Schmetterling gefangen hat. Aus seiner verschatteten Perspektive sucht es – ängstlich in sich zusammengekauert – nach einer Sinnmöglichkeit.

Ich sehe das so:

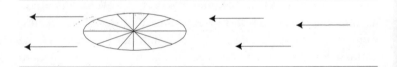

Nicht wir bewegen uns allein, der Strom des Seins, der Sinnmöglichkeiten, kommt als Zukünftiges auf uns zu und strömt als Gegen(über)-Wartendes und fließt dahin als Vergangenes. Was auf uns zukommt, sind Ereignisse, durch andere oder durch uns selbst hervorgerufen, aber immer sind wir „gestellt", aufgefordert, in das Wogen des Seins hineinzugreifen und jene Fülle gestaltend herauszuheben, die uns im Hier und Jetzt, im Kairos, im Augenblick möglich ist. Wahrscheinlich gibt es Situationen, in denen uns die Selbsttranszendenz nicht gelingt, in denen schon die Selbstimmanenz, die Treue zu sich selbst, der Sinnauftrag der Stunde ist.

Um aus der Selbstimmanenz wieder heraus und zumindest in Anfängen zur Selbsttranszendenz zu gelangen, hätte das Mädchen aus der Geschichte des Wortes bedurft, ebenso der Vater, der Bergführer. Jeder hätte des Wortes bedurft, und jeder hätte ein Wort sagen müssen!

Der Bergführer ein *fragendes* Wort, ein Wort als Sonde der Einfühlung in den anderen: „Mache ich dir damit eine Freude?"

Der Vater ein *tröstendes*, stützendes und öffnendes Wort: „Wie kann ich dir helfen? Was immer dir Angst macht, ich stehe bei dir, ich bin bei dir, ich lasse dich nicht fallen!" (Wie anders dieses Wort als die ständige Frage „Warum?"!)

Das Mädchen das *bittende*, mitteilende und entlastende Wort: „Bitte helft mir. Ich habe Angst!"

Die Mutter hat schließlich das *erlösende*, beziehungs- und bedeutungsverleihende Wort gesprochen, so wie Du, Elisabeth, das *provokative* Wort gesprochen hast: „Laß dich nicht überschwemmen von der Situation. Greife hinein und hebe die Fülle heraus!" Immer stiftet das Wort eine Beziehung, läßt einen Sinn erkennen, kommt aus dem Inneren und geht doch über das Selbst hinaus auf den anderen zu ... als Logos.

Liebe Elisabeth, ich habe mich etwas müde geschrieben, aber ich kann die Schreibmaschine noch nicht wegstellen. Zu viele Fragen bewegen mich. Welches Wort sagen wir, wenn wir schreiben? Wie läßt sich das alles konkretisieren? Siehst Du die „Dinge" auch so? Fragen über Fragen.

Bitte schreibe bald!
F. S.

Lieber F. S.,

ich war drei Wochen verreist und wühle mich durch die liegengebliebene Post – da finde ich Deinen Antwortbrief und bleibe daran hängen. Die Post wartet, und ich denke nach über Deine Frage nach dem Wort. Kann ein Mensch das erlösende Wort sprechen? Merkwürdig, daß das alte Gebet: „Aber sprich nur ein Wort, dann wird meine Seele gesund ..." heute meist an den Psychotherapeuten adressiert ist. Was kann er schon sagen? Hat er überhaupt eine Botschaft zu vermitteln? Oder kann er nur konfrontieren mit einer ganz anderen Botschaft? Psychotherapie als Konfrontation, Provokation, Evokation! Müssen wir nicht, statt unseren Patienten etwas zu sagen, etwas in *ihnen* erwecken, das *sie* zu sagen haben? Woher nehmen die vielen Celias in der Welt bloß den Anspruch, daß ihnen das richtige, das tröstende, das „erlösende" Wort gebracht werde, bevor sie selber ein solches erbringen?

Mir schwebt ein Geheimnis vor, um das kaum mehr gewußt wird, und das ich in folgendem Satz zusammenfassen möchte: *Der Mensch kann geben, was er nicht empfangen hat.* Der Mensch ist kein Replikat, keine Durchlaufstation, er kann bewirken, was er nicht erfahren hat, er kann produzieren, was er nie gelernt hat, kurzum, er trägt den „Geist" in sich, den schöpferischen Funken, der alles neu macht. Wer hat Beethoven gelehrt zu komponieren? Wer hat Michelangelo vorexerziert, wie man baut? Wer hat den Brüdern Wright beigebracht, Flugzeuge zu entwerfen? Wer hat Viktor E. Frankl in Logotherapie eingeschult? Warum müssen Vertrauen und Liebe zu einem Patienten vorgängig sein seinem eigenen Selbstvertrauen und seiner eigenen Liebe zur Welt?

Heute Vormittag habe ich mit einer Patientin darüber gesprochen. Sie war verwundert, geradezu erschüttert – heilsam erschüttert, wie ich zu hoffen wage. Ihre Klage betraf das alte Lied: Eifersucht, Neid, Kränkung. Der Mensch und sein geknickter Selbstwert. Der Mensch, der vergißt, daß sein Wert „unknickbar" ist. Die ältere Dame, eine kinderlose Witwe, hat einen älteren Herrn kennengelernt, der ebenfalls verwitwet ist. Beide verstehen sich recht gut, rücken zusammen, um einander beizustehen und um nicht allein zu sein. Der ältere Herr hat einen erwachsenen Sohn, verheiratet und mit zwei Kindern, dessen Familie in einer entfernten Stadt wohnt. Dieser Sohn lehnt die Alterskameradin des Vaters ab, die zweifellos mit wenig Diplomatie und Geschick auf „der toten Mutter Platz" aufgetaucht ist. Die den Enkeln den Großvater „wegnimmt", der früher öfters mit kleinen Geschenken in der Tasche angereist gekommen und mit ihnen spazieren gegangen ist, während er dieselbe Zeit jetzt – auch nicht sehr diplomatisch – seiner Bekanntschaft widmet. Die ältere Dame reagiert auf die deutlich zu fühlende Ablehnung mit Gegenablehnung, „selbstverständlich", wie sie meint. „Ich werde den jungen Leuten doch nicht nachkriechen", stößt sie unter Tränen hervor, „ich brauch doch nicht um deren Erlaubnis zu fragen, wenn ich mit meinem Freund ausgehe. Die haben ihren Vater lang genug ausgenützt ..." Nun ja, keiner will nachgeben, keiner will sich etwas vergeben. Wenn der Vater den Sohn einlädt, antwortet dieser: „Wir besuchen dich nur, wenn du allein bist!" Wenn der Sohn den Vater anruft, und die ältere Dame zufällig am Telefon ist, legt sie kommentarlos auf. Alle leiden an der Feindschaft, die keiner beendet.

So hockte die Patientin heute Vormittag bei mir, tränenüberströmt. Aber sprich nur ein Wort, dann wird meine Seele gesund ..., mein lieber Kollege, haben wir *dieses* Wort? Es wäre so einfach, daß es zum Lachen ist, statt zum Weinen. Hingehen, die Hand ausstrecken, gut sein. Aber es scheint nicht möglich zu sein. Oder doch?

Jedenfalls erzählte ich ihr von dem Geheimnis. Ich erklärte ihr, daß alles, was von ihr ausgeht, von ihr gewählt wird. Absolut frei gewählt wird. Jedesmal ganz und gar neu gewählt wird. Daß keine Macht der Erde sie zu einer bestimmten Reaktion zwingen kann. Ich erzählte vom Naturvolk der Indianer, das uns bewiesen hat, daß einem Menschen sogar unter starken Angst- und Schmerzbedingungen, wie sie etwa die Situation am Marterpfahl mit sich bringt, keine Reaktion abgepreßt werden kann, zu der er nicht bereit ist. Daß Foltergeschichten aus aller Welt Zeugnis dafür ablegen, daß man einen Menschen, der einen anderen nicht verraten will, vierteilen kann, und er wird keinen Verrat begehen.

Ich sagte: „Was von einem Menschen ausgeht, seine Worte, seine Handlungen, das bestimmt er und niemand sonst. Das ist auch bei Ihnen so. Sie und einzig Sie allein bestimmen, wieviel Freundlichkeit und wieviel Gehässigkeit von Ihnen ausgehen. Ihr Bekannter bestimmt das nicht. Der Sohn Ihres Bekannten bestimmt das auch nicht. Und die Kinder des Sohnes Ihres Bekannten bestimmen es schon gar nicht."

„Aber wenn man mir gegenüber gehässig ist, kann ich doch nicht freundlich sein!" warf die Dame ein. „Doch", beharrte ich, „genau das ist das Geheimnis. Können tun Sie wohl. Die Potenz, die Möglichkeit zur freundlichen Verhaltensweise besitzen Sie uneingeschränkt. Und wären hundert Leute ekelhaft zu Ihnen, hätten Sie die Möglichkeit, hundert mal herzlich und liebenswürdig zu sein. Ob Sie das wollen, ob Sie das wählen, ist eine andere Frage. Ob es überhaupt empfehlenswert ist, Ekelhaftigkeit mit Herzlichkeit zu erwidern, ist auch eine andere Frage. Ich zeige Ihnen nur die Freiheit auf, die in Wahrheit die Ihre ist, eine grandiose, gewaltige Freiheit, unabhängig von allem Empfangenen darüber zu befinden, was Sie geben."

Die ältere Dame dachte darüber nach und allmählich trockneten die Tränen auf ihren Wangen. „Ich kann schon nett sein", stimmte sie mir schließlich zu, „aber was hätte ich davon, wenn ich zu den Angehörigen meines Freundes nett wäre?" Ich hatte diesen Einwand kommen sehen. Mit inneren Ohren hatte ich ihn gehört, bevor er ihre Lippen verließ. „Was hab' ich davon?" ist die zentrale Frage, um die herum vielfach gelebt wird. Es muß sich lohnen. Für einen selber lohnen. Sind wir wirklich derart verarmt? Hat die Verhaltenstherapie doch recht, die zwischen Mensch und Tier keinen wesenhaften Unterschied anerkennt und für beide die simple Regel aufstellt, daß getan wird, wovon man etwas hat oder zu haben erhofft? Nein, ich glaube es einfach nicht. Das ist nur die Oberfläche, darunter muß mehr sein. Bei jedem einzelnen Patienten ist mehr da – der Funke, der alles neu macht.

Mein Blick fiel auf eine hübsch ziselierte Brosche, die die Patientin am Kragen ihres Kleides trug. Ich deutete darauf: „Die Brosche, die Sie da tragen, haben Sie sich die frei ausgesucht?" fragte ich sie. „Freilich", antwortete sie, „es ist eine meiner schönsten." „Wenn Sie vor dem Kauf dieser Brosche jemanden getroffen hätten, der eine schmutzigfarbene, plumpe Brosche angesteckt gehabt hätte, würden Sie sich dann auch eine schmutzigfarbene, plumpe Brosche ausgesucht haben?" Die Dame sah mich verschmitzt an. „Aha", lächelte sie, „Sie meinen, die Brosche ist wie mein Verhalten? Und wenn ich mich nicht nach den Broschen anderer Leute richte, muß ich mich auch nicht nach dem Verhalten anderer Leute richten?" „Ich meine sogar noch mehr", ergänzte ich ihren Gedankengang. „Genau wie Ihre wunderschöne Brosche kann Ihr Verhalten Sie schmücken. Was immer Sie bestimmen, bestimmen Sie auch über sich selbst. Wenn Sie jemanden schlecht behandeln, sind *Sie* eine schlechte Frau. Wenn sie mütterlich zu jemandem sind, sind *Sie* eine mütterliche Frau. Wenn Sie verständnisvoll auf jemanden eingehen, sind *Sie* eine verständnisvolle Frau. Immer ist es die Brosche auf *Ihrem* Kleid, die Sie sich anstecken. Wenn Sie nett sind, *haben* Sie nichts davon, aber Sie *sind* nett."

Ein Schweigen entstand. Es war lang und ich dachte schon, ich hätte das therapeutische Argument verspielt. Hätte ich von der Verantwortung sprechen sollen? Davon, daß sie ihren Freund in eine mißliche Zwickmühle bringt, wenn sie ihn zwischen seinem eigenen Sohn und der Gefährtin seines Lebensabends zerreibt? Hätte ich auf die Enkelkinder verweisen sollen, die ein Anrecht darauf haben, daß ihnen der Großvater noch eine Weile erhalten und später in guter Erinnerung bleibt? Das wären die „eigentlichen" Argumente gewesen, das weiß ich wohl, aber wären sie auch „griffig" genug gewesen? Hätten sie nicht verdächtig nach Moralisieren geklungen?

„Ich könnte eines tun", riß mich die Stimme der Patientin aus meinen sorgenvollen Überlegungen, „ich könnte beim Sohn meines Freundes anrufen, mich entschuldigen, daß ich letztes Mal den Hörer aufgelegt habe, und ihn mit seinem Vater verbinden." *Ihn mit seinem Vater verbinden* – oh mein Freund, das hat sie wirklich gesagt! Da war er, der Funke, und ich durfte buchstäblich zusehen, wie er eine schmutzigfarbene, plumpe Brosche auf dem seelischen Gewand einer alternden Frau in eine goldstrahlende verwandelte. Es blieb mir nicht mehr viel übrig, als ihr beim Abschied bewegt die Hände zu drücken.

Irgendwo habe ich einmal gelesen: Der Mensch muß lernen, sich liebend zu überschreiten, statt ums Geliebtwerden zu zittern. Paßt dieser Spruch nicht allzugut auf uns alle? Und wie recht hast Du mit dem Begriff der Weite, mit dem Radius, den Du der Liebe zuordnest. Klar, daß die lineare Bewegung zu einseitig und engstirnig ist, denn dasjenige, worauf sich Liebe zubewegt, ist ja das andere, das ganz andere.

Ist Dir übrigens aufgefallen, daß sich die drei Säulen, auf denen die Logotherapie ruht, nämlich „die Freiheit des Willens", der „Wille zum Sinn" und der „Sinn des Lebens" im „intentionalen Phänomen" wiederfinden? Bekanntlich schreibt Viktor E. Frankl, daß es nur die Intentionalität, die Hinordnung und Ausrichtung auf intentionale Gegenstände als eigene Objekte ist, womit sich das Subjekt überhaupt als ein Subjekt ausweist. Was eben heißt, daß der Mensch nur in der Hingabe an etwas, das nicht wieder er selbst ist, ganz Mensch wird, oder noch präziser, daß das Ich erst Ich wird am Du.

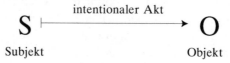

Ein solches „intentionales Phänomen" setzt nun ein Objekt voraus, das Sinn hat, ferner einen intentionalen Akt diesem Sinn-Objekt gegenüber, der nicht gezwungen, sondern gewollt erfolgt, also einen Willensakt, und zuletzt noch ein Subjekt, das frei ist, Willensakte zu begehen.

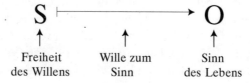

Wobei sogar die Reihenfolge festgelegt ist: das Intendierte geht stets dem Intendieren voraus. Das erinnert mich an Frankls „Gottesbeweis", und weil Du mich in Deinem Brief mutig genannt hast, das Wort „Gott" zu gebrauchen, möchte ich für heute schließen mit dem letzten Absatz eines Vortrages, den ich am 22. März 1988 in München gehalten habe.

„Der ‚Wille zum letzten Sinn' bedeutet, daß der Mensch, der sich von sich selbst abheben kann, von seinem eigenen psychophysischen Sein, wie wir festgestellt haben, daß dieser Mensch sich auch emporhebt, sich sehnsüchtig suchend ausstreckt nach dem letzten Zusammenhang, der jenseits seines Begreifens liegt. Von dem lediglich ein winziger Abglanz durch das Nadelöhr des „Sinnanrufs des Augenblicks" in die Ohrmuschel seines Gewissens fällt. Bleiben wir ehrlich: dieser letzte Zusammenhang ist unfaßbar für uns, niemand kann ihn wirklich erfassen, nichts kann ihn wirklich beweisen. Wir haben in den Religionen verschiedene Sprachen und verschiedene Symbole entwickelt, um das absolut Unanschauliche zu veranschaulichen und das absolut Zeitlose zu vergegenwärtigen, aber dies alles gerinnt zum Gleichnis vom Unvergleichbaren. Ein Argument allerdings gibt es, das uralt ist und von meinem Lehrer in eine neue Form gebracht wurde: die Sehnsucht nach etwas setzt das Ersehnte voraus. Der Durst ist ein Beweis für die Existenz von Wasser, das Auge ist ein Beweis für die Existenz von Sonne, der Wille zum Sinn ist ein Beweis für die Existenz von Sinn. Das Geliebte kommt *vor* dem Lieben. Deshalb gilt in Anlehnung an das geflügelte Wort vom Cogito ergo sum: Amo deum, ergo deus est. Wenn ungezählte Menschen aller Völker und Kulturen seit Menschengedenken Gott lieben, dann ist Gott."

Du siehst, ich bin nicht mutiger als andere. Und doch ist Anhalt für Mut in der Welt.
Laß uns uns gegenseitig etwas davon schenken!

In herzlicher Verbundenheit
E. L.

Liebe E. L.,

Du stellst die kritische Frage: Kann ein Mensch das erlösende Wort sprechen? Und Du sagst zu Recht: Müssen wir nicht, statt unseren Patienten etwas zu sagen, etwas in ihnen erwecken, das *sie* zu sagen haben?
Ich stimme Dir völlig zu. Dieses Erwecken habe ich gemeint mit dem erlösenden, provokativen, evokativen Wort, das wir an unsere Patienten richten. Und natürlich *nicht*, daß wir eine Heilsbotschaft zu vermitteln hätten! Natürlich auch nicht, daß wir die Macht hätten, an die sich das biblische Wort richtet:

„Aber sprich nur ein Wort, dann wird meine Seele gesund."

Die Celias in der Welt haben keinen Anspruch, aber wohl die Hoffnung darauf, daß wir sie an-sprechen! Du selbst gibst übrigens das beste Beispiel für diesen An-spruch und Zu-spruch. Dein Beispiel zeigt, wie therapeutische Ansprache zu verstehen ist: nicht als Belehrung, nicht als ein Erschaffen, sondern als ein Aufrufen und Bewußtmachen. Mit Deinem Verstehen, aber auch mit Deinem Appell an die Größe und Personenwürde Deiner Patientin löst Du sie aus ihrer erstarrten Haltung, bringst Bewegung in sie, wenngleich sie selbst es ist, die sich bewegt.

Nochmals: Wir können das Wort des anderen nicht sprechen, aber es hervorlocken!

Zum heroischen, mutigen Mund, der das richtige Ja und das richtige Nein sagt, gehört auch das empfangende, aufmerksame Ohr. Wir haben das ungeheure Vermächtnis der Freiheit, aber auch das tiefe Geheimnis des Aufeinanderverwiesenseins. Daraus resultiert ja unsere Verantwortlichkeit: daß wir dem anderen Mut zu seiner Souveränität und Solidarität machen. Auge und Ohr (und Herz) helfen uns, dem anderen dort, wo er sich selbst eingesperrt hat, zu zeigen, daß er den Schlüssel zu seiner Kerkertüre selbst besitzt.

Worin sich allerdings die Logotherapie meiner Meinung nach von den übrigen – um die Selbstaktualisierung des Menschen bemühten – Therapiekonzepten unterscheidet, ist, daß sie gegenüber der Frage: „Wie geht es dir?" stark die Frage: „Wohin gehst du?" betont. Der intentionale Aspekt überwiegt den funktionalen, der Weg ist wichtiger als die Beweglichkeit, der Einsatz wichtiger als die Kraft. In diesem Zusammenhang muß ich Deine Fähigkeit zur Synopse bewundern, die Du beim Kombinieren von „Freiheit des Willens", „Wille zum Sinn" und „Sinn des Lebens" (den 3 Säulen, auf denen die Logotherapie ruht) und von Subjekt, intentionalem Akt und intendiertem Objekt bekundet hast. Zwar könnten Skeptiker einwerfen: Das Auge impliziert nur dann die Sonne, oder aus dem Durst folgt nur dann die Existenz von Wasser, bzw. der „Wille zum Sinn" ist nur dann ein Garant für den Sinn, wenn es den logisch-sinnvollen Zusammenhang im Leben gibt. Damit aber stehen wir vor einem Abgrund, den *Camus* im Buch „Die Pest" eindringlich beschreibt. Vor diesem Abgrund ist nur die „funktionale geschäftige Humanität" des Arztes im Roman oder das in das nicht Durchschaubare, Absurde des unaufhebbaren Leidens sich demütig gläubige Ergeben des Priesters Paneloux möglich. Oder?

Vor ungefähr zwei Wochen hielt ich ein Seminar für Theologiestudenten, in dem es um die Beziehung zwischen Theologie und Psychotherapie ging. Dabei wurden die unterschiedlichen Fachmeinungen dazu diskutiert:

1. die friedliche Aufteilung verschiedener Wirkungsbereiche,
2. die wechselseitige Befruchtung,
3. Reduktionismen (Theologismus, Psychotherapismus),
4. das Schwellen- oder Radspeichen-Modell.

Letzteres besagt, daß von der Psychotherapie zur Theologie eine Schwelle überwunden werden muß, bzw. daß die psychotherapeutischen Hilfen Speichen eines Rades seien, dessen Zentrale davon unberührt bleibt. Die Arbeit im psychotherapeutischen und sozialen Bereich – die Summe des menschlichen Tuns – hat keinen Bestand, wenn der transzendente Faktor vor oder hinter der anthropologischen Klammer Null ist.

Wenn ich mir dieses Modell anschaue, wird mir nicht nur die andere Wirkungszone und Aufgabe der Theologie gegenüber der Psychotherapie bewußt, sondern auch die besondere Aufgabe der Logotherapie. Durch ihren Ansatz wird aus der Kraft des psychotherapeutischen Bemühens und aus der Zielangabe der Theologie die gerichtete Kraft, der Vektor der intentionalen Lebensgestaltung. Das aber hast du mit Deiner Skizze vortrefflich dargestellt: Der Vektor nimmt seinen Ausgang von der „Freiheit des Willens" (um diese Befreiung müht sich die Psychotherapie; ihre Anstrengungen finden eine Vertiefung und Bestätigung im personalen Ansatz der Logotherapie), der Vektor zielt auf den „Sinn des Lebens" (hier hilft die logotherapeutische Besinnung auf das Sollen im Hier und Jetzt zur Beibehaltung des Kurses), und jenseits von diesem Anpeilen beginnt die Verkündigung der Theologie.

Eigentlich wollte ich gar nicht so viel schreiben, aber Du

schaffst es, liebe Elisabeth, durch Deine Worte so vieles bei mir auszulösen – womit wir wieder beim Anfang meines Briefes sind. Nun aber genug für diesmal.

Recht liebe Grüße
F. S.

Lieber F. S.,

Logotherapie und Theologie ... laß mich etwas Gewagtes versuchen. Ich will versuchen, den Dekalog in logotherapeutische Termini zu übersetzen. Vielleicht kann die Übersetzung ein neues Verständnis erzeugen in einer Zeit, in der viele Menschen zu okkulten Illusionen Zuflucht nehmen, weil die moralistischen Leerformeln einer erstarrten Tradition nicht mehr tragen. Der Dekalog jedoch ist nicht leer – betrachtet durch die Brille einer modernen Psychohygienekunde ist er sogar übervoll an Wegweisung zu einem gesunden und glücklichen Leben. Deshalb möchte ich den Übersetzungsversuch wagen in der Hoffnung, keine religiösen Gefühle zu verletzen, sondern vielmehr erkaltete religiöse Gefühle neu zu erwärmen.

Ob diese meine Vorstellung annehmbar ist? Ich wüßte niemanden, den ich besser fragen könnte als Dich. Daher meine Bitte: prüfe den nachstehenden Vorschlag.

Der Dekalog in logotherapeutischen Termini

1. Gebot: Du sollst den Bezug zur Transzendenz nicht verlieren.
2. Gebot: Du sollst dir deine Empfänglichkeit für Werte erhalten.
3. Gebot: Du sollst zeitweise innehalten zur Zwiesprache mit deinem Gewissen.
4. Gebot: Du sollst deinen Eltern die Fehler, die sie an dir begangen haben mögen, verzeihen.
5. Gebot: Du sollst die Sinnhaftigkeit des Lebens bedingungslos bejahen.

6. Gebot: Du sollst die Lust als Nebenwirkung eines Aktes der Liebe geschehen lassen.
7. Gebot: Du sollst nur an dich und auf dich nehmen, was für dich gemeint ist.
8. Gebot: Du sollst das zwischenmenschliche Leid in der Welt nicht vermehren.
9. Gebot: Du sollst die Zusammengehörigkeit der Familie achten und bewahren.
10. Gebot: Du sollst nicht ein Haben intendieren, sondern ein Sein.

Hier nun die Erklärungen, was ich mir im einzelnen dazu gedacht habe.

Zum 1. Gebot

Viktor E. Frankl hat uns darauf aufmerksam gemacht, daß man nicht glauben wollen kann. Der Glaube ist ein intentionaler Akt, der sich selber und seinerseits nicht intendieren läßt. Das heißt, entweder glaubt man an etwas, oder man glaubt nicht daran, aber jedenfalls kann man nicht auf Willensbefehl hin glauben. Ein Bezug zu etwas hingegen läßt sich bewußt pflegen, fördern, aufrecht erhalten. Ein „urtümlich" bestehender Bezug braucht nicht verloren zu gehen. Mit Bezug meine ich allerdings nicht Vollzug. Ich bin keine Anhängerin der These, daß der Glaubensvollzug wichtiger sei als der Glaubensinhalt. Was für eine Idee! Glauben vollzieht sich wenn, dann *nur* angesichts eines glaub-würdigen Inhalts! Doch ob ein Inhalt glaub-würdig ist oder nicht, erhellt sich wiederum einzig im Rahmen eines noch bestehenden Bezugs zu diesem Inhalt.

Das 1. Gebot besagt daher aus logotherapeutischer Sicht, daß der Mensch das Seine dazu beitragen kann und soll, seinen ihm eingeborenen Bezug zur Transzendenz nicht zu verlieren, um dem intentionalen Phänomen des Glaubens eine Chance zu geben, sich gleichsam von selbst und „unwollbar" zu vollziehen.

Zum 2. Gebot

Der Name Gottes ist unaussprechlich und unbenennbar. Man kann sich nicht nur kein Bild, sondern auch keinen Namen von Gott machen. Für uns Menschen ist es jedoch schwierig, Namenloses zu verehren. Die Lösung scheint darin zu liegen, sich die Ehrfurcht vor dem Sein schlechthin zu bewahren, vor der Wertfülle des Seins. Damit will ich keinem Pantheismus huldigen, der das Gefühl für das Sakrale sozusagen unverdichtet verteilt. Der Satz von Viktor E. Frankl, daß sich kein Fluß je sein eigenes Kraftwerk gebaut habe (womit Frankl das Triebhafte im Menschen gegenüber dem Geistigen in die Schranken weisen will), ist übertragbar auf den gesamten Seinsfluß der Welt, der sich auch nicht Verlauf und Struktur selbst gegeben haben kann.

Was ich folglich andeuten will, ist, daß der Beschauer, der mit Staunen und Andacht vor den gewaltigen Fluten steht, die das Kraftwerk bewegt, eher geneigt sein wird, sein Knie vor jenem namenlosen und unsichtbaren Konstrukteur des Kraftwerks zu beugen, der nicht anders als personal gedacht werden kann.

Zum 3. Gebot

Viktor E. Frankl hat das Gewissen – im Abstand von mehr als 10 Jahren – unterschiedlich definiert. Ursprünglich definierte er es als „das Organ, das abhört die Stimme der Transzendenz". Später definierte er es als „das Organ, das herausfinden kann den einzigartigen Sinn einer einmaligen Lebenssituation". Wer den Sinnbegriff in der Logotherapie kennt, weiß, daß der Unterschied zwischen beiden Definitionen relativ gering ist, da es sich stets um etwas Transsubjektives handelt, das von einem subjektiven Gewissen bloß abgehört oder herausgefunden werden kann.

Dieser Vorgang des Abhörens oder Herausfindens bedarf nun einer besinnlichen Stunde, einer meditativen Pause, einer Zeitpassage an Einkehr und Stille. Ohne eine solche gelegentliche Abschirmung würde unser „Sinn-Organ" allmählich verkümmern. Im Getöse des Alltags würde es seine Hörfähigkeit verlieren, in der Betriebsamkeit der Arbeit würde es seine Fahndungsfähigkeit einbüßen, kurz, vor lauter subjektiv Wichtigem würde das transsubjektiv Wesentliche plötzlich nicht mehr präsent sein.

Die Folgen im metaklinischen Sinne will ich nicht ausmalen, denn es genügen die Folgen im klinischen Sinne. Sie enden mit dem Zusammenbruch des Organismus, was auch die leistungsorientierteste Industriegesellschaft inzwischen entdeckt hat und mit künstlichen Entspannungsmethoden aller Art zu kompensieren versucht. Einfacher und natürlicher wäre es wahrscheinlich, zum „Tag des Herrn" zurückzukehren, zum Tag, an dem der Organismus ruht bis auf ein Organ – das Gewissen.

Zum 4. Gebot

Die gesamte Tiefenpsychologie geht von einer Grundsatz-Prämisse aus, die in etwa lautet: Wenn die Eltern ihre Kinder „ehren" (in modernem Wortlaut: pädagogisch richtig erziehen, liebevoll auf ihre Bedürfnisse eingehen usw.), dann geht es den Kindern gut und sie leben lange (in modernem Wortlaut: dann sind sie vor Neurosen, Depressionen und psychosomatischen Krankheiten gefeit). Eventuell einleuchten würde uns aufgeklärten Menschen auch noch die Umkehrung jener Prämisse: Wenn die Kinder ihre Eltern „ehren" (in modernem Wortlaut: sie öfters besuchen, nicht ins Altersheim abschieben), dann geht es den Eltern gut und sie leben lange (in modernem Wortlaut: dann überwinden sie Midlifecrisis, Leere-Nest-Syndrom, Pensionierungsschock etc. besser). Merkwürdig fremd geworden ist uns jedoch eine ganz andere Variation der Wenn-dann-Relation, die schlicht besagt: Wenn die Kinder ihre Eltern „ehren", dann geht es den *Kindern* gut. Den Kindern, nicht den „geehrten Eltern"! Ein logischer Widerspruch? Oder eine uralte Erkenntnis? Und wenn, wie ist sie vereinbar mit den Erfahrungen aus der Psychotherapie?

Ich bin dieser Frage nachgegangen und fand eine verblüffende Vereinbarkeit jenes uralten Spruchs mit statistischen Datenerhebungen am psychotherapeutischen Krankengut des

20. Jahrhunderts. Seelisch kranke Patienten gehen zu einem erschreckend hohen Prozentsatz mit Wut, Hader, Vorwürfen und Anklagen gegen ihre Eltern durchs Leben. Daraus wurde bislang der Schluß gezogen, daß ihre Eltern in der Erziehung eben vieles falsch gemacht haben. Es läßt sich aber auch eine andere Schlußfolgerung daraus ziehen, nämlich die, daß seelisch kranke Patienten nicht gewillt sind, ihren Eltern die Fehler, die diese (wie alle anderen Eltern auch) in der Erziehung begangen haben, zu verzeihen. Die Schlußfolgerung, daß sie ihre Eltern nicht „ehren", und es ihnen daher nicht wohl ergeht auf Erden ...

Zum 5. Gebot

Es gibt eine Art von Verbrechen, die wie keine sonst „ans Herz greift", und das ist die sinnlose Zerstörung. Sinnloser Vandalismus, sinnloser Mord. Spiegelbild eines als sinnlos erlebten Lebens. Warum nicht zerstören? In einem als sinnlos erlebten Leben wird um keine Antwort auf diese Frage gewußt. Es ist das Leben, das aus dem „eh" heraus gelebt wird, das „Eh-Leben", wie man es bezeichnen könnte. Es ist *eh* alles egal, es geht *eh* alles zugrunde, es ist *eh* alles schlecht, man liegt *eh* im Dreck und es hilft einem *eh* keiner – warum also nicht zerstören? Warum nicht wenigstens den Schmerz über das Eh-Leben hinausheulen, hinaustreten in diese verfluchte Welt? Um sich treten, damit es ein paar Heulgenossen mehr sind, die dieser Welt ihre Absage erteilen?

Freilich, es ist leicht, das Leben zu bejahen, solange es angenehm und gemütlich ist, wenn man „gut drauf" ist. Doch was kommt an dem Tag nach dem Glück? Genaugenommen existieren für uns endliche Wesen in einer endlichen Welt nur zwei Alternativen. Entweder wir ringen uns zu der Überzeugung durch, daß das Leben einen bedingungslosen Sinn hat, den es unter keinen Umständen verliert – das Credo der Logotherapie –, oder es hat im Letzten *eh* alles keinen Sinn, dann aber läßt sich beim besten Willen kein wie immer gearteter Grund gegen die (Selbst)zerstörung konstruieren.

Zum 6. Gebot

„Je mehr es einem um die Lust geht, desto mehr vergeht sie einem auch schon", schreibt Frankl an wiederholter Stelle und weist mit dieser Pointe auf einen selbsttätigen Gerechtigkeitsmechanismus hin, der größtenteils unbemerkt in unserer Welt waltet. Wer einen Partner benützt, um Wärme, Geborgenheit, Eigenvorteile und Befriedigung aller Art für sich selbst herauszuschlagen, wird ihn verlieren und nichts davon erhalten. Wer liebt, um wiedergelebt zu werden, ist nun einmal kein Liebender. Wer hinter Anerkennung, Erfolg, Selbstverwirklichung und Selbstbestätigung herjagt, wird die Beute nicht erjagen. Ablehnung, Mißerfolg und Selbstentfremdung sind ihm sicher. Die Nebenwirkung, die zum Ziel erhoben wird, wandelt sich zum unerreichbaren Ziel. Das Geschenk, auf das spekuliert wird, enthält sich dem Spekulanten vor.

Daher kann dem luststrebigen Menschen aller Zeiten nur ein einziger Rat zu seiner Lust verhelfen: der Rat, sich liebend zu verschenken und alles andere in Dankbarkeit geschehen zu lassen.

Zum 7. Gebot

Jeder Mensch ist wichtig, weil auf jeden Menschen eine bestimmte Aufgabe wartet. Und zwar nicht nur eine Aufgabe, sondern die ständig wechselnde Aufgabe, das Bestmögliche aus seiner jeweiligen Lebenssituation zu gestalten. Dem Menschen ist das Amt eines Cocreators zugedacht, es ist ihm die Würde der Mitschöpfung verliehen.

Amt und Würde verlangen ihm allerdings ab, sorgfältig danach Ausschau zu halten, *was* jeweils auf ihn wartet, *was* ihm zugedacht ist, *was* für ihn gemeint ist. „Meaning is what is meant" – Sinn ist das Gemeinte, definiert Viktor E. Frankl. Eine fast metaphysische Definition. Das Gemeinte – was ist das? Wenn ich im Urlaub im Liegestuhl am Strand liege, um mich zu sonnen, und plötzlich ein kleiner Junge weinend durch den Sand stolpert und nach seiner Mutti ruft, bin ich dann gemeint? Ist gemeint, daß ich aufstehen, zu ihm hingehen, ihn trösten und zu seiner Mutter führen soll? Wenn er nur ein Spielchen treibt, wenn die Mutter sowieso in der Nähe sitzt und ein wachsames Auge auf ihn hat, bin ich nicht gemeint. Meine Einmischung wäre dann nicht sinnvoll. Doch wenn der Junge droht, verloren zu gehen, und sich seine kleine Kinderseele in Verzweiflung zusammenkrampft, dann bin ich gemeint. Selbst wenn ich hundertmal im Urlaub bin und das Kind nicht meines ist. Dann bin ich trotzdem gemeint.

Wer das Gefühl für dasjenige, was für ihn gemeint ist, entwickelt hat, der stiehlt nicht und der unterläßt nicht. Er drückt das Kind nicht an sich, das ihm nicht zugedacht ist, aber er läßt das Kind auch nicht allein, das ihm zuläuft. Er nimmt den Apfel nicht, der ihm nicht gehört, aber er schlägt die Hand des Freundes nicht aus, die ihm einen Apfel zureicht. Er lädt sich Aufgaben nicht auf, denen er nicht gewachsen ist, weil sie für andere Schultern gedacht sind, aber er schiebt Aufgaben auch nicht von sich ab, in die er hineinzuwachsen vermöchte wie vielleicht kein anderer.

Wer darum weiß, daß er ein „Gemeinter" ist, und das zwar nicht immer, aber immer wieder, der findet seine Aufgabe, die Aufgabe seines Lebens mit ihren täglichen und stündlichen Teilaufgaben, aus denen sie sich zusammenfügt. Der findet heraus, warum es gut ist, daß er auf der Welt ist.

Zum 8. Gebot

Ob der seelisch kranke Mensch wirklich der in seiner Seele gekränkte Mensch ist, sei dahingestellt, obwohl es in unseren Tagen vielfach behauptet wird. In solcher Ausschließlichkeit dürfte es wissenschaftlich schwer zu belegen sein. Etwas Wahres ist jedoch daran: Kränkungen pflegen sich auf unheimliche Weise fortzupflanzen, sie springen geradezu wie ein Ball von einem zum anderen. Kaum hat einen Menschen eine Beleidigung oder Demütigung getroffen, arbeitet er bereits an seiner Revanche; der Ball wird, sowie empfangen, weitergeschleudert. Bei diesem Tempo ist verständlich, daß der Ball oft seinen ursprünglichen

Absender verfehlt, und die „Revanche-Beleidigung" bei einem gänzlich Unbeteiligten landet, der, wenn er ebenfalls auf Revanche schaltet, neue Kränkungen an neue Unbeteiligte ausstreut. Das zwischenmenschlich verursachte Leid scheint das erste funktionsfähige „perpetuum mobile" zu sein.

Aber auch nur scheinbar, denn es ist möglich, den Ball, wenn er angeflogen kommt, zu fangen und zu halten. Aus-zu-halten. Die Beleidigung, die Demütigung, die Kränkung auszuhalten, ohne sie weiterzugeben. Sich auf friedliche Art zu wehren, sich zu besprechen, sich zu versöhnen und dabei den Ball festzuhalten, damit das „perpetuum mobile" des gegenseitig verursachten Leides an einem seiner unübersehbar vielen Enden zum Stillstand gebracht wird.

Nur wenige stillgelegte Enden könnten schon genügen, um den Haß und die Falschheit in ihrer automatischen Fortpflanzungstendenz erheblich einzuschränken und endlich das richtige Zeugnis abzulegen: das Zeugnis vom freien Menschen, der sogar noch frei ist, Böses mit Gutem zu vergelten.

Zum 9. Gebot

Die Familie ist die Keimzelle menschlichen Lebens – und menschliches Leben ist verantwortliche Existenz. Insofern ist die Familie die erste Begegnungsstätte eines heranwachsenden Menschen mit seiner Verantwortlichkeit, und ist diese seine Familie nicht intakt, fällt diese seine Begegnung dürftig aus. Das ist der Grund, warum wir in der Logotherapie in Anlehnung an das uralte Gebot ein „Prioritätskriterium" formulieren. Das Prioritätskriterium besagt, daß jedermann frei ist, eine eigene Familie zu gründen oder nicht, daß aber derjenige, der eine Familie gegründet hat, an erster Stelle seine sinnvolle Funktion in der Familie zu erfüllen hat, und erst an zweiter Stelle andere sinnvolle Funktionen übernehmen darf.

Funktion ist nicht identisch mit Rolle. Gemeint ist folglich nicht die Mutter- oder Vater-, Gattin- oder Gattenrolle im traditionellen Gewand, sondern die funktionale Aufgabe, die einer bestimmten Mutter oder einem bestimmten Vater, einem bestimmten Mann oder einer bestimmten Frau in einer bestimmten Situation, in der sie oder er gerade steht, zukommt. Dasjenige, was not tut zur Erhaltung der Familie. Die Bereitstellung derjenigen Zeit und Kraft, die einem im Namen der Familie abverlangt ist. Viele Werte gibt es, denen ein Mensch dienen kann: berufliche, künstlerische, meditative, sportliche, caritative usw. Sie alle erfüllen menschliche Existenz zutiefst mit Sinn. Und dennoch würden sie an Sinn verlieren, würde ihre Erfüllung auf Kosten und zu Lasten jener Angehörigen gehen, deren Wohl einem mitanvertraut ist durch das Ja, das man einst zu ihnen gesprochen hat. Ein Ja, das endgültig sein muß, wenn es verantwortbar sein soll.

Zum 10. Gebot

Jeder Mensch hat seinen eigenen Leitstern – das Bild seiner Hoffnung und Sehnsucht. Doch es hat auch jeder seine eigene Leitfrage, die ihn durchs Leben begleitet und in regelmäßigen Abständen am geistigen Horizont auflodert, ihn zur Antwort drängend. Stets sind es Momente des Stehenbleibens, manchmal auch des Strauchelns und Niederfallens, in denen die Leitfrage auflodert, mühsame Momente der Neuorientierung. Die Antwort, die man gibt, ist der eingeschlagene Weg, auf dem die Reise weitergeht.

Nun hängt die Antwort nicht zuletzt von der Frage ab, wie das Gefundene vom Gesuchten abhängt. Lautet die Frage: „Was *hab'* ich davon?", wird die nachfolgende Antwort eine andere sein, als wenn die Frage lautet: „Was *bin* ich dann?" Bei ersterer steht das Begehren irdischer Güter im Vordergrund, bei zweiterer die Schau existentieller Güte.

Der Weg, der unter dem Habensaspekt abgewogen wird, zeigt sich von seiner vorteil- oder nachteilhaften Seite. Wenn er weich und bequem ist, ist er vorteilhaft. Wenn er hart und steil ist, ist er nachteilhaft. Wohin er führt, ist nicht gefragt. Der Weg hingegen, der unter dem Seinsaspekt abgewogen wird, offenbart seine Richtung. Offenbart, wer du sein wirst, wenn du ihn gehst. Offenbart, wo du ankommen wirst, wenn er zu Ende ist.

Ob er ins Licht der Gipfelwelt führt oder sich im dämmrigen Tal im Kreis bewegt. „Im Tode hat der Mensch sein Leben nicht mehr, er ist sein Leben geworden", schreibt Viktor E. Frankl. Das heißt, im Augenblick des Todes wird es irrelevant, ob ein Weg einst steil oder bequem, weich oder hart gewesen ist, aber wo er hingeführt hat, dort hat sich ein Mensch verewigt.

Lieber Franz, mit diesem Schlußpunkt verlasse ich wieder das fachfremde Gebiet und kehre in vertrautere Gefilde zurück. Versteh mich recht, ich will nicht in der Theologie dilettieren; ich beobachte lediglich in der tagtäglich angewandten Psychotherapie, daß jene alten Worte dem seelisch Kranken von heute noch immer so viel zu sagen hätten ... wenn man sie an ihn heranbringen könnte. Aber wie? Weißt Du's?

Mit den besten Wünschen und Grüßen
E. L.

Liebe E. L.,

zunächst muß ich Dir ein Kompliment machen! Wärst Du ein Sportler, dann würde ich sagen, Du hast den Ball, den ich Dir mit meinem vorangegangenen Brief zugeworfen habe, bestens aufgenommen und in einen Treffer verwandelt. Meine Gedanken zum Verhältnis von Logotherapie und Theologie haben Dich veranlaßt, interessante Gedanken über einen logotherapeutisch formulierten Dekalog zu entwickeln. Da ich die Spontaneität Deiner Gedanken erkannte, versagte ich mir auch selbst, in meinen theologischen Büchern nachzuschlagen, inwieweit Du Dich tatsächlich auf „exegetisch sauberem" Boden bewegst (oder – wie es so schön heißt – den „Sitz im Leben", den Bedeutungsursprung der Zehn Gebote verlassen hast). Ich ließ Deine Worte einfach auf mich wirken und versuche, Dir nun ebenso spontan (und theologisch wahrscheinlich ebenso laienhaft) zu antworten.

Ich meine, daß man Deinem Versuch drei Kritiken gegenüberstellen muß:

1. Jede Übersetzung eines historischen Textes ohne Bezug auf sein Gewordensein ist notwendigerweise eine Reduktion. Bedenkt man zudem, daß es sich um ein Bibelwort handelt, um eine Offenbarung, dann ist eine weitere Reduktion passiert: Transzendentes wird in Immanentes gegossen, aber unsere Gefäße können eben nur einen kleinen Teil des Unendlichen aufnehmen. In einer neuen Deutung der Dimensionalontologie Frankls könnte man sagen, daß – wie der zylindrische Körper bei Frankls Beispiel nach der einen Seite einen kreisförmigen, und nach der anderen Seite einen rechteckigen Schatten wirft – auch Gott unterschiedliche Schatten wirft. Einen solchen Schatten zu beschreiben ist legitim, solange wir uns dessen bewußt bleiben, daß wir nur einen kleinen Teil dessen beschreiben, was wirklich ist.

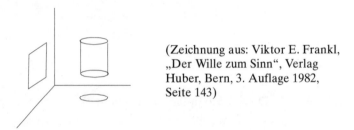

(Zeichnung aus: Viktor E. Frankl, „Der Wille zum Sinn", Verlag Huber, Bern, 3. Auflage 1982, Seite 143)

2. Ich glaube, daß es sich bei den Zehn Geboten um Überlebensregeln handelt, die in der damaligen Situation tatsächlich das Existieren sicherten. Im Unterschied dazu sind Deine Deutungen eher als existentiell zu bezeichnen, und nicht so sehr als existenznotwendig. Freilich ist dies mein schwächstes Gegenargument, denn in einer weiteren Betrachtung müßte man natürlich sagen, daß in einer Zeit, in der das „nackte Überleben" weitgehend gesichert ist, das personale Überleben in den Mittelpunkt der Überlegungen rückt. Wie können wir unsere Personhaftigkeit erhalten? Dazu geben Deine Gedanken wichtige Impulse!
3. Bei den Zehn Geboten wird ein sehr persönlicher und zugleich interpersonaler Ausdruck gewählt. Sie richten sich an den Menschen in seinem Miteinander mit dem göttlichen und

dem menschlichen Du bzw. in seinem Ich-Du-Verhältnis gegenüber Gott und seinem Ich-Wir-Verhältnis gegenüber den Mitmenschen. Deine Gedanken aber formulieren – wie mir scheint – eher die subtilere, intrapersonale Auseinandersetzung gegenüber einem Nichtpersonhaften: Transzendenz, Sinnhaftigkeit, Werten, Lust ...

Zu den einzelnen Geboten:

Deinen Gedanken zum 1. Gebot finde ich gut, nämlich das Offenbleiben für die Transzendenz. Gelungen finde ich auch Deine Versöhnung zwischen Wissen und Wollen in Deiner Analyse des Glaub-Würdigen. Allerdings ist vom Glaubenden aus gesehen die logotherapeutische Formulierung eine Reduktion: Sich auf das persönliche Du einlassen ist mehr als der Bezug zu einem glaubwürdigen Inhalt. Wir wissen ja: Noch vor dem durch die Eltern vermittelten Urvertrauen des Menschen gibt es für den Glaubenden das Wissen, gewollt zu sein. Dieses Ur-Gewolltsein trägt den Glaubenden und läßt ihn ein vertrauendes, dankbares Du dorthin richten, wo der Nichtglaubende maximal seine Antennen auf Empfang stellen kann.

Sehr gut gefällt mir Deine Formulierung beim 2. Gebot: sich die Ehrfurcht vor dem Sein bewahren. Man kann dabei durchaus noch einen Schritt weitergehen, denn Frankls Bild vom Fluß und dem Kraftwerk ist nur bei einer getrennten Betrachtung von Energie und Struktur möglich, ähnlich wie bei der Trennung von Körper und Seele in der alten Psychosomatik. Daß aber in der Schöpfung der Geist waltet, daß die Materie durchgeistigt ist, zeigt sich im organischen Wachstum am deutlichsten. Das mystische Judentum der Chassidim spricht von den göttlichen Funken, die beim Erschaffensprozeß in die Materie gesunken sind und von dort durch unseren ehrfurchtsvollen Umgang mit dem von Gott geschaffenen Leben erlöst werden können. Nun fehlt mir bei Deiner Analyse der „Name". Der Name, den wir besitzen müssen, weil wir sonst ein Niemand sind, ein Namenloser. Ich denke, daß in diesem Gebot enthalten ist: den Namen zu ehren, dem Namen eines Gotteskindes keine Schande zu machen, sich der göttlichen Verwandtschaft entsprechend zu verhalten. Das ist sicherlich mehr als die passive Öffnung gegenüber den Werten.

Ganz wichtig finde ich Deine Aussagen zum 3. Gebot. Dieses Innehalten im Getriebe der Welt. Mir fällt dazu mein Ärger darüber ein, daß sogar der Sonntag für Werbung in Radio und Fernsehen herhalten muß. Man hat den Menschen dafür ein besseres Panorama versprochen – anstatt gerade das Unprogrammierte, Exzeptionelle zu bewahren! Welch ein Widersinn.

Dazu möchte ich noch ergänzen, daß jeder Tag seine besondere Würde hat. Ich wurde einmal in einem Buch über Symbolik darauf hingewiesen, daß die Namen der Wochentage einen hervorragenden Impuls für tägliche Meditation bieten:

Der Mon(d)tag bietet Anlaß zum Meditieren über das Schattenhafte in unserer Existenz, über das Werden und Vergehen, über die Umkehr. Der Dienstag (Marstag) läßt uns an die Notwendigkeit des Handelns, an die kraftvolle Entscheidungsfähigkeit des geistigen Menschen denken. Der Mittwoch ist als Merkurtag der Kommunikation und gegenseitigen Klarheit gewidmet. Sind wir dialogisch oder monologisch? Der Donnerstag ist mit seinem Symbol des Jupiters unser Bewußtsein der Bedeutung und Ordnung des Menschen. Der Freitag spornt uns zur verströmenden Liebe gegenüber dem Leben in uns und um uns an (Symbol Freija). Der Samstag mahnt uns in saturnischer Strenge an die kritische Prüfung unseres Denkens und Handelns. Der Sonntag schließlich ist dem Schöpfer selbst gewidmet und läßt uns darüber nachdenken, wie anthropozentrisch oder wie theonom unser Leben eigentlich ist.

Beim 4. Gebot liegt meiner Meinung nach wirklich ein Überlebensgebot vor: wer seine Eltern nicht achtet, muß gewärtig sein, daß sein Nachwuchs ebenso unbarmherzig mit ihm verfährt. Deine Ableitung jedoch finde ich originell, obwohl ich glaube, daß das Verzeihen der Fehler der Eltern – woraus innere Gesundheit oder zumindest innerer Frieden resultiert – als weise Distanz zum Geschehen eher die Frucht vieler Erkenntnisse, die Krönung eines langen Lebens darstellt, als eine Entscheidung, die man von heute auf morgen fällen könnte. Sicher hast Du recht: Wie viel lasten wir den Eltern an! Zuerst sind sie unsere Götter, dann sind sie Teufel für uns, und schließlich erblicken wir in ihnen Freunde, menschliche Menschen. Viele bleiben auf diesem Erkenntnisweg stehen in einem Feindverhältnis gegenüber denen, die ihnen das Leben gegeben haben. Sie mißachten, was Du so richtig aufzeigst: daß man die früheren Umstände nicht immer als Entschuldigung dafür anführen kann, wie man das Hier und Jetzt gestaltet. Ich mag daher auch nicht jene ewig Unmündigen, die triumphierend von den Versehrungen reden, oder von ihrer begabten Anpassung an die elterlichen Wünsche (wie dies immer wieder von Alice Miller postuliert wird). Sie erschöpfen sich im Aufzählen aller Gründe, die sie an einem kooperativen Leben mit Eigenverantwortung hindern, anstatt einen Anfang zu setzen.

Allerdings kann man auch nicht so schnell alles über Bord werfen, was man von der Kindheit her mit sich führt – aber den Kurs kann man selbst bestimmen. Deshalb möchte ich Deine Ausführungen unterstreichen, mit dem einschränkenden Wort: die gewollte Unmündigkeit mancher Menschen nicht durch eine ungeduldige Strenge austreiben zu wollen. Manche Menschen haben tatsächlich Schweres durchgemacht und sich gegenüber allem Feindseligen einen dicken Schutzpanzer anlegen müssen, den sie nicht so einfach loswerden können. Sie verzeihen ja, aber ihre Haltung gegenüber der Welt und sich selbst bleibt oft noch lange eine der Verteidigung, Abwehr, Angst ...

Beim 5. Gebot sprichst Du etwas aus, das ich mir auch immer wieder sage: entweder hat nichts Sinn – oder alles! Bei diesem Gebot geht es darum, daß wir nicht etwas vernichten sollen, bloß weil es uns im Weg steht. Das Eigentliche daran ist nicht Sinn oder Nicht-Sinn, sondern die Frage, wie umfassend das ist, worin wir Sinn finden? Die Frage, wie weit unser Gewissen greift? Sinn muß liebevoll sein, alles umfangen, ähnlich wie der Glaubende Gott in allen Dingen wiederentdeckt und diese daher bejaht. Dazu fällt mir ein wunderschönes Gedicht ein, das aus dem uralten Weisheitsbuch der Chinesen, dem I Ging stammt. Dort heißt es beim Hexagramm 38:

> Einsam und verlassen.
> Mutig sieht er einem dreckverkrusteten Schwein
> und einem Wagen voller Teufel entgegen.
> Erst spannt er seinen Bogen,
> dann legt er ihn beiseite.
> Es sind doch nicht Banditen,
> sondern angeheiratete Verwandte.
> Beim Hingehen fällt Regen.
> Heil.

In der Angst vor dem Fremden und Unverständlichen neigen wir dazu, Fremdes mit Bösem gleichzusetzen. So sieht auch der Mensch in diesem Gedicht zunächst nur ein schmutziges Schwein, einen Wagen voller Teufel, Bestien, widerwärtige Zeitgenossen in seinem Gegenüber. Er stellt sich mutig entgegen, in einem Mut der Verzweiflung, er nimmt keine Position ein, sondern nur eine Opposition. Oft macht uns die Fiktion eines äußeren Feindes stark, wir fühlen uns legitimiert, unsere Waffen einzusetzen. Wir spannen und überspannen dabei den Bogen, schlagen Wunden, werden verwundet, vernichten und werden vernichtet. Hier aber kommt es zu keiner Katastrophe. Im Moment höchster Gefahr legt dieser Mensch den Bogen beiseite. Er hat den anderen in sich selbst und sich selbst im anderen erkannt. Es sind keine Verbrecher und Banditen, mit denen er zu tun hat. Es sind Verwandte, Seelenverwandte, (Leidens-)Gefährten im Existieren. Dieser Mensch verzichtet auf die Zerstörung, er legt die Waffen beiseite, geht den anderen entgegen, und beim Hingehen fällt Regen; es wird alles heil.

Beim 6. Gebot hast Du einen wichtigen Aspekt angesprochen: die Lust als falsches Ziel. Ich glaube jedoch, daß dieses Gebot davon spricht, nicht dem Teil jene Ehre und Würdigung zu geben, die nur das Ganze verdient. Die menschliche Begegnung ist gesucht, nicht die Berührung von Sexualobjekten. Ich behandle Menschen, nicht Organe oder Probleme. Wenn man das Wort „keusch" vom Lateinischen ableitet, dann ist seine ursprüngliche Bedeutung: „wissend, bewußt". Und dann ist jede Handlung keusch, die das Ganze im Auge bewahrt. Die Begegnung Liebender ist ja ein deutliches Symbol für das Ganzwerden am anderen.

Deine Gedanken zum 7. Gebot sind sehr schön. Mich erinnern sie daran, daß man dem anderen auch seinen „Problembesitz" lassen muß, wenn er seine Situation selber lösen kann.

Im Existenzsinn geht es aber hier zusätzlich darum, dem anderen nichts zu nehmen, was er zum Leben oder Überleben braucht. Ein solcher Diebstahl ist tödlich. In der „Theologie der Befreiung" geht es um das Überleben in physischer und in psychischer Hinsicht. In der Solidarität mit den Hungernden in der Welt geht es um die Überwindung des Diebstahls, der den armen Ländern von den reichen Ländern angetan wird. Im Einsatz für Minoritäten geht es um den Kampf um jene Bedingungen, die das kulturelle Überleben ermöglichen. In der richtig verstandenen Partnerschaft und Familiengemeinschaft geht es darum, den anderen nicht das wegzunehmen, was sie zu ihrer personalen Verwirklichung benötigen ...

Deine Ausführungen zum 8. Gebot passen zur Grundaussage im Karma-Yoga, wonach unsere Handlungen die nachfolgenden Geschehnisse beeinflussen und jede aufgefangene, in sich zum Verlöschen gebrachte Fackel des Hasses eine Kettenreaktion des Bösen verhindert. Wir müssen unseren Bogen sorgsam spannen, das Ziel mit unserem Pfeil sorgfältig anvisieren, aber dem losgeschnellten Pfeil können wir nur nachblicken!

Freilich enthält dieses Gebot auch eine andere Mahnung: nicht falsch, unehrlich zu sein. Nicht nur, daß die Masken und Fassaden unser wirkliches Entfalten zum Ersticken bringen. Unehrlichkeit wirkt sich zweifach verheerend aus: es vernichtet die Integrität und die Integration! Dadurch, daß wir verbergen, anderes zeigen als wir spüren, verliert unser Wesen die transparente Einheitlichkeit. Und dadurch, daß unser Außen nicht dem Innen entspricht, erzeugen wir eine babylonische Sprachverwirrung. Niemand weiß mehr vom anderen, was dieser wirklich meint oder bloß vorgibt.

Betrachten wir die bisherigen Gebote, dann ist eine sinnvolle Linie darin zu entdecken: Verlasse dich auf deinen Ursprung, lebe voll Respekt davor, laß deinen Schöpfer dein Lebenszentrum sein, achte deine menschlichen „Schöpfer", achte überhaupt das Lebensrecht aller, bejahe dich und andere ganzheitlich, nimm niemandem seine Existenzmöglichkeiten, erhalte die Wirklichkeit durch innere und äußere Wahrheit.

Im 9. Gebot geht es nun um die Respektierung der Ehe, des Rechts, der Institution, der Vereinbarungen zwischen den Menschen. Das 10. Gebot fügt dem hinzu, daß auch das zu achten ist, was dem anderen gehört. Im tieferen Sinn ergänzen daher die beiden letzten Gebote die vorherigen folgendermaßen: Achte die Regeln des Zusammenlebens, soweit es sinnvoll ist!

Daher ist Deine Betonung der Familie nur ein Teil vom Ganzen. Jeder Mensch steht in einer kleineren und auf jeden Fall in einer großen Gemeinschaft. Auf sie muß er Rücksicht nehmen, und sie auf ihn. Sein Ja zu ihr bindet ihn.

Ebenso ist der Sein-Haben-Aspekt noch vertiefbar: Das 10. Gebot verbietet Neid und Mißgunst und ist somit ein wertvoller Gegenpol zur Forderung der Rechtsbewahrung im 9. Gebot. Denn das 10. Gebot ist nur sinnvoll, wenn es als Aussage zu unserer einmaligen, individuellen Persönlichkeit verstanden wird, für die es keine normierten Muster gibt, für die bloße Nachahmung eine Form von Selbst-Mord wäre. Was dein Nachbar hat, ist wichtig für ihn, aber es hilft dir kaum, denn du brauchst das Deinige ...

Liebe Elisabeth, ich habe bewußt bei meinen Antworten den Überlebensaspekt gegenüber dem (inneren) Lebensaspekt hervorgehoben und mich jedes logotherapeutischen Hinweises enthalten. Ich möchte Dich nämlich ermutigen, Deine logotherapeutischen Betrachtungen zum Dekalog fortzusetzen. Also hast Du den Ball wieder, und ich bin neugierig auf Deine Antwort.

Alles Liebe!
F. S.

Lieber F. S.,

bitte erlaube, daß ich Deine letzten Ausführungen unzerredet stehen lasse; sie sind in sich vollkommen, und sie werfen Fragen auf, für die ich wieder zu unvollkommen bin. Der Ball – besser „Ballon" – möge in der Luft schweben bleiben, seine Proportionen sind rundum richtig.

Einen einzigen Satz möchte ich aus diesem Ballon herausholen, weil ich nicht weiß, inwieweit Du ihn auf mich gemünzt hast. Da steht: „Die gewollte Unmündigkeit mancher Menschen soll nicht durch eine ungeduldige Strenge ausgetrieben werden." Es fällt mir schwer, diesen Satz als an mich adressiert zu verstehen, doch an wen ist er dann adressiert? An die Logotherapeuten im allgemeinen? Der Begriff „austreiben" paßt so gar nicht zu uns, der Begriff „Strenge" auch nicht recht. Mein Aufruf zur Verzeihung, auf den sich der genannte Satz bezieht, ist nichts anderes als das gedankliche Einspielen der Möglichkeit von Güte und Weitherzigkeit, er bringt Gnädig-Sein ins Gespräch. „Gnade" kann man nicht eintreiben, und daher läßt sich ihr Gegenteil, die Gnadenlosigkeit (z. B. Eltern gegenüber) auch nicht austreiben.

Schau Franz, es gibt die tiefenpsychologische These, daß alle Spione in ihrer Kindheit einen Verrat erlebt haben. Daß sie praktisch irgendwann von ihren Eltern verraten worden sind, was sie zu Spionen werden ließ. Auf Grund dieser These wurde vor nicht allzu langer Zeit ein Fernsehfilm gedreht, bei dem Spione zu Wort kamen. Und prompt berichteten die ausgewählten Spione allesamt über frühkindliche Verratserlebnisse (oder wurden auch nur solche Spione ausgewählt, die derlei zu berichten bereit waren). Der Film wurde ausgestrahlt, und die Zuschauer konnten keine andere Schlußfolgerung daraus ziehen als diejenige, daß an jedem Spionagefall der Welt die Eltern der Beteiligten die Alleinschuld tragen.

Nun schreibst Du über das Ur-Gewolltsein des Menschen, das noch vor seinem Von-den-Eltern-Gewolltsein stattfindet und menschliche Existenz erhält. Ich sehe das ganz genauso. Wo aber geriet das Ur-Gewolltsein der erwähnten Spione hin? Es ist in der These vom kindlichen Urverratserlebnis verloren gegangen! Die Eltern wurden zu allmächtigen Figuren stipuliert, die über Liebe und Haß, über Vertrauen und Verrat herrschen. Sie sitzen am Schaltbrett wie der Programmierer vor seinem

Computer, und schreiben ihren Kindern das Programm ins Blut. Du mußt entschuldigen, wenn ich es nicht fertig bringe, mich damit anzufreunden.

Wie, wenn es in Wirklichkeit ganz anders ist? Wenn viele Menschen echte oder vermeintliche Verratserlebnisse in ihrer Kindheit zu verzeichnen haben? Wie, wenn sie sich später in zwei Gruppen gliedern: in die Gruppe jener, die verzeihen, und in die Gruppe jener, die nicht verzeihen? Wie, wenn aus der Gruppe der Nichtverzeihenden u. a. Spione hervorgehen, die ihrem Lande und ihrem Volke schaden, weil sie, die sich schon einmal für das Negative entschieden haben, keine Hemmung haben, es ein zweites Mal zu tun?

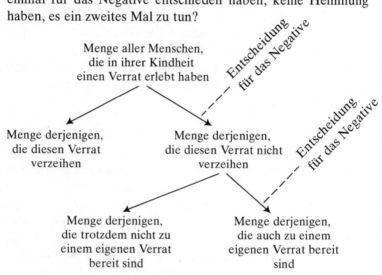

Der Film, der allein die Untergruppen rechts außen im Visier hatte, verkürzte die Darstellung zu folgender:

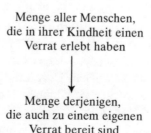

Die Elemente der „leistbaren" Entscheidung und Verzeihung scheinen plötzlich nicht mehr auf. Diese verkürzte Darstellung ist gleichsam das Modell der „gewollten Unmündigkeit", von der Du meinst, man solle sie nicht durch ungeduldige Strenge austreiben. Darf ich Deine Formulierung durch eine andere ersetzen? Darf ich sagen, man soll diese „gewollte Unmündigkeit" behutsam aber beharrlich in Frage stellen und ihren Opfern das verlorene Zwischenelement der Entscheidungs- und Verzeihungsfähigkeit zurückgewinnen?

Im November vorigen Jahres fiel mir der folgende Zeitungsartikel in die Augen:

Er ist erheiternd, fürwahr. Man könnte auch sagen, er ist typisch für unsere Zeit. Der arme Kain, der aus einem zerrütteten Elternhaus stammt, der nicht zurechnungsfähig ist, weil er säuft, der von Klimaschwankungen und soziokulturellen Umwälzungen zum Mörder gemacht wird. Für Abel gilt das alles nicht.

Meinst Du nicht, daß wir wieder beginnen müssen, die Wahrheit über Abel zu sehen? Das Zeugnis zu sehen, das Abel stellvertretend für die ganze Menschheit abgelegt hat? Nämlich, daß es *möglich ist*, anständig zu sein und anständig zu bleiben, auch wenn man aus einem zerrütteten Elternhaus stammt, auch wenn die Versuchung (des Weines) lockt und auch wenn es die äußeren Bedingungen erschweren. Ja, selbst wenn man dafür Leid und Tod erntet. Diese Möglichkeit ist unser kostbarstes Gut, das Dokument unserer Menschenwürde. Denn siehe, „freigesprochen" waren beide: Abel und Kain, „freigesprochen" von Gott. Und eben dieser Freispruch war es, der ihnen die Möglichkeit gab, friedlicher Hirt oder Brudermörder zu werden – aus eigener Wahl und Verantwortung. Niemand kann uns Freigesprochene mehr freisprechen, kein Gericht dieser Welt. Wir *sind* frei. Oder mit Frankls Worten: Die Freiheit „hat" man nicht – wie irgendetwas, das man auch verlieren kann –, sondern die Freiheit „bin ich".

Da gibt es nichts auszutreiben, nur etwas einzusehen ...

Mit herzlichen Grüßen
E. L.

Kain erschlug Abel – jetzt Mordprozeß
von Fred Huck

Und es begab sich, da sie auf dem Felde waren, erhob sich Kain wider seinen Bruder Abel und schlug ihn tot.

1. Mose 4,8

Venedig – im Dezember rollt der italienische Anwalt Domenico Caponi Schittar (50) den ersten Mordfall der Menschheitsgeschichte auf. Er glaubt: Kain, der erstgeborene Sohn von Adam und Eva, ist kein Mörder. Er will auf Freispruch plädieren.

Der Anwalt hat den Prozeß vier Jahre vorbereitet. Er lädt ein ordentliches Schwurgericht – Richter, vier Geschworene, Staatsanwalt, dazu Theologen als Sachverständige ein.

Einem englischen Reporter verriet Schittar seine Strategie. Er wird vorbringen, daß Kain aus einem zerrütteten Elternhaus stammt, seine charakterschwache Mutter Eva habe schließlich den Sündenfall begangen.

Kain sei allein in einem Garten aufgewachsen, dessen paradiesische Zustände schnell vergingen. Er sei außerdem zur Tatzeit nicht zurechnungsfähig gewesen, weil bei der Opferfeier getrunken wurde.

Ein wichtiger Punkt in der Verteidigung: Auslöser des Verbrechens seien Klimaschwankungen gewesen. Abel, ein Nomade, habe für seine Schafherde keine Weideplätze mehr gefunden. Er habe in das von dem Bauern Kain kultivierte Land ziehen müssen – eine Provokation für Kain, meint sein Anwalt.

Schittar führt außerdem an, daß es damals eine natürliche Eifersucht zwischen Viehzüchtern und Bauern gab. Die Gesellschaft habe sogar gewisse Formen des Totschlags toleriert. Das Drama, in der Bibel nur sehr undeutlich beschrieben, soll im Gebiet des heutigen Indien oder im Irak stattgefunden haben.

Vor vier Jahren machte Schittar dem bösen Wolf aus dem Märchen „Rotkäppchen" den Prozeß. Er war der Ankläger. Der Wolf wurde freigesprochen.

Liebe E. L.,

da wir beide uns ja persönlich kennen, müßtest Du eigentlich wissen, daß meine Worte betreffend „ungeduldige Strenge" nicht auf Dich gemünzt sein können. Ich weiß, wie tolerant Du bist und wieviel Geduld Du dabei aufbringst. Mir ging es mehr um etwas Prinzipielles. Man könnte es mit drei Gegensatzpaaren charakterisieren:

     Höflichkeit – Ehrlichkeit
     Einsicht – Milde
     Wissen – Handeln

Höflichkeit ohne Ehrlichkeit wäre eine Unehrlichkeit, ein „diplomatisches Darüberhinweggehen", eine Gefälligkeitsantwort ohne Boden. Viele moderne Ansätze geraten in die Gefahr, zu überhöflichen „Entschuldigungs"theorien zu werden.

Ehrlichkeit ohne Höflichkeit ist allerdings auch nicht ratsam, denn sie ist unter Umständen Grobheit, ein „kriegerisches Darüberhinweggehen", nämlich über die Persönlichkeit und die Probleme des anderen Hinweggehen. Moderne Reformismen geraten dadurch leicht in Gefahr, zu unhöflichen „Beschuldigungs"theorien zu werden.

Einsicht ohne Milde kann leicht zu ungeduldiger Strenge verführen. Ich denke da an Situationen, wie sie insbesondere Therapeuten immer wieder erleben: Man sieht längst, wo die Probleme beim anderen liegen, man weiß Bescheid und stürmt voll Ungeduld los, um den anderen zur Einsicht mitzureißen.

Milde ohne Einsicht kann leicht zu gewollter Unmündigkeit verführen. Ich denke z. B. an die vielen Botschaften, die wir von verschiedenen Seiten hören: Sei doch nicht so verkopft! Gefühl ist alles! Lassen wir doch die anderen hetzen, arbeiten, planen, wirtschaften – wir steigen aus dem Getriebe aus ...

Wissen und Handeln sind das schwierigste Gegensatzpaar. Handeln ohne Wissen ist ein dumpfes Getriebensein, ein blindes Agieren, oder noch besser ein Re-agieren auf Stimmungen, Innen- und Außenreize. Wissen ohne Handeln ist das Stehenbleiben im Spiegelsaal der eigenen Persönlichkeit. Es ist die selbstgefällige Versunkenheit in die eigenen Geheimnisse, die man zu entdecken hofft, oder es ist Schwäche, die verhindert, daß sich das „Fragezeichen zum Rufzeichen streckt". Je nachdem, ob sich das Wollen mit dem Handeln verbindet oder mit dem Wissen, und jeweils das andere ausklammert, haben wir es mit einem getriebenen Handeln wider besseres Wissen oder mit einem realitätsflüchtigen Rückzug in die Innerlichkeit ohne Orientierung an der Realität zu tun. Und beides kennen wir alle: den Konflikt mit uns selbst.

Die Tiefenpsychologie zeigt nun unbestritten auf, daß jeder Mensch seine Wahrnehmungen so interpretiert, wie er es aufgrund seiner Erfahrungen gelernt hat (nach dem Motto: „Dieser und jener Mensch wird mich so und so behandeln, wie es mir schon früher ergangen ist"). Stets wird es als neue, befreiende Erfahrung erlebt, wenn man bemerkt, daß vieles nicht mehr so ist oder so sein müßte, wie man es bisher als absolut gültig erachtet hat. Deshalb ist Dein Beispiel mit den Spionen und ihren Eltern nicht repräsentativ für ernsthafte tiefenpsychologische Arbeit. Natürlich gibt es immer wieder Abkürzungen, Reduktionismen, die den Menschen scheinbar entlasten, indem sie ihm die Freiheit absprechen. Dagegen muß man sich selbstverständlich wehren.

Vielleicht soll man überhaupt folgendes unterscheiden: Ontologisch (= seinsmäßig) ist der Mensch gewollt, „urgewollt". Dies ist etwas Absolutes. Psychologisch, soziologisch und teilweise auch biologisch ist er ein Erbschuldner seiner Vorfahren. Doch dies ist nur etwas Relatives. Niemals kann das Relative das Absolute auslöschen, niemals kann das Psychologische, Soziologische und Biologische das Ontologische (und auch nicht das Personale) zum Verschwinden bringen. Und dieses Ontologische/Personale ist eben unsere Verantwortung und unsere Freiheit innerhalb der gegebenen Grenzen, und manchmal sogar über die gegebenen Grenzen hinaus.

Deshalb müßte keine Polarisierung zwischen der Tiefenpsychologie und der Franklschen „Höhenpsychologie" stattfinden. Die erstere befaßt sich mit dem konfliktträchtigen Menschen zwischen Lust und Gebot, die zweitere sieht den Menschen als einen entscheidungsfähigen und antwortfähigen, der in freier Wahl dem Auftrag der Stunde entsprechen kann. So gesehen könnte man die Tiefenpsychologie in gewisser Weise als Ouvertüre zum Hauptakt der personalen Existenzauseinandersetzung betrachten. Da Du aber nicht nur die Entscheidung, sondern auch die Gnade betont hast, dazu noch ein Wort:

Auch Entscheidung, d. h. menschliches personales Tun, und Gnade sind ein interessantes polares Paar. Entscheidung ohne Gnade (ohne Bezug zur Transzendenz) ist mehr oder minder ein Willkürakt, ein Wollen des Ichs, das nicht von langer Dauer ist, weil ein anderes Wollen des Ichs ihm sehr bald Konkurrenz machen kann. Wenn ich nichts oder Niemanden über mir habe, wem soll ich dann den Vorrang geben: mir jetzt oder mir dann? Ich gegen Ich?

Gnade ohne Entscheidung (d. h. das Geschenk einer inneren Sicherheit, eines neuen Weges, einer erfahrenen Erweiterung) wird als beglückendes Getragensein und zugleich mit einer gewissen stillen Verwunderung erlebt; aber das Geschenk muß verwaltet werden, der göttliche Funke muß durch die eigene Entscheidung weiterflammen, sonst erlischt das Gnadenfeuer. Simon Weil hat einmal ein Buch über diese Spannung geschrieben mit dem Titel: „Schwerkraft und Gnade".

Aus logotherapeutischer Sicht können wir diese ganze Spannkraft vielleicht in einem Viererschritt ausdrücken: Schwerkraft – Entscheidung – Sinn – Gnade. Die Tiefenpsychologie arbeitet an unserer Schwerkraft, unserer irdischen Verbundenheit, die Logotherapie bzw. „Höhenpsychologie" arbeitet an unserer Entscheidungsfähigkeit zwischen Schwerkraft und Sinn, die Religion spricht von der Gnade dessen, der zugleich unseren tiefsten Urgrund und unser höchstes Ziel darstellt ...

Dein F. S.

Lieber F. S.,

Deine polaren Paaren haben mich sehr beeindruckt!
Es wäre einmal interessant, dem Phänomen der Polarität und der „Trinität" nachzugehen. In der Logotherapie gibt es ja erstaunlich viele Triaden:

- Die drei Wiener Schulen der Psychotherapie (Freuds „Wille zur Lust", Adlers „Wille zur Macht", Frankls „Wille zum Sinn")
- Die drei Säulen des logotherapeutischen Gedankengebäudes („Freiheit des Willens", „Wille zum Sinn", „Sinn des Lebens")
- Die drei Wertkategorien („schöpferische Werte", „Erlebniswerte", „Einstellungswerte")
- Die tragische Trias des Lebens (Leid, Schuld, Tod)
- Die drei Dimensionen des Menschseins (somatische, psychische und geistige Dimension)
- Die drei Welt-Reiche (das Reich des Wirklichen, das Reich des Möglichen, das Reich der Werte / das Seiende, das Seinkönnende, das Seinsollende)
- Die drei Konstituenten menschlicher Existenz (Geistigkeit, Freiheit, Verantwortlichkeit)
- Das „tertium datur" der Entstehung (Veranlagung, Umwelteinflüsse und Eigenentscheidungen)
- Die drei Sinn-Begriffe („Sinn des Augenblicks", „Sinn des Lebens", „Übersinn")
- Die drei Methoden (Paradoxe Intention, Einstellungsmodulation, Dereflexion)
- Die drei therapeutischen Ziele (Arbeitsfähigkeit, Liebesfähigkeit, Leidensfähigkeit)
- Die drei Dinge, die unter dem Schutz der Scham stehen (Lieben, Beten, Sterben)

Das wären zwölf Triaden, die mir auf Anhieb einfallen, aber vielleicht weißt Du noch mehr.
An Polaritäten gibt es im logotherapeutischen Gedankengut

scheinbar zwei, doch beide entpuppen sich beim näheren Hinschauen als irrig. Da ist scheinbar die Polarität von psychophysischem Organismus und Geist bzw. (raum-zeitlicher) Welt und (nicht raum-zeitlicher) Überwelt. Doch ist beides nicht dualistisch nebeneinander-stehend denkbar, weil stets das eine, das Geistige, das Nicht-Raum-Zeitliche das andere umgreift, überhöht, durchdringt, eben das „Mehr" ausmacht, das „Mehr als das andere".

Da ist ferner die Polarität von sinnvoll und sinnwidrig oder, auf Lebensmöglichkeiten bezogen, von „verwirklichungswürdig" und „nicht verwirklichungswürdig". Auch sie ist eine nur scheinbare. Denn während das Sinnwidrige die Abweichung vom Sinnvollen darstellt, ist das Sinnvolle keineswegs die Abweichung vom Sinnwidrigen. Und während das einer Verwirklichung Unwürdige einem Versäumnis gleichkommt, die Wirklichkeit im Positiven zu verändern, kann das einer Verwirklichung Würdige kaum als Versäumnis aufgefaßt werden, die Wirklichkeit im Negativen zu verändern. Mithin will mir scheinen, daß die Konzepte der Logotherapie weniger dualistisch als vielmehr triadisch angelegt sind, zumindest in sehr wesentlichen Punkten. Dies führt mich gedanklich zu einer weiteren Triade, die ich gerne mit Dir erörtern möchte, wozu ein paar Vorbemerkungen nötig sind.

Bei einem jüngst in unserem Institut abgehaltenen Arbeitskreis zum Thema „Sinn in der Theologie – Sinn in der Logotherapie" kam das Gespräch auf die Legende vom Sündenfall als der ersten „sinnwidrigen Handlung" auf Erden und weckte in mir die Impression einer Widersprüchlichkeit, die mir schon vor einiger Zeit aufgefallen ist, die ich aber noch nie in Worte gekleidet habe. Doch Dir gegenüber möchte ich eine schlichte Frage daraus machen: die Frage einer Logotherapeutin an einen Theologen, der gleichzeitig Logotherapeut ist. Sie lautet: „Kann überhaupt eine falsche Entscheidung getroffen werden, *bevor* erkannt wird, was richtig und was falsch ist?"

Vielleicht findest Du, mein Freund, diese Frage reichlich seltsam. Nach meinem Verständnis jedoch setzt Schuldigwerden Entscheidungsfreiheit und Sinnerkenntnis voraus und definiert sich dann als die in Freiheit gewählte Handlung wider den erkannten Sinn. Sollte jemand in einer bestimmten Lebenssituation keine Wahl haben, oder sollte er nicht zu erkennen vermögen, was sinnvoll ist, könnte er auch nicht schuldig werden.

Entscheidungsfreiheit

(man hat Wahlmöglichkeiten)

↓

Sinnerkenntnis

(man erkennt die sinnvollen unter den Wahlmöglichkeiten)

↓

Schuldigwerden

(man verwirklicht sinnwidrige unter den Wahlmöglichkeiten)

Gemäß dieser „13. Triade" aus logotherapeutischer Sicht hängt die Schuldfähigkeit eines Wesens von dessen prinzipieller Entscheidungsfreiheit und Sinnerkenntnis ab und bedeutet sonach eine spezifisch humane Fähigkeit, die den Tieren fehlt.

Wenden wir uns nun der Legende vom Sündenfall zu. Was für Wesen waren die ersten beiden Menschen, von denen die Legende berichtet? Ohne Zweifel waren sie freie Wesen, quasi die ersten „Freigelasssenen" der Schöpfung. Denn ein Gebot oder Verbot richtet sich immer nur an jemanden, der einer Entscheidung mächtig ist. Niemand wird den Steinen oder den Regenwürmern Verbote auferlegen. „Von allen Bäumen dürft Ihr essen, nur von diesem nicht ..." heißt im Klartext: „Ihr *könnt* Euch (frei) entscheiden, aber Ihr *sollt* Euch (ebenfalls frei) auf diese und jene Weise entscheiden ..."

Eilen wir damit zur nächsten Überlegung. Konnten diese ersten „Freigelassenen" auch erkennen, ob es sinnvoll war, dem Gebot zu folgen bzw. das Verbot zu achten? Eigentlich nicht! Sie hatten doch noch gar nicht vom Baum der Erkenntnis gegessen!

Zur Komplizierung der Sachlage kam überdies die Schlange angekrochen und riet zum Verzehr des Apfels, so daß zwei unterschiedliche Aussagen im Raum standen: „Wenn Ihr davon eßt, müßt Ihr sterben" – „Wenn Ihr davon eßt, werdet Ihr sein wie Gott". Zwei Aussagen und noch keine Differenzierungsfähigkeit zwischen gut und bös, zwischen richtig und falsch. Läßt sich unter diesen Umständen aus der Wahl des Apfelessens eine „existentielle Schuld" in Franklscher Terminologie ableiten? Kann wider den Sinn gehandelt werden, wenn vom Sinn nicht gewußt wird? Wahrscheinlich geht die theologische Argumentation dahin, daß die ersten Menschen Gott blindlings (= ohne Sinnerkenntnis) vertrauen und gehorchen hätten sollen. Aber ohne Sinnerkenntnis läßt sich eben auch der Sinn eines blinden Vertrauens und absoluten Gehorsams nicht begreifen, was die Antwort zur Frage zurückbiegt.

Darf ich angesichts dieser unbeantworteten Frage eine etwas unübliche Auslegung der alten Legende versuchen?

Hier ist sie:

Zuerst gab es im Paradies (= in der Natur) Pflanzen und Tiere. Sie lebten in paradiesischer Unschuld (= jenseits von gut und bös) und wußten nichts vom Tod (= von der Vergänglichkeit allen Lebens). Später bekam eine Tiergattung ein göttliches Geschenk: es wurde ihr der Geist eingehaucht (= die Milliardenzahl der Neuronen im Gehirn stieg sprunghaft an, was Geistiges ermöglichte). Da der Geist per definitionem das Freie ist, das zu allem und jedem Stellung nehmen und es schöpferisch gestalten kann, wurde besagte Tiergattung „freigelassen" und erhielt etwas noch nie Dagewesenes: die Wahl.

Jetzt konnte sie wählen, insbesondere wählen, weiterhin wie ein Tier zu leben (= im Paradies zu bleiben) oder sich zum Menschen weiterzuentwickeln (= vom Baum der Erkenntnis zu essen). Vor die Wahl gestellt fand sie sich auch vor die Konsequenzen der Wahl gestellt, denn die Sinnerkenntnis und in einem mit ihr die Weiterentwicklung zum Menschen war nur zu haben um den Preis des Verlustes der tierischen Unschuld und des Gewinns des (wenig erbaulichen) Wissens um den eigenen Tod.

Laß mich den Faden noch ein wenig ausspinnen. Die „freigelassenen" Wesen jener Zeit hatten noch keine Orientierungsmaßstäbe (= kein „Sinnorgan" Gewissen) außer einem: der Geist, der ihnen eingehaucht war, der Geist, der Ebenbild war eines unvorstellbaren Geistes. Zu diesem Unvorstellbaren, zu ihrem Vor-Bild, dessen Eben-Bild sie in sich trugen, zog es sie von Anbeginn an hin („Ihr werdet sein wie Gott"). Deshalb wählten jene Geschöpfe, die erstmals wählen konnten, ihre eigene Weiterentwicklung zum Menschen, sie wählten die Erklimmung einer nächsthöheren Seinsstufe (= aßen den Apfel) in der vielleicht unbewußt falschen Hoffnung, daß es genüge, nicht mehr Tier zu sein, um Gott zu gleichen.

Was folgte, war unvermeidliche Konsequenz. Als sich zur Entscheidungsfreiheit, die sie bereits besessen hatten, auch noch die Sinnerkenntnis gesellte (= Hellhörigkeit des Gewissens), senkte sich die Bürde der Verantwortlichkeit auf ihre Schultern, und es trat die Schuldfähigkeit in ihr Leben. Jetzt konnten sie schuldig werden, und nicht nur sie, sondern auch ihre Nachkommen (= „Erbschuld"), denn sie konnten und können sich ja seit jener Zeit wider den Sinn entscheiden.

Aber nicht nur aus dem „Paradies der Unschuld", auch aus dem „Paradies der Unwissenheit" wurden sie vertrieben. Mit der Weiterentwicklung zum Menschen kam unweigerlich das Wissen um den Tod und um die eigene Vergänglichkeit („Wenn Ihr davon eßt, müßt Ihr sterben"). Damit senkte sich eine zweite Bürde auf die Schultern der „Vertriebenen": die Last, den Sinn des Lebens definieren und das Leben akzeptieren zu müssen im Licht seiner Endlichkeit. Was dies bedeutet, zeigt sich daran, daß die ersten „Menschheitszeichen" überall auf Erden Grabfunde sind, was auf eine intensive geistige Auseinandersetzung mit dem Tod von Anfang an hinweist.

So möchte ich meine unübliche Auslegung zusammenfassend folgendermaßen abrunden: Wir haben vom Baum der Erkenntnis gegessen, wir sind nicht nur freie, sondern auch verantwortliche Menschen geworden. Gott hat es uns ermöglicht, wir haben es gewählt. Jetzt tragen wir es: das Grandiose und das Elendigliche des Menschseins. Gewählt haben wir es aus einer (falschen) Hoffnung heraus. Mag sein, daß die Hoffnung (in einer korrigierten Form) immer noch da ist. Die Hoffnung nämlich, daß der Geist, der uns eingehaucht worden ist, nach unserem irdischen Tod zurückkehrt zu dem, der ihn eingehaucht hat. Dorthin, wo Schuld der Vergebung anheimfällt und wo Vergänglichkeit überwunden ist. Dorthin, wo die negativen Konsequenzen unserer Wahl null und nichtig sind.

Was denkst Du, mein Freund?

Herzlichst
E. L.

Liebe E. L.,

Du bringst es immer wieder fertig, daß ich alles andere liegen lasse und mich sogleich hinsetze, um meine Antwort an Dich zu schreiben. Vielleicht gerät dadurch alles zu spontan und müßte geistig noch mehr durchgekaut werden, aber es läßt mir keine Ruhe, und außerdem kannst Du ja in Deinem nächsten Brief wieder das eine oder andere zurechtrücken.

Nun, erstens muß man wohl unterscheiden zwischen Dualismen und Polaritäten. Letztere enthalten immer schon implizit das Tertium. Denn Polaritäten sind die Endpunkte auf einem sie verbindenden Kontinuum, nicht unversöhnliche Gegensätze. Daher gebe ich Dir völlig recht, daß die Gegenüberstellung von Geistigem und Psychophysischem in der Logotherapie keine Dualität darstellt, sondern eben eine Polarität, wobei aber das Geistige zugleich auch das Kontinuum ist, aus dem die beiden Pole aufragen.

Auch Deine Gegenüberstellung von sinnvoll und sinnwidrig bejahe ich. Dein Gedanke hat übrigens eine ehrwürdige Tradition. Meines Wissens hat Thomas von Aquin bereits den Gedanken ausgesprochen, daß das Böse nur einen Mangel an Gutem darstellt und daher nicht die gleiche Seinshaftigkeit aufweist wie das Gute.

Bevor ich auf Deine Sündenfall-Theorie eingehe, noch eine Anmerkung zu den Trinitäten. Tatsächlich hast Du eine erstaunliche Zahl von sinnvollen Dreiergruppen zusammengestellt. Allerdings müßtest Du noch den (sehr reizvollen) Nachweis versuchen, daß es sich um eine Höherentwicklung gegenüber der Polarität handelt. Das wäre nur dann der Fall, wenn Deine Trinitäten zwei Pole und deren Synthese aufweisen. Ansonsten handelt es sich nur um die Tatsache, daß die Zahl 3 eine gern gewählte ist, um das Wichtigste auszudrücken.

Aber jetzt zu Deiner Theorie vom Sündenfall:

Ich glaube, daß es eine lange und alte Tradition gibt, die dem Wissen, der Erkenntnis den Vorzug einräumt, und eine ebenso lange und alte Tradition, die dem Wollen den Vorrang zuspricht. Daß nun am Anfang des Sündigen-Könnens eine Sinnverfehlung, eine bewußte Entscheidung gegen die besten und sinnvollsten Möglichkeiten stünde, was wiederum ein Vorher-Wissen impliziert, das wäre eine auf der Erkenntnistradition aufgebaute Position. Ebenso wäre aber denkbar, daß das Sich-Verweigern den Beginn des Schuldigwerdens begründet. Es ist die Absage an jemanden, man sondert sich ab (Sünde und Ab-Sonderung haben etymologisch die gleiche Wurzel!), es ist das Nicht-Mitmachen, das zugleich ein Be-sonders-Sein-Wollen bedeutet. Zwar kann es sich bei diesem Absondern um die positive Individuierung handeln, dann ist es keine Absonderung *gegen* den anderen, bzw. zu dessen Schaden, es kann sich aber auch um eine Absonderung handeln, bei der der Eigenwille die Beziehung zum anderen opfert.

Man könnte sich erinnert fühlen an die Trotzphasen, die im Laufe der kindlichen Entwicklung beobachtbar sind. Dennoch gibt es auch hier zwei den beiden Traditionen entsprechende Meinungen: 1. Der Trotz entspringt mangelnder Einsicht, und würde man für diese sorgen, würde das Trotzverhalten zurückgehen, oder 2. der Trotz entsteht aus einem sich willentlich dem anderen Entgegenstemmen, weil das Kind nach Autonomie strebt und sein eigener Herr sein will. So könnte die biblische Erzählung vom Sündenfall eine mehrdeutige Metapher sein für das Schicksal des Menschen, der aus seiner Urgeborgenheit abge-sondert wird bei seiner Geburt, der sich aber auch aus seiner innigen Verbundenheit mit der Mutter ab-sondern muß, um sich zu individuieren. Die Schuld, die der Mensch dabei begeht, könnte auch im Heideggerschen Sinne eine völlig unsündhafte sein: Dadurch, daß ich das eine verwirkliche, bleibe ich das andere notwendig schuldig. Zugleich bedeutet das Verlassen der paradieshaften Symbiose natürlich auch Risiko, Gefahr, Lebenskampf. Das kleine Kind, das sich losreißt, wird seiner Einsamkeit schreckhaft bewußt, wenn es sich verlaufen hat. Der Wille zur Autonomie war zuerst da, das Erkennen der Gefahr hinkt nach ...

Ich finde die Sinnerkenntnis-Schuldfähigkeits-Theorie zu sehr auf den Erwachsenen ausgerichtet, zu kognitiv. Denn ich könnte mir vorstellen, daß es für das Schuldigwerden genügt, sich ab-zu-sondern auf Kosten der Verbundenheit: das Selbstsein wird dem Miteinandersein vorgezogen. Das Neinsagen zum anderen, oder noch deutlicher: die Verleugnung des anderen könnte die Sünde sein. Dies wäre auch möglich, wenn es sich um ein dumpfes, nicht sinnbewußtes Auflehnen handelt. Ebenso wäre auch das Neinsagen zu sich selbst, das Verharren in der Ungeschiedenheit einer Symbiose eine Schuld an der eigenen Existenz, das Nicht-Hinausgehen aus der Höhle Platons könnte eine sündhafte Verweigerung gegenüber dem Anruf der Welt sein, ohne daß ein Erkennen bestehen müßte, was nun die Welt enthalten wird.

Aber, ich sage Dir, Elisabeth, ganz wohl ist mir bei diesem Diskurs nicht. Einerseits müßte man wahrscheinlich ganz säuberlich psychologisches, philosophisches und theologisches Betrachten voneinander trennen. Andererseits frage ich mich, wieweit es möglich ist, überhaupt hinter das Geheimnis des Schuldigwerdens zu kommen. Vielleicht steht hinter dem Schuldigwerden ein der Welt oder sich selbst gegenüber Schuldigbleiben am Wesentlichen; und dies wiederum kann im Wollen und im Erkennen wurzeln. Eine Rekonstruktion der Sündenfallgeschichte birgt einfach die Gefahr einer „Post-hoc-Erklärung", die nichts anderes darstellt als den mythologischen Versuch, ein unlösbares Rätsel zu ergründen.

Bleiben wir beim Phänomenologischen, dann wissen wir in unserem „Herzen", wann wir uns verfehlen. Mehr, fürchte ich, kann ich nicht sagen. Du läßt mich jedenfalls recht unzufrieden und nachdenklich zurück. Ich weiß zu wenig! Oder will ich nicht mehr wissen?

Mit vielen lieben Grüßen
F. S.

Lieber F. S.,

es war nicht meine Absicht, Dich unzufrieden zu stimmen, aber nachdenklich ... nun ja, nachdenklich dürfen wir schon sein und bleiben. Deshalb habe ich lange und ausgiebig über Dein Argument nachgedacht, daß das Sich-Verweigern den Beginn des Schuldigwerdens begründen könnte. Trotz langem Nachdenken vermag ich dies nicht einzusehen. In meinem Verständnis kann ein Sich-Verweigern kein Schuldigwerden sein, solange dem Sich-Verweigernden nicht bekannt oder nicht begreifbar ist, daß in der speziellen Situation, in der er steht, eine Verweigerung sinnwidrig und ein Gehorchen sinnvoll wäre. (Weswegen eben bei Kleinkindern, die im Zuge ihrer Autonomieentwicklung ihren Bezugspersonen trotzen, von Schuld keine Rede sein kann.)
  Schau, das Sich-Verweigern, allein und für sich genommen, hat doch absolut keine Wertigkeit, die bekommt es erst durch den Sinnzusammenhang, der wiederum „ad personam et ad situationem" gilt. Wenn ich mich beispielsweise weigere, bei einem Ehebruch mitzumachen oder mich an einem Versicherungsbetrug zu beteiligen, wird dies ein sehr sinnvolles Sich-Verweigern sein. Freilich magst Du einwenden, es gehe darum, *wem* und *wessen* Gebot gegenüber man sich verweigere, und Gott als der höchste Sinn von allem würde nichts Sinnwidriges verlangen. Diesem Einwand will ich mich gerne beugen, dennoch bleibt ein Unbehagen bei mir zurück, nämlich der Zweifel, ob menschliche Wesen, die noch nicht zwischen gut und böse unterscheiden können, die also des „Sinns des Augen-

blicks" noch nicht gewahr werden, um eine logotherapeutische Formulierung zu verwenden, ob solche Wesen bereits der Vision eines „Übersinns" oder gar eines „allumfassenden Sinns" fähig sind?

Bitte erlaube, daß ich mich in diesem Stadium des Nachdenklichseins, aus dem wir bis jetzt offenbar nicht herausgefunden haben, noch ein wenig weitertaste. Du schreibst, es gäbe eine lange Tradition, die dem Wollen den Vorrang einräumt. Wenn ich von meinem Ausflug in die Religionsphilosophie auf vertrauteren Boden zurückkehre, muß ich sagen: mit dem Wollen hat es allerdings so seine Bewandtnis, nicht wahr? Fast könnte man denken, es gäbe zwei Arten des Wollens, ein blandes Wünschen und ein zielgerichtetes Streben. Ersteres dürfte man gar nicht Wollen nennen, aber unsere Patienten tun es, was zu den seltsamsten Verwicklungen und Mißverständnissen in ihrer Mitwelt führt. Hier sind die vier häufigsten Varianten des Wollens, das kein Wollen ist.

Variante Nr. 1

Ein Fabrikarbeiter hat die Möglichkeit, beruflich aufzusteigen und Karriere zu machen. Er müßte dazu einen zweijährigen Abendkurs besuchen und sich an den Wochenenden in den Lernstoff vertiefen, um die erforderlichen Prüfungen gut zu bestehen. Er kann jedoch auch Fabrikarbeiter bleiben, damit zufrieden sein und seine Freizeit nach Lust und Laune mit Fernsehen oder Sport verbringen.

Befragt, welche der beiden Alternativen er verwirklichen will, antwortet er, er wolle Karriere machen. Nach einigen Monaten befragt, ob er inzwischen den Abendkurs besucht, antwortet er, er habe sich noch nicht zur Anmeldung entschließen können.

Dieses Muster ist ebenso häufig wie typisch. Im Grunde wird gar nicht zwischen realistischen Alternativen gewählt, sondern zwischen Realität und Wunsch, wobei stets der Wunsch bevorzugt wird, aber die Realität am Ende siegt. Im obigen Fall hat der Fabrikarbeiter seine Alternativen folgendermaßen verkürzt definiert:

a) Fabriksarbeiter bleiben   b) Karriere machen

Zwischen a) und b) wählte er b), das heißt, er *meinte*, Karriere machen zu wollen. Hätte er die Alternativen realistisch definiert, hätten sie folgendermaßen aussehen müssen:

a) Fabrikarbeiter bleiben und gemütliche Fernsehabende haben, am Wochenende Sport treiben können etc.

b) Karriere machen und täglich bis in die Nacht hinein studieren, außerdem verplante Wochenenden etc.

Mit Blick auf die realistischen Alternativen hätte er vielleicht gleich offen und ehrlich bekannt, daß er a) wählen will, was bei der Mitwelt keine falschen Erwartungen geweckt hätte. Ihn darüber aufzuklären, daß sein Karriere-machen-Wollen kein Wollen ist, kann Aufgabe eines Beratungsgespräches sein.

Variante Nr. 2

Ein Diplomingenieur hat eine von ihm stark favorisierte Arbeitsstelle in Aussicht, doch seine Frau ist entschieden dagegen, daß er sie annimmt. Sie fürchtet, daß er dann öfter als bisher von zu Hause abwesend sein würde und die Kinder ihren Vater kaum mehr zu sehen bekämen. Also zieht der Diplomingenieur seine Bewerbung zurück mit der Erklärung, daß er die Stelle nicht haben will.

In der Zeit danach murrt er ständig, wie viel wohler er sich auf dem abgesagten Arbeitsplatz fühlen würde, und beneidet alle Ingenieure, die in der glücklichen Lage sind, eine Arbeitsstelle wie die abgesagte inne zu haben.

Auch dieses Muster ist weit verbreitet. Jemand sagt Nein und meint Ja, wie im geschilderten Fall, oder umgekehrt, was genauso häufig vorkommt. Was will eine solche Person wirklich? Will sie das, was sie meint, oder das, was sie sagt? Eine Frage, die man nicht auf Anhieb zugunsten des Gemeinten beantworten kann. Erst wird man ihr wahres Motiv erforschen müssen, und dieses ist leicht an den Folgen des Ja- oder Nein-Sagens zu erkennen. Ist es ein Motiv folgender Art:

1. *Angst* (im obigen Falle: Angst vor Vorwürfen und Geschimpfe der Frau)
2. *Zuwendungshascherei* (im obigen Falle: der Wunsch, gelobt zu werden, als „Märtyrer" dazustehen)

ist das wirkliche Wollen das Gemeinte, und nicht das Gesagte. Die Folgen sind klar, man steht nicht zu dem Gesagten. Ist es aber ein Motiv der folgenden Art:

1. *Liebe* (im obigen Falle: ein Verzicht aus Liebe zur Frau)
2. *Einsicht* (im obigen Falle: Einsicht in die Richtigkeit der von der Frau vorgebrachten Argumente)

ist das wirkliche Wollen das Gesagte, und nicht das Gemeinte. Die Folgen sind ebenfalls klar: man steht zu dem Gesagten. Daß dennoch neben dem Gesagten das Verlangen nach dem anderen weiterbestehen kann, tut dem keinen Abbruch, aber jedenfalls kommt es zu keinem permanenten Murren und Neidischsein danach, wie bei unserem Diplomingenieur. Mit ihm seine wahren Motive zur Klärung des wirklich Gewollten zu diskutieren, kann daher Aufgabe eines Beratungsgespräches sein.

Variante Nr. 3

Ein Gymnasiast verliebt sich in eine Klassenkameradin. Er will so oft wie möglich mit ihr beisammen sein. Der Vater der Klassenkameradin befürchtet aber, daß dies die Tochter zu sehr von der Schule ablenken könnte, und verbietet ihr die Liaison. Der Gymnasiast verläßt daraufhin wutentbrannt die Schule und führt ab diesem Zeitpunkt ein Gammelleben. Dadurch verliert er die Freundin endgültig und zerstört außerdem seine eigene Schullaufbahn.

Hätte er in Ruhe sein Abitur absolviert, sich danach eine ordentliche Arbeit gesucht, und während all dieser Zeit seiner Freundin die Treue gehalten, hätte seine Jugendliebe immer noch eine Zukunftschance gehabt.

Das ist das neurotische Muster, wie es im Lehrbuch steht. Der Neurotiker verschärft die Situation. Er ist nicht der Mensch, der für eine bessere Wirklichkeit eintritt – er ist der Mensch, der sich über eine schlechte Wirklichkeit beklagt und sie mit seiner Klage noch schlechter macht. (Erinnerst Du Dich an Celia?) Und wenn man ihn darauf anspricht, bekommt man vielfach die lakonische Auskunft: „Das weiß ich alles, aber ich kann es nicht umsetzen." Welche Freude für den Therapeuten, dies zu hören! Es ist so ziemlich der Schlußstrich unter seine sämtlichen Bemühungen ...

Überlegen wir uns die Angelegenheit in Hinblick auf das Wollen. Was will der Neurotiker, wenn er behauptet, etwas zu wissen, aber nicht zu können? Das „Wissen" ist ein Synonym für das Erkennen des Gesollten, und das „Nichtkönnen" ist ein Synonym für das Leichtersein des Nichtgesollten. Sucht er nun das Gesollte, oder sucht er einen Trick, wie ihm das Gesollte – um das er weiß – leichter fallen würde, oder sucht er eine Entschuldigung für die Verwirklichung des Nichtgesollten?

Vielleicht ist es ein Stück Hilfe, erst gemeinsam mit ihm das von ihm Gewollte aus dem Wust der Floskeln herauszuschälen und dem Licht des Bewußtseins auszusetzen, um dann in einem zweiten oder späteren Schritt auf das Gesollte zurückzukommen. Bei unserem Gymnasiast etwa könnte es sich schon als heilsam erweisen, aus ihm herauszulocken, daß er nicht die Liebschaft mit der Klassenkameradin fortsetzen, sondern einen Anlaß zum Abgang von der Schule finden wollte ...

Variante Nr. 4

Ein Theologe mit psychoanalytischen Ambitionen sammelt eine enthusiastische Anhängerschaft mit seiner den Grundtenor seiner Werke bildenden Parole: „Glaube, damit du die Urangst überwindest!" Ein brillanter Imparativ, bei dem sich allen Logotherapeuten die Haare sträuben, um es umgangssprachlich auszudrücken. Da wahrscheinlich auch Deine Haare jetzt gesträubt sind, brauche ich keine langen Kommentare abzugeben. Welch ein Glaube, der als „Mittel zum Zweck" fungiert, genaugenommen zum Zwecke unseres Wohlbefindens! Uralte Töne klingen dabei an, Töne, die schon die Pharisäer gekannt haben. „Setze gute Taten, um in den Himmel zu kommen!" hieß es einst. Die Güte der Taten an sich war unwesentlich; würden schlechte Taten in den Himmel führen, würde die Empfehlung auf schlechte Taten lauten. Dergleichen muß sich solch ein Theologe fragen lassen: Würde Unglaube von der Urangst befreien, würde er den Unglauben predigen?

Dieses Muster ist nicht weit entfernt vom neurotischen Muster, eventuell eine Nuance scheinheiliger, aber nicht weniger paradox. Ist uns doch aus der Logotherapie zur Genüge bekannt, daß das Anstreben eines Nebeneffekts diesen mit Garantie am Eintreten hindert. Wer wirklich glaubt, um die Urangst zu überwinden, wird sich seine Ängste noch eine Zeit lang behalten dürfen, wer aber glaubt im reinen Dienst an dem, an den er glaubt, ohne sich im geringsten um seine Ängste zu kümmern, dem werden sie in der Tat genommen werden.

Nun kann man jenem Theologen keinen allzu großen Vorwurf machen, denn er ist ein Kind unserer Zeit, und unsere Zeit ist eine Zeit der „hilflosen Helfer" und der „glaubenlosen Gläubigen", eine Zeit des Wahns, daß alles als Mittel zum Zweck benützt werden darf, die Klienten, mit denen sich die Helfer beschäftigen, ebenso wie die Glaubensinhalte, denen sich die Gläubigen zuwenden. Das Gewollte dahinter ist immer dasselbe: das eigene Wohlbefinden. Und doch ist es ein verkümmertes, ein degeneriertes Wollen, denn die Akte des Helfens oder des Glaubens setzen ein ganz anderes Wollen voraus – das echte *Dienenwollen*, nicht in Unterwürfigkeit, aber auch nicht in Berechnung. Dies einem Menschen unserer Zeit zu verdeutlichen ist Aufgabe fast jeden Beratungsgespräches.

Lieber Franz, ich bin bei meinem Ausgangspunkt angelangt. An diesem Ausgangspunkt stand Dein Satz, daß es eine lange Tradition gäbe, die dem Wollen den Vorrang einräumt. Gewiß bin ich die Letzte, die dem Wollen nicht einen zentralen Stellenwert im menschlichen Leben zuordnen würde. Nur, am Anfang steht das Wollen nicht. Am Anfang steht das blande Wünschen, das Orientierung-Suchen, das Wissen und Irren, das Ringen mit dem, um das gewußt wird, und mit dem, in dem geirrt wird, und schließlich braut sich aus dem Gewühl von Emotionen und Kognitionen etwas spezifisch Humanes zusammen: das Wollen. Ob es echt ist, ob es gut ist, werden die Folgen zeigen.

So ist das Wollen nicht Anfang, aber auch nicht Ende, es ist irgendwo in der Mitte des Menschen daheim, fest verbunden mit dem, was ihm vorausgeht, der Orientierungsfrage, und fest verbunden mit dem, was ihm nachfolgt, dem konkreten Resultat. Merkwürdig, daß etwas, das an beiden Enden festgezurrt ist, so wild bewegt sein kann, wie das Wollen des Menschen ...

Noch ein letzter Gedanke. Hast du jemals darüber nachgesonnen, daß es ernstzunehmende Vorahnungen, Visionen, Erleuchtungen (das „zweite Gesicht") gibt, bei denen sich einem Menschen etwas offenbart, das in der Zukunft eintreten wird, und wie sich derartige Vorahnungen mit dem Wollen-Können, also mit der grundsätzlichen Willensfreiheit des Menschen und der non-deterministischen Sichtweise der Logotherapie decken? Ich stelle mir das folgendermaßen vor:

Vorahnungen sind winzige, punktuelle Einblicke in eine Dimension, die dem Menschen eigentlich nicht zukommt. Da wir von einer suprahumanen Dimension annehmen müssen, daß sie jenseits des Raum-Zeit-Kontinuums verläuft, kann das in ihr Ruhende – das wir „ewig" zu nennen pflegen – nicht ewig lange dauern, ja, überhaupt nicht in irgendeiner Zeitform andauern, sondern muß zeitlos, und das heißt *gleichzeitig* nebeneinander existieren. Zeitlosigkeit ist identisch mit Gleichzeitigkeit, ohne ein „vorher" oder „nachher". Das würde bedeuten, daß in jener suprahumanen Dimension, die wir uns nicht vorstellen können, alles, was sich in unserem irdischen Raum-Zeit-Erleben in Vergangenheit, Gegenwart und Zukunft aufgliedert, immer schon nebeneinander steht oder gestanden ist (auch unsere Sprache kann Zeitloses nicht ausdrücken!). Nur dadurch ist es möglich, in der Aufhebung des Zeitkontinuums etwas, das neben dem Jetzt steht, zu sehen, während dasselbe im Zeitkontinuum erst sehr viel später aus freiem Willen gewählt werden wird, und somit nicht vorherbestimmt ist. (Wobei das Wort „neben" auch nur ein räumliches Schnörksel ist, weil uns für Unräumliches die Worte fehlen ...)

Nun, wenn einem die passenden Worte fehlen, soll man aufhören, weswegen ich die Fortsetzung dieser Gedanken in Deine Hände lege – willst Du unser gemeinsames Suchen nach dem Wort, nach dem Sinn, nach dem Logos zur Abrundung bringen?

Es grüßt Dich bestens
E. L.

Liebe E. L.,

ich komme gerade von einer Vortragsreise aus Südtirol zurück, einem geheimnisvollen Land mit seinen Höhen und Tiefen, Weiten und Engen, mit seinen gelben, weißen und roten Erdpyramiden, die auf ihren Spitzen schwere klobige Felsplatten balancieren. Es sieht so aus, als würden die Pyramiden schwer an dieser Last tragen. In Wirklichkeit verdanken sie ihre Entstehung diesen Felsbrocken, die das herabströmende, das Erdreich wegschwemmende Wasser schirmartig abhielten und so einen Erdkegel unter sich schufen. Oft scheint mir auch der Verstand, der dem Menschen gegeben ist, eine schwere Last zu sein, und noch mehr als das Bewußtsein und Reflexionsvermögen ist es unsere Einsicht, unser Gewahrwerden, das uns drückt, das aber das lockere Erdreich nicht dem Sturzbach unserer vielen kleinen Wünsche, Begierden und Süchte preisgibt, sondern beschützt und in seiner Standfestigkeit bewahrt. So gibt es tatsächlich auch die Annahme, daß die Einsicht nicht nur – wie es Deine Ausführungen belegen – zur Sünde befähigt, sondern daß tiefe Einsicht das sündige, böse Handeln unendlich erschwert oder sogar verhindert.

Alles klingt plausibel und ist es auch: Dein Plädoyer für die Einsicht, für das Wissen, worum es geht, für die Orientierung und Erkenntnis in bezug auf die gegebenen Sinnentfaltungsmöglichkeiten. Dennoch scheint mir mein Impuls, daß das Wollen gleichermaßen mitspielt, nach wie vor berechtigt. Sind Deine vier interessanten Beispiele wirklich so aussagekräftig gegen das Wollen, wie es scheint?

Fall 1 (der Fabrikarbeiter) ist keine Alternative zwischen Wunsch und Realität (Wollen und Einsicht), sondern die uns allen vertraute Spannung zwischen dem Verlangen nach etwas und dem dafür Bezahlen. Wir wollen Veränderung, aber keine Mühe, wir wollen einen Wandel, aber kein Risiko.

Fall 2 (der Diplomingenieur) kann ebenso ein Wollen wider die Einsicht sein, als auch ein Wollen aus Einsicht. Es kommt, wie Du ganz richtig sagst, auf das Motiv an, auf eine Einsicht und ein Wollen, was noch höher liegt, als ein momentanes Einsehen und Wollen.

Fall 3 (der Gymnasiast) dünkt mich fast lebensfern. Obwohl es viele Menschen gibt, die es lernen müssen, innige Wünsche aufzuschieben, bis die Zeit dafür reif ist. Sicher krankt unsere Gegenwart daran, daß alles „instant" sein muß, nicht nur die heiße Suppe oder der Kaffee, sondern auch andere Wunscherfüllungen. Dennoch, wer weiß nicht aus dem eigenen Leben, daß man manchmal von der Flut der Gefühle mitgerissen wird, bevor man noch den Strom der inneren Aufwallungen in die Regulation der einsichtsvollen Handlungen lenken kann? Ich würde dies eher als unreif denn als neurotisch bezeichnen.

Fall 4 ist auch anders deutbar: Nur indem du dich an Gott anbindest (Religion), nur indem du dich ihm angelobst (Glaube), bleibst du vor der Sturzflut in abgründige Urangst bewahrt. Denn die analytisch erzielte Aufdeckung und Klarheit bewahrt nicht vor dem bösen Wollen – man muß ihm ein gutes Wollen entgegensetzen. Natürlich hast Du recht: wenn ich Gott nur als Versicherungsanstalt benutze, dann gehe ich am Eigentlichen vorbei. Aber das ist – wie ich hoffen will – nicht der Glaube, von dem dieser Theologe spricht.

Betrachte ich Deine Zeilen nochmals, dann muß ich Dir bestätigen: tatsächlich spielt die Einsicht immer mit. Auch stimme ich Dir zu, wenn Du dem Wollen einen Platz zwischen Orientierung und Konsequenzen zuordnest. Doch gewinne ich allmählich die Überzeugung, daß unsere Debatte eine künstliche Trennung zwischen Einsicht und Wollen herbeigeführt hat. Mit einer Modifikation eines bekannten Wortes von Kant könnte man sagen: „Wollen ohne Einsicht bleibt blind, Einsicht ohne Wollen bleibt leer!" Unser Herz muß Kopf und Bauch integrieren, man schafft nur mit dem ganzen Herzen etwas Gutes ... oder?

    Laß es mich noch anders sagen: Ich finde Dein Plädoyer für den Menschen überaus sympathisch. Solange der Mensch nicht wirklich weiß, worum es geht, kann er nicht fehlen, sagst Du. Mit anderen Worten: Du gestehst ihm den paradiesischen Zustand der Unschuld solange zu, als er nicht vom Baum der Erkenntnis gegessen hat. Das erinnert mich daran, wie lieb ich Kinder habe. Ich bin richtig glücklich, wenn ich Kinder sehe. Ich schaue ihnen gerne zu, wenn sie mit offenen Augen, offenen Ohren und offenen Armen auf die Welt zugehen. Ganz aufmerksam, ganz zugewandt, bereit, den Anruf der Welt zu hören, wo immer er sie anspricht. Kinder haben ganz tiefe Blicke, ihre Augen sind wie tiefe Seen, denen man dennoch auf den Grund sieht. Später wird in diese Augen ein winziges Zusammenkneifen kommen, dann nämlich, wenn auch ein Wissen um Gut und Böse vorhanden ist, wenn die Ambivalenz zwischen Wissen und Wollen entdeckt worden ist. Was wohl mit dem Bibelwort gemeint ist: „Wenn ihr nicht werdet wie die Kinder ..."

    Ich glaube, daß dieses völlige Aufmerksamsein auf den Zuspruch der Welt gemeint ist, dieses Zugewandtsein mit ganzem Körper und ganzer Seele. Aber nicht mehr in der Unschuld des Unwissens, sondern in der wiedergewonnenen Reinheit des Wissens und Wollens. Eine Klarheit, die immer wieder erkämpft werden muß. Dafür jedoch hat der wissend gewordene Mensch etwas, das die kindliche Unschuld noch nicht besitzt: Güte, Humor, Verzeihen, das Und-dennoch der Geduld mit sich und den anderen, das Trotzdem der unermüdlichen Kämpfe gegen die Schwerkraft und Trübung.

Es ist ein großes Geheimnis um die Versöhnung von Wissen und Wollen, um die Verbindung zwischen reifer Erfahrung und argloser Gegenwart. Aber eines glaube ich zu ahnen: Daß der Logos und der Actus, Sinn und Handlung ihre Mitte im Herzen finden müssen. Der Sinn muß zu Herzen gehen, das Handeln muß vom Herzen kommen. Deshalb muß die Logotherapie den ganzen Menschen ansprechen, ihn zur kindlichen Achtsamkeit gegenüber allem Lebendigen erwecken und zugleich zur erwachsenen Herzenseinsicht und humorvollen Güte.

Diese Güte, liebe Elisabeth, habe ich aus Deinen Zeilen immer entnehmen können, auch wenn sie manchmal ernst geklungen haben. Und noch etwas habe ich in Deinen Briefen stets geschätzt, etwas, das in meiner Aufzählung dessen, was der kindlichen Unschuld noch mangelt, gefehlt hat. Nämlich der Mut zum Ungewöhnlichen! So ist auch Dein Gedanke der Parallel-Existenzen mutig und zugleich ungewöhnlich. Freilich hat schon C. G. Jung von der Synchronizität gesprochen, um das Zusammentreffen bestimmter Phänomene zu erklären. Aber aus Deinen Worten klingt noch mehr: die Ehrfurcht vor dem Unfaßbaren, das unsere Existenz und vieles, was uns in ihr begegnet, umgibt: Ahnungen, ein inneres tiefes Spüren von einem Ziel, auf das wir uns unaufhörlich zubewegen, wie Pflanzen zum Licht ... Ist es das, was letztlich alles vermählt – Wissen und Wollen, Einsicht und Handeln, Sinne und Sinn, Logos und Eros?

Ich glaube, daß die Logotherapie recht daran getan hat, sich von der Theologie oder von jeglicher Glaubensverkündigung abzugrenzen. Sie ist kein Heilsweg, sie bietet sich für alle Menschen an als Weg, das Personale im Menschen zu entfalten. Aber, indem sie den Menschen immer wieder ermutigt, seinen Bogen zu spannen und das Ziel der Ziele im Augenblick zu treffen, verwandelt sie ihn schließlich selbst in einen Pfeil, über dessen letzte Bestimmung nur der Glaube reden kann ...

In Dankbarkeit
F. S.

ANHANG

Bibliographie deutschsprachiger Literatur zur Logotherapie

Bücher von Viktor E. Frankl

Frankl, V. E.
Ärztliche Seelsorge
Grundlagen der Logotherapie und Existenzanalyse
10. ergänzte Auflage 1982, 280 Seiten kart. 4. vom Autor ergänzte Auflage 1987, TB

Frankl, V. E.
Das Leiden am sinnlosen Leben
Psychotherapie für heute
11. Auflage 1989, 126 Seiten, TB

Frankl, V. E.
Der leidende Mensch
Anthropologische Grundlagen der Psychotherapie
3. erweiterte Auflage 1990, 405 Seiten, kart.

Frankl, V. E.
Logotherapie und Existenzanalyse
Texte aus fünf Jahrzehnten mit Einführung von G. Guttmann
1987, 310 Seiten, kart.

Frankl, V. E.
Der Mensch vor der Frage nach dem Sinn
Eine Auswahl aus dem Gesamtwerk mit Vorwort von K. Lorenz
7. Auflage 1988, 290 Seiten, TB

Frankl, V. E.
Psychotherapie für den Laien
Rundfunkvorträge über Seelenheilkunde
13. Auflage 1989, 170 Seiten, TB

Frankl, V. E.
Die Psychotherapie in der Praxis
Eine kasuistische Einführung für Ärzte
4. erweiterte und neu bearbeitete Auflage 1982, 304 Seiten, kart.
5. durchgesehene Auflage 1986, TB

Frankl, V. E.
Die Sinnfrage in der Psychotherapie
Mit Vorwort von F. Kreuzer
3. Auflage 1988, 204 Seiten, TB

Frankl, V. E.
Theorie und Therapie der Neurosen
Einführung in Logotherapie und Existenzanalyse
6. erweiterte Auflage 1987, 225 Seiten, TB

Frankl, V. E.
... trotzdem Ja zum Leben sagen
Ein Psychologe erlebt das Konzentrationslager
5. Auflage 1981, 200 Seiten, geb.
7. Auflage 1988, TB

Frankl, V. E.
Der unbewußte Gott
Psychotherapie und Religion
7. Auflage 1988, 120 Seiten, kart.

Frankl, V. E.
Der Wille zum Sinn
Ausgewählte Vorträge über Logotherapie mit Beitrag von E. Lukas
3. erweiterte Auflage 1982, 344 Seiten, kart.

Frankl, V. E. / F. Kreuzer
Im Anfang war der Sinn
Von der Psychoanalyse zur
Logotherapie
Ein Gespräch
1986, 106 Seiten, TB

Psychotherapie in Selbstdarstellungen
hrsg. v. L. Pongratz
1973, 464 Seiten, kart.

Bücher mit Buchkapiteln von Viktor E. Frankl

Beiträge der Individualpsychologie Bd. 3
Begegnung der Individualpsychologie mit anderen Therapieformen
hrsg. v. Reinelt / Otalora / Kappus
1984, 187 Seiten, kart.

Frankl, V. E. / J. Pieper / H. Schoeck
Altes Ethos – Neues Tabu
Dokumentation, hrsg. v. Lindenthal-Institut
1974, 110 Seiten, kart.

Heilkraft des Lesens
Erfahrungen mit der Bibliotherapie
hrsg. von P. Raab
1988, 176 Seiten, TB

Hommes, Ulrich
Es liegt an uns
Gespräche auf der Suche nach Sinn
2. Auflage 1982, 143 Seiten, TB

Bücher und psychologischer Test von Elisabeth Lukas

Lukas, E.
Auch dein Leben hat Sinn
Logotherapeutische Wege zur Gesundung mit einem Vorwort von V. E. Frankl
3. Auflage 1987, 254 Seiten, TB

Lukas, E.
Auch dein Leiden hat Sinn
Logotherapeutischer Trost in der Krise mit einem Vorwort von K. Popielski
2. Auflage 1986, 254 Seiten, TB

Lukas, E.
Auch deine Familie braucht Sinn
Logotherapeutische Hilfe in der Erziehung mit einem Vorwort von J. B. Fabry
2. Auflage 1988, 220 Seiten, TB

Lukas, E.
Geist und Sinn
Die dritte Wiener Schule der Psychotherapie
Mit Beiträgen von Simmerding / Sedlak / Kurz
1990, 175 Seiten, TB

Lukas, E.
Gesinnung und Gesundheit
Lebenskunst und Heilkunst in
der Logotherapie
1987, 221 Seiten, TB

Lukas, E.
Logo-Test
Test zur Messung „innerer Sinnerfüllung" und „existentieller
Frustration"
1 Handanweisung und je 10 vier-
seitige Testbögen (weiblich und
männlich) in einer Flügelmappe
1986

Lukas, E.
Psychologische Seelsorge
Logotherapie – die Wende zu
einer menschenwürdigen Psychologie
2. Auflage 1988, TB

Lukas, E.
Psychologische Vorsorge
Krisenprävention und Innenwelt-
schutz aus logotherapeutischer
Sicht
1989, 318 Seiten, TB

Lukas, E.
Rat in ratloser Zeit
Anwendungs- und Grenzgebiete
der Logotherapie
1988, 301 Seiten, TB

Lukas, E. / O. Wiesmeyr
Sinn-Bilder
Bibliotherapeutische Weisheiten
1989, 96 Seiten, TB

Lukas, E. / M. M. Eberle
Sinn-Zeilen
Logotherapeutische Weisheiten
2. Auflage 1987, 96 Seiten, TB

Lukas, E.
*Von der Tiefen- zur Höhen-
psychologie*
Logotherapie in der
Beratungspraxis
2. Auflage 1988, 432 Seiten, TB

Lukas, E.
Von der Trotzmacht des Geistes
Menschenbild und Methoden
der Logotherapie
1986, 255 Seiten, TB

Bücher mit Buchkapiteln von Elisabeth Lukas

Bengesser, G. / S. Sokoloff
*Plädoyer für eine mehrdimensio-
nale Psychiatrie*
Kombination psychotherap.,
sozialpsychiatr., psycho-
pharmakotherap. Ansätze
1989, 138 Seiten, kart.

Mischka, R.
*Die Pubertät gemeinsam bewäl-
tigen*
1987, 157 Seiten, kart.

ABC des Lebensglücks
hrsg. von P. Raab
1989, 192 Seiten, kart.

Psychotherapieführer
Wege zur seelischen Gesundheit
hrsg. von Kraiker / Peter
2. erweiterte Auflage 1988, 320 Seiten, TB

Rat in ratloser Zeit
Kirchliche Beratung – Dienst am Menschen
bearb. von Post / Klann / Herzog
1986, 270 Seiten, kart.

Sinnfrage und Suchtprobleme
Menschenbild – Wertorientierung – Therapieziele
Hrsg.: Deutsche Hauptstelle gegen die Suchtgefahren
1986, 285 Seiten, kart.

Von heiteren Tagen
Herderbücherei – Autoren erinnern sich ...
1987, 222 Seiten, TB

Widerstand
Ein strittiges Konzept in der Psychotherapie
hrsg. v. H. Petzold
2. Auflage 1985, 467 Seiten, kart.

Wege zum Menschen Bd. 1
Methoden und Persönlichkeiten moderner Psychotherapie
hrsg. v. H. Petzold
3. Auflage 1985, 622 Seiten, kart.

Wer wird das Antlitz der Erde erneuern?
Spuren des Geistes in unserer Zeit
2. Auflage 1983, 190 Seiten, TB

Guter Rat zur rechten Zeit
Antworten auf Lebens- und Sinnfragen
hrsg. von H.-M. Dahlmann
1989, 255 Seiten, TB

Ton- und Videokassetten

Frankl, V. E.
Bewältigung der Vergänglichkeit
Originalvortrag vom
23. Oktober 1984
Tonkassette

Frankl, V. E.
Kollektiv und Person
Originalvortrag von 1987
Tonkassette

Lukas, E.
Von der Selbstverwirklichung zur Weltverantwortung
Originalvortrag von 1990
Tonkassette

Frankl, V. E.
Der Mensch auf der Suche nach Sinn
Empirische und klinische Befunde
Originalvortrag vom 4. Juli 1987
Tonkassette

Frankl, V. E.
Pharmazie zwischen Vergötzung und Verteufelung
Originalvortrag vom
6. April 1988
Videokassette VHS

Frankl, V. E.
Die Sinnfrage im technologischen Zeitalter
Originalvortrag vom
3. Februar 1986
Videokassette VHS

Frankl, V. E.
... trotzdem hat das Leben einen Sinn
Argumente für einen tragischen Optimismus
Originalvortrag vom
10. Juni 1983
Tonkassette

Frankl, V. E.
Unsere Zeit und ihre Ängste
Originalvortrag vom
8. April 1981
Tonkassette

Frankl, V. E.
Von der Selbstverwirklichung zur Sinnerfüllung
Originalvortrag vom
20. Oktober 1988
Videokassette VHS

Weitere Bücher zum Thema Logotherapie

Becker, Peter
Psychologie der seelischen Gesundheit
Bd. 1 Theorien – Modelle – Diagnostik
1982, 325 Seiten, kart.

Böckmann, Walter
Sinn-orientierte Führung als Kunst der Motivation
1987, 220 Seiten, TB

Böckmann, Walter
Sinnorientierte Leistungsmotivation und Mitarbeiterführung
Ein Beitrag der humanistischen Psychologie, insbesondere der Logotherapie nach V. E. Frankl
1980, 158 Seiten, kart.

Böckmann, Walter
Sinn und Selbst
Wege zur Selbst-Erkenntnis
1989, 220 Seiten, geb.

Böckmann, Walter
Wer Leistung fordert, muß Sinn bieten
Moderne Menschenführung in Wirtschaft und Gesellschaft
1984, 310 Seiten, geb.

Böschemeyer, Uwe
Mut zum Neubeginn
Logotherapeutische Beratung in Lebenskrisen
1988, 159 Seiten, TB

Böschemeyer, Uwe
Die Sinnfrage in der Psychotherapie und Theologie
Die Existenzanalyse und Logotherapie V. E. Frankls aus theologischer Sicht
1977, 164 Seiten, geb.

Dienelt, Karl
Das neue Denken in der Erziehungswissenschaft
Ein Beitrag zur konstruktiven Analyse der Trends erz. w. Forschung der Gegenwart
1989, 271 Seiten, kart.

Dienelt, Karl
Von der Metatheorie der Erziehung zur sinn-orientierten Pädagogik
Rechtfertigung und Aufgabe der pädagogischen Anthropologie in unserer Zeit
1984, 250 Seiten, kart.

Doering, Dieter
Die Logotherapie Viktor Emil Frankls
Arbeiten der Forschungsstelle des Instituts für Geschichte der Medizin der Universität zu Köln
1981, 276 Seiten, kart.

Wege zum Sinn
Logotherapie als Orientierungshilfe
hrsg. von A. Längle
1985, 215 Seiten, TB

Entscheidung zum Sein
V. E. Frankls Logotherapie in der Praxis
hrsg. von A. Längle
1988, 255 Seiten, TB

Fabry, Joseph
Wege zur Selbstfindung
Wie man jedem Tag seinen Sinn gibt
1985, 158 Seiten, TB

Kolbe, Christoph
Heilung oder Hindernis
Religion bei Freud, Adler, Jung und Frankl
1986, 315 Seiten, kart.

Kurz, Wolfram K.
Ethische Erziehung als religionspädagogische Aufgabe
Strukturen einer sinnorientierten Konzeption religiöser Erziehung unter Berücksichtigung der Sinnkategorien und der Logotherapie V. E. Frankls
1987, 312 Seiten, kart.

Kurz, Wolfram K.
Die sinnorientierte Konzeption religiöser Erziehung
Mit einem Geleitwort von K. E. Nipkow
1989, 290 Seiten, kart.

Paal, Peter
Jeder Tag ist ein kleines Wunder
Ermutigungstexte
3. Auflage 1989, 125 Seiten, TB

Röhlin, Karl-Heinz
Neue Hoffnung für James Dean
Die Frage nach dem Sinn im Leben
1988, 132 Seiten, kart.

Sedlak, Franz
Freizeit? Kein Problem!
Anregungen zur sinnvollen und kreativen Freizeitgestaltung
1987, 143 Seiten, kart.

Zeitschrift „Logotherapie"
zu beziehen durch:
Deutsche Gesellschaft für
Logotherapie e.V.
Rockwinkeler Landstr. 110
2800 Bremen 33

Anschriften von Logotherapie-Instituten in Deutschland

„Hamburger Institut für Existenzanalyse", Leiter: Dr. theol. Uwe Böschemeyer, Gartenstraße 20, 2106 Bendestorf, Tel. Nr.: 04183/69 00

„Institut für Logotherapie und Psychologie der Arbeitswelt", Leiter: Dr. päd. Walter Böckmann, Ilmenau Weg 15, 4800 Bielefeld 11, Tel. Nr.: 05205/32 29

„Süddeutsches Institut für Logotherapie GmbH", Fachl. Leiterin am Hauptsitz: Dr. phil. Elisabeth Lukas, Geschwister-Scholl-Platz 8, 8080 Fürstenfeldbruck, Tel. Nr.: 08141/1 80 41, Fachl. Leiter der Zweigniederlassung: Dr. theol. habil. Wolfram Kurz, Haußerstraße 23, 7400 Tübingen 1, Tel. Nr.: 07071/5 12 70

„Deutsche Gesellschaft für Logotherapie e.V.", 1. Vorsitzender: Dr. med. Karl Dieter Heines, Rockwinkeler Landstraße 110, 2800 Bremen-Oberneuland, Tel. Nr.: 0421/4 28 90

„Gesellschaft für Logotherapie und Existenzanalyse der DDR" (im März 1990 gegründet), 1. Vorsitzender: Dr. med. Heinz Gall, Ambulanz für Psychiatrie, Neurologie und Psychotherapie, Falladastraße 7, O-2200 Greifswald

Weitere Bücher von Elisabeth Lukas im Verlag Herder

Auch dein Leben hat Sinn
Logotherapeutische Wege zur Gesundung

Auch deine Familie braucht Sinn
Logotherapeutische Hilfe in der Erziehung

Auch dein Leiden hat Sinn
Logotherapeutischer Trost in der Krise

Von der Tiefen- zur Höhenpsychologie
Logotherapie in der Beratungspraxis

Psychologische Seelsorge
Logotherapie – die Wende zu einer menschenwürdigen Psychologie

Sinn-Zeilen
Logotherapeutische Weisheiten
Mit Graphiken von Michael Eberle

Von der Trotzmacht des Geistes
Menschenbild und Methoden der Logotherapie

Gesinnung und Gesundheit
Lebenskunst und Heilkunst in der Logotherapie

Rat in ratloser Zeit
Anwendungs- und Grenzgebiete der Logotherapie

Psychologische Vorsorge
Krisenprävention und Innenweltschutz aus logotherapeutischer Sicht

Sinn-Bilder
Bibliotherapeutische Weisheiten
Mit Graphiken von Otmar Wiesmeyr